PANORAMA DO **MERCADO** **AUDIOVISUAL** DO NORDESTE

Apoio

FORTALEZA PREFEITURA | CULTURA

Realização

LEI PAULO GUSTAVO | MINISTÉRIO DA CULTURA | GOVERNO FEDERAL BRASIL UNIÃO E RECONSTRUÇÃO

Marcelo Ikeda
Arthur Gadelha
(orgs.)

PANORAMA DO **MERCADO AUDIOVISUAL** DO NORDESTE

Editora Sulina

Capa: Humberto Nunes
Foto de capa: filme "Cavalo", de Rafhael Barbosa e Werner Salles Bagetti (cedida pelos autores)
Projeto gráfico e editoração: Cristiano Marques
Revisão: Bruno Schroeder
Editor: Luis Antônio Paim Gomes

Projeto "Mercado Audiovisual do Nordeste", financiado pela Secretaria de Cultura de Fortaleza (Secultfor), por meio do Edital Audiovisual - Lei Paulo Gustavo 2023, inciso III - Modalidade "D" - Pesquisa Audiovisual (Publicação).

Proponente: Arthur Gadelha. Coordenação de Pesquisa: Marcelo Ikeda. Produção Executiva: Sara B. Jales

Dados Internacionais de Catalogação na Publicação (CIP)
Bibliotecária Responsável: Denise Mari de Andrade Souza – CRB 10/960

P195

Panorama do mercado audiovisual do Nordeste / organizado por Marcelo Ikeda e Arthur Gadelha. – Porto Alegre: Sulina, 2025.
288 p. ; 16x23 cm.

ISBN: 978-65-5759-242-7

1. Audiovisual – Mercado do Nordeste. 2. História do Cinema - Brasil. 3. Audiovisual – Políticas Públicas. 4. Filmes – Crítica. l. Gadelha, Arthur. II. Ikeda, Marcelo.

CDU: 791.43
CDD: 791.409

EDITORA MERIDIONAL LTDA.

Rua Leopoldo Bier, 644, 4º andar – Santana
CEP: 90620-100 – Porto Alegre/RS
Fone: (0xx51) 3110.9801
www.editorasulina.com.br
e-mail: sulina@editorasulina.com.br

Outubro/2025
Impresso no Brasil / Printed in Brazil

Sumário

Apresentação 7
Marcelo Ikeda e Arthur Gadelha

O mercado audiovisual do Nordeste: uma trajetória de crescimento e diversidade 15
Marcelo Ikeda

Mercado audiovisual alagoano 29
Elder P. Maia Alves e Felipe Guimarães

Mercado audiovisual baiano 44
Kátia Morais e Natacha Stefanini Canesso

Mercado audiovisual cearense 76
Marcelo Ikeda, Arthur Gadelha e Sara B. Jales

Mercado audiovisual maranhense 107
Andréia de Lima Silva

Mercado audiovisual paraibano 135
Arthur Lins, Carlos Dowling, Kenia Kalyne Gomes de Almeida e Kleyton Jorge Canuto

Mercado audiovisual pernambucano 166
Amanda Barros Gomes, Bernardo Lessa e Mannuela Costa

Mercado audiovisual piauiense 200
Antonio Augusto de Macedo e Fabricio Campos

Mercado audiovisual potiguar 227
Diana Xavier Coelho, Jefferson Cabral e Ruy Alkmim Rocha Filho

Mercado audiovisual sergipano 249
Luzileide Silva e Beatriz Aranzana

Autores 281

Apresentação

Marcelo Ikeda
Arthur Gadelha

O cinema e o audiovisual na região Nordeste têm sido afetados por um conjunto de transformações, especialmente a partir dos anos 2000. Segundo Ikeda (2021), é possível elencar três principais fatores para esse novo momento: i) as transformações tecnológicas, que inseriram o vídeo e o digital como principais substratos de produção, gerando estímulos em toda a cadeia produtiva do audiovisual, reverberando da produção para a distribuição e exibição; ii) as políticas públicas a partir do governo Lula, que incentivaram a descentralização dos editais de incentivo, incluindo programas fundamentais para o desenvolvimento da Região, como o Revelando os Brasis, o DOCTV, os Arranjos Regionais e os Editais da TV Pública, entre outros; iii) políticas de formação e difusão, como a criação de cursos universitários de graduação em cinema e audiovisual, assim como outros cursos de formação, bem como a expansão de pontos de difusão, como cineclubes, mostras e festivais de cinema.

No entanto, os avanços da produção audiovisual no Nordeste ainda se encontram pouco mapeados, especialmente em torno de metodologias com bases quantitativas. Fora alguns exemplos de exceção, focados em alguns estados, como a Cartografia do Audiovisual Cearense (Bizerril, 2012) e o Diagnóstico da Rede Audiovisual da Bahia (Miguez; Loiola, 2010), não existe um estudo ou diagnóstico sobre o audiovisual que considere toda a Região Nordeste, de forma mais abrangente. Deste modo, a presente publicação procura preencher essa lacuna, contribuindo para o maior reconhecimento da trajetória crescente do audiovisual na Região.

Para isso, a pesquisa se caracteriza por um recorte de segmentação por unidade da federação. Essa opção busca alargar os campos de visibilidade do audiovisual do Nordeste para além de seus espaços geográficos hegemônicos mais tradicionais, incorporando uma perspectiva de análise para cada um dos nove estados do Nordeste – ou seja, não se concentrando (ou conferindo atenção especial ou destaque) apenas nos de trajetória audiovisual tradicionalmente mais consolidada (Bahia, Ceará e Pernambuco), mas oferecendo espaço equitativo para todos os demais estados, incluindo Alagoas, Maranhão, Paraíba, Piauí, Rio Grande do Norte e Sergipe.

Boa parte das publicações sobre o audiovisual brasileiro e também nordestino concentra-se numa análise estilística sobre as obras realizadas e seus diretores, vistos como "autores", ainda que a produção audiovisual seja, na maior parte das vezes, uma obra coletiva. Esta pesquisa é aderente ao campo da nova história do cinema (*new film history*), ao apresentar outras perspectivas de leituras para o setor audiovisual, incorporando aspectos e variáveis costumeiramente invisibilizados nos estudos canônicos do cinema e do audiovisual[1]. Nesse aspecto, a metodologia aqui apresentada se integra aos campos da economia da cultura e da economia política da comunicação (EPC), no sentido de retratar o audiovisual também em suas dimensões econômicas, como gerador de emprego e renda, numa linhagem de autores internacionais como Flichy (1980), Vogel (2001) e Bonnell (2006), e também nacionais como Herscovici (1995), Bolaño (2000), Meleiro (2009) e Dias e Souza (2010), entre outros.

Por outro lado, as análises econômicas com tendências quantitativas costumam privilegiar a análise de mercados hegemônicos. Ao incorporar como objeto de estudo aspectos de um mercado considerado como à margem, esta pesquisa pretende promover um diálogo da economia da cultura com aspectos revisionistas da historiografia do audiovisual brasileiro, no sentido de escrever a história a contrapelo dos discursos oficiais e das leituras canônicas.

Nesse sentido, a presente pesquisa pretende contribuir para esse cenário apresentando um amplo panorama sobre o mercado audiovisual dos nove estados da região Nordeste. Para isso, foi formada uma ampla rede de pesquisadores, com membros em todos os estados do Nordeste. A Rede procurou ser constituída por pelo menos dois pesquisadores por estado: de um lado, uma pessoa com um perfil mais acadêmico, professora de uma Universidade pública de seu estado, ou doutora/mestre com pesquisa relativa ao mercado audiovisual local; de outro, uma pessoa que atua diretamente no mercado local, como uma produtora ou realizadora. Assim, as pessoas possuem um perfil complementar, aliando o rigor metodológico da pesquisa acadêmica com o conhecimento cotidiano das práticas e dos agentes do mercado local.

Ao ser formada a Rede, estabelecemos reuniões periódicas mensais para definição da metodologia de coleta de dados e para a troca de experiências entre os estados. Foi fundamental para a pesquisa que cada estado não trabalhasse isoladamente, mas que os encontros mensais fossem uma possibilidade de intercâmbio, de modo que conhecêssemos melhor os contextos dos demais estados da região.

---

1 Para uma síntese da abordagem da new film history, ver Chapman, Glancy, Harper (2007).

A partir dos encontros mensais, definimos uma metodologia a partir de quatro eixos. O primeiro eixo é relativo aos agentes econômicos. A partir de dados do Sistema de Registro de Empresas da Ancine, foram compiladas as pessoas jurídicas atuantes no setor audiovisual. As classes CNAEs dessas empresas, em torno de sua atividade principal e também das secundárias, permitem analisar sua atuação em diversos ramos da cadeia produtiva do setor, para além da produção. Outras análises, como o tipo de natureza jurídica da empresa, tempo de funcionamento, concentração de empresas nas capitais dos estados, entre outras, foram realizadas a partir dos dados coletados. Em seguida, foi analisada a Classificação de Nível das empresas produtoras independentes, por estado.

O segundo eixo reúne dados sobre os circuitos de exibição e de difusão. Primeiro, com dados da Ancine, foram mapeadas as salas comerciais de cinema, sua localização, grupos exibidores, concentração nas capitais etc. Também foram mapeadas as salas especiais, isto é, espaços que eventualmente promovem exibições de obras ou eventos audiovisuais, mas de forma esporádica, descontínua, muitas vezes não exclusiva, dividindo espaço com outras manifestações artísticas ou mesmo outros tipos de evento, não integrando o circuito lançador, que exibe longas-metragens disponíveis no circuito comercial segundo as cinesemanas de quinta a quarta-feira. Em seguida, a pesquisa mapeou as mostras e festivais de cinema, eventos que possuem fundamental importância para a difusão de obras para além do circuito comercial e para a ampliação da cultura audiovisual. Uma vez que a Ancine não dispõe de dados mais abrangentes sobre esses eventos, considerou-se como base o (imprescindível) estudo de Paulo Luz Corrêa (2025), que apresenta um amplo mapeamento anual das mostras e festivais realizados em todo o país, desde 2016. Alguns estados também apresentaram dados de Cineclubes ativos realizados localmente. Como não existe uma fonte oficial com um mapeamento de cineclubes, e dada sua atividade muitas vezes móvel e instável, o levantamento dos cineclubes foi facultativo. Muitos estados se basearam nos registros do Conselho Nacional de Cineclubes Brasileiros (CNC), ainda que subdimensionados, uma vez que estão restritos aos cineclubes filiados, ou, em outros casos, nas inscrições de projetos de cineclubes em editais locais, como a Lei Aldir Blanc ou a Lei Paulo Gustavo. Em seguida, foram mapeados os demais segmentos de mercado, como os canais de televisão e as plataformas de streaming, com atuação local. Nesse ponto, procurou-se dar atenção especial às relações desses canais com a produção independente local. O mapeamento desses dois segmentos é apresentado de forma incipiente e preliminar, tendo incorrido em dificuldades específicas, como a inexistência de dados sistematizados desses mercados pela Ancine.

O terceiro eixo concentrou-se em torno das obras audiovisuais produzidas e comercializadas. Para tanto, a pesquisa tomou como base a emissão dos Certificados de Produto Brasileiro (CPB), emitidos pela Ancine. Desse modo, foram consideradas as obras oficialmente registradas na agência. Se, de um lado, essa metodologia nos garante a estabilidade de dados oficiais, por outro, tende-se ao subdimensionamento dos números, uma vez que nem todas as obras produzidas são registradas no órgão, ainda que obrigatório. É o caso especialmente de curtas-metragens, cujo mapeamento é bastante complexo, dada a sua pulverização com o digital, aliado à heterogeneidade do formato e à crescente multiplicidade de plataformas de exibição. De todo modo, a partir do Sistema de Registro de Obras (Ancine), pôde-se inferir a produção de obras como curtas, médias e longas-metragens, além de séries e outros tipos de obra. Em seguida, foram compilados os dados sobre os longas-metragens lançados comercialmente em salas de cinema por estado, bem como os números de ingressos vendidos e renda bruta de bilheteria, assim como dados sobre suas empresas produtoras e distribuidoras. Esses dados foram obtidos a partir do relatório "Listagem de Filmes Brasileiros Lançados 1995 a 2023", disponível no menu "Cinema" do Observatório do Cinema e do Audiovisual (OCA/Ancine). Infelizmente o escopo da pesquisa não possuiu fôlego para investigar a comercialização de obras nos demais segmentos de mercado, bem como no mercado externo. Tentamos inicialmente compilar os dados dos Certificados de Registro de Título (CRT) da Ancine, disponibilizados na seção "Dados Abertos", mas não houve tempo ou estrutura suficientes para tratar os dados adequadamente.

Os eixos anteriores (Agentes Econômicos / Circuitos de Exibição e Difusão / Obras Produzidas e Lançadas) baseiam-se numa estruturação básica da cadeia produtiva do audiovisual, em torno do clássico trinômio "produção – distribuição – exibição". No entanto, no quarto eixo, procuramos ampliar esse entendimento, incorporando aspectos complementares que são fundamentais para uma compreensão mais ampliada da atividade produtiva do setor. São aspectos transversais, que se entranham e fertilizam os três eixos anteriores. O primeiro é a política pública, com informações gerais sobre o órgão de formulação das políticas para o setor audiovisual a nível local e uma síntese dos principais editais apresentados nos últimos anos. O segundo é a formação, com cursos universitários em torno do setor audiovisual, ou outros cursos organizados por entes locais de importância na formação de quadros técnicos e artísticos. Outros dados apresentados nesse bloco são relativos: i) às associações e entidades de classe locais, como as instâncias de organização da sociedade civil, cuja contribuição é, em muitos casos, fundamental para maior interlocução com os órgãos públicos locais e para o amadurecimento das demandas coletivas de desenvolvimento integrado a nível local; ii) as políticas ou projetos de preservação e de memória do audiovisual local; iii) eventos de mercado, como feiras de negócio ou laboratórios de desenvolvimento de projetos; iv) iniciativas ligadas à reflexão ou ao pensamento crítico, como a crítica de cinema, grupos de pesquisa universitários/acadêmicos ou observatórios relativos ao setor audiovisual.

Tabela 1 – Eixos constituintes da pesquisa

EIXOS	DESCRIÇÃO
Eixo 1 – Agentes Econômicos	Empresas registradas na Ancine; Atividades (Classes CNAEs); Classificação de Nível de Produtoras
Eixo 2 – Circuitos de Exibição e Difusão	Salas comerciais de Cinema; Salas Especiais; Mostras e festivais; Cineclubes; Canais locais de TV; Plataformas locais de streaming
Eixo 3 – Obras Produzidas e Comercializadas	Obras produzidas (CPB); Longas lançados comercialmente
Eixo 4 –Aspectos Transversais	Políticas públicas; formação; preservação; associações e entidades de classe; crítica de cinema; grupos de pesquisa/observatórios

De modo a trabalhar com dados estáveis, de mensuração comparável entre os estados, com apuração oficial, a pesquisa tomou como base, quando estavam disponíveis, os dados apresentados oficialmente pela Ancine, disponibilizados no Observatório Brasileiro do Cinema e do Audiovisual (OCA). Os dados foram coletados especialmente em três seções: i) os painéis interativos (excelente ferramenta de data mining e visualização dos principais dados do setor); ii) os relatórios e arquivos disponíveis nas demais seções do OCA; e iii) os Dados Abertos, com a disponibilização de arquivos em .csv, quando foi necessário acessar os microdados de determinadas variáveis. Os demais dados apresentados nessa pesquisa, não compilados pela Ancine, foram levantados de um conjunto de outras fontes, algumas das quais foram anteriormente citadas, e devidamente creditadas ao longo de cada capítulo.

Ainda que a metodologia tenha sido definida conjuntamente ao longo dos encontros mensais da Rede, de modo que os dados sejam estáveis e comparáveis, houve relativa flexibilidade para que os estados – em alguns casos específicos, tratados como exceção – pudessem apresentar outras variáveis e parâmetros que consideraram adequados. Essa flexibilidade é uma importante característica da pesquisa, uma vez que é necessário compreender que os estados do Nordeste possuem estágios desiguais de desenvolvimento, além de naturalmente apresentar singularidades locais.

Em seguida a esta apresentação, o segundo capítulo apresenta uma síntese dos resultados da região, por meio da compilação dos dados de cada estado. Para evitar possíveis oscilações no período de coleta dos dados que pudesse influir no cotejamento dos números, optou-se por trabalhar, nessa seção, com dados extraídos do OCA em março de 2025, conferindo maior atualização e comparabilidade direta entre os dados apresentados. Ainda, deve-se ressaltar que, nesse capítulo-resumo, bem como em outros momentos da pesquisa, nunca foi nossa intenção simplesmente comparar os estados, de modo a apresentar um ordenamento linear, entre "maiores" e "menores" estados. Ao contrário, a metodologia de divisão em UFs teve como princípio destacar a singularidade da trajetória de cada ente, respeitando seus estágios de desenvolvimento e amadurecimento local. Antes de mero ranqueamento classificatório, buscou-se uma visão complementar, tendo como objetivo uma apreensão mais ampliada das características de contextos geopolíticos tratados de forma invisibilizada ou marginalizada.

Por fim, deve-se destacar que esta publicação foi elaborada com recursos do Edital da Lei Paulo Gustavo promovido pela Secretaria de Cultura de Fortaleza em 2023. No entanto, os recursos só foram suficientes para a publicação, e não para o financiamento da pesquisa. A estruturação da Rede, bem como os trabalhos desenvolvidos ao longo de pouco mais de um ano pelos seus membros, foram mantidos de forma voluntária pelos seus membros. Ainda que essa organização tenha sido louvável, ela aponta para um aspecto infeliz: a ausência de políticas de promoção de pesquisas em torno do mercado e do setor audiovisual. Sem dados coletados, compilados e analisados, e sem pensamento crítico, o setor audiovisual – cada vez mais pujante – corre o risco de navegar em deriva. A sistematização dos dados fornece maior concretude aos avanços e também às lacunas do setor, e permitem uma análise mais qualificada sobre os desafios e as possíveis estratégias para enfrentá-los.

Dado seu caráter voluntário, algumas pessoas participaram de encontros da Rede, contribuindo para seu avanço, mas não conseguiram permanecer até a escrita final dos capítulos de cada estado. Desse modo, gostaríamos de agradecer a Gian Orsini (PB), Gabriel Pires (BA), Everaldo Asevedo (BA),

Luiz Gustavo Campos (MA) e Wesley Pereira de Castro (SE) por sua contribuição em diferentes momentos de constituição da Rede. Agradecemos, também, a Luis Gomes, pelo trabalho editorial à frente da Editora Sulina, que possibilitou a publicação desta pesquisa.

Referências

BIZERRIL, Luiz (org). *Cartografia do audiovisual cearense*. Fortaleza: Dedo de Moça, 2012.

BOLAÑO, César. *Indústria cultural, Informação e capitalismo*. São Paulo: Hucitec/Polis, 2000.

BONNELL, René. *La vingt-cinquième image*: Une économie de l'audiovisuel. Paris: Gallimard, 2006.

CHAPMAN, James; GLANCY, Mark; HARPER, Sue (orgs.). *The new film history*: sources, methods, approaches. Basingstoke: Palgrave Macmillan, 2007.

CORRÊA, Paulo Vitor Luz. *Panorama dos Festivais/Mostras Audiovisuais Brasileiros* com indicadores da Lei Paulo Gustavo e PNAB - Edição 2024. Praia Grande, SP: Panorama dos Festivais/Mostras Audiovisuais Brasileiros, 2025. Disponível em: https://www.panoramadosfestivais.com/textos/2024.

DIAS, Adriana; SOUZA, Letícia de. *Film Business*: o negócio do cinema. Rio de Janeiro: Elsevier, 2010.

FLICHY, Patrice. *Les industries de l'imaginaire*: pour une analyse economique des media. Presses universitaires de Grenoble: 1980.

HERSCOVICI, Alain. *Economia da Cultura e da Comunicação*. Vitória: Fundação Ceciliano Abel de Almeida/UFES, 1995.

IKEDA, Marcelo. O Curta Taquary e sua cartografia afetiva de possíveis: notas sobre o cinema do interior do Nordeste. *Vazantes*, 5(1), 346–377, 2021.

MELEIRO, Alessandra. *Cinema e economia política*. São Paulo, SP: Escrituras, 2009.

MIGUEZ, Paulo; LOIOLA, Elisabeth. *Diagnóstico da Rede Audiovisual da Bahia*. Salvador: IRDEB – Instituto de Rádiodifusão Educativa da Bahia, 2010.

VOGEL, Harold L. *Entertainment Industry Economics*. Cambridge University Press, 2001.

O mercado audiovisual do Nordeste: uma trajetória de crescimento e diversidade

Marcelo Ikeda

O mercado audiovisual no Nordeste apresentou um contínuo crescimento ao longo dos últimos dez anos. Uma forma de verificar esse crescimento é pelo número de obras audiovisuais registradas na Ancine (com CPB). Em 2015, foram 209 obras registradas na Ancine, enquanto em 2024 foram mais do que o dobro, 419 obras (um crescimento de 100,5%). Já no total do Brasil, as obras registradas em 2024 foram 3.834, contra 3.485 em 2015, o que representa um crescimento de apenas 10,0%.

Se considerarmos o total de obras nordestinas registradas na Ancine desde sua criação em 2002[2] (4.142 obras), quase três quartos (74,3%, ou 3.077 obras) foram produzidas nos últimos dez anos (2015-2024). Quase 20% das obras (788 ou 19,0%) foram produzidas nos últimos dois anos (2023-2024).

Esses números mostram que, se o mercado audiovisual brasileiro cresceu, em especial nos últimos dez anos, o crescimento no Nordeste foi bastante superior à média nacional.

Por outro lado, ainda há bastante espaço para o crescimento do audiovisual na Região Nordeste. Em média, o Nordeste produziu apenas 9,0% das obras audiovisuais registradas na Ancine nos últimos dez anos.

Se considerarmos tipos específicos de obras audiovisuais, o crescimento do Nordeste é ainda mais representativo. Quanto ao longa-metragem, em 2015 foram 32 longas nordestinos registrados na Ancine, contra 74 em 2024. Já para as séries, foram 23 obras em 2015 e 98 em 2024 – um impressionante crescimento de 326,1%.

Esses números mostram a importância das políticas públicas desenvolvidas pela Ancine para a desconcentração dos recursos públicos, em especial a importância de editais como o de Arranjos Regionais, além do impacto da Lei

---

[2] A Ancine foi criada oficinalmente em setembro de 2001, mas sua operação, incluindo o funcionamento do sistema de registro de empresas e de obras, começou em 2002.

12.485/2011 no crescimento e na diversificação do número de obras registradas na Ancine, em especial relativo à produção de obras seriadas. Deve-se observar que, a partir da Lei 12.485/2011, houve uma mudança no regulamento do Fundo Setorial do Audiovisual (FSA), que estipulou que no mínimo 30% dos recursos do Fundo devem ser necessariamente investidos em projetos de proponentes das Regiões Centro-Oeste, Norte e Nordeste – conhecidas como região CONNE. A criação das cotas de programação (cotas de canal e de pacote), complementada com os recursos adicionais disponíveis para o FSA a partir da Condecine Telecom, a partir da Lei 12.485/2011, geraram uma demanda inédita para a produção independente para a televisão por assinatura, cujo principal produto são naturalmente as obras seriadas.

Tabela 1 – Obras audiovisuais produzidas por ano e região (CPBs Ancine) (2015-2024)

	TOTAL OBRAS			LONGA			SÉRIE		
	BRASIL	NE	% NE/BR	BRASIL	NE	% NE/BR	BRASIL	NE	% NE/BR
2015	3485	209	6,0%	586	32	5,5%	704	23	3,3%
2016	3335	370	11,1%	634	49	7,7%	754	60	8,0%
2017	3425	346	10,1%	554	45	8,1%	834	88	10,6%
2018	3226	331	10,3%	514	48	9,3%	743	50	6,7%
2019	3546	290	8,2%	549	52	9,5%	771	57	7,4%
2020	2941	240	8,2%	443	58	13,1%	663	42	6,3%
2021	3357	256	7,6%	381	31	8,1%	734	49	6,7%
2022	3194	247	7,7%	471	34	7,2%	806	48	6,0%
2023	3821	369	9,7%	552	51	9,2%	872	76	8,7%
2024	3834	419	10,9%	539	74	13,7%	1066	98	9,2%
TOTAL	**34164**	**3077**	**9,0%**	**5223**	**474**	**9,1%**	**7947**	**591**	**7,4%**

Fonte: Dados compilados pelo autor a partir do OCA/Ancine (Paineis Interativos), atualizado em 01/03/2025.

Se considerarmos o total de CPBs emitidos pela Ancine desde 2002 (57.622 obras), apenas 7,2% (ou 4.142 obras) foram da Região Nordeste. Ou seja, ainda persiste um índice bastante elevado de concentração da produção audiovisual, de modo que 73,1% das obras nesse período foram registradas por empresas do eixo Rio de Janeiro-São Paulo (39,4% do RJ e 33,7% de SP).

Por outro lado, há uma tendência de concentração que persiste na própria região Nordeste. Das 4.142 obras registradas desde 2002, 76,0% foram produzidas em apenas três estados da Região: Bahia (36,5%), Pernambuco (23,6%) e Ceará (16,0%).

Tabela 2 – CPBs emitidos por UF (2002-2024)

UF	CPBs	%
BA	1510	36,5%
PE	977	23,6%
CE	661	16,0%
PB	265	6,4%
RN	235	5,7%
MA	212	5,1%
AL	101	2,4%
SE	95	2,3%
PI	86	2,1%
TOTAL NE	**4142**	**100%**
NE/BR	**--**	**7,2%**
TOTAL BR	**57622**	**100%**
RJ	22677	39,4%
SP	19422	33,7%
RJ/SP	**42099**	**73,1%**

Fonte: Dados compilados pelo autor a partir do OCA/Ancine (Paineis Interativos), atualizado em 01/03/2025.

Esses números também possuem uma analogia quando se analisam os agentes econômicos registrados na Ancine. Em 2024, havia 17.281 agentes econômicos registrados na Ancine considerando todo o País. Em termos de agentes econômicos, de agentes econômicos independentes e de produtoras, o Nordeste possui 14,5%, 14,1% e 14,0% do total de agentes brasileiros registrados na Ancine, respectivamente. Dessa forma, são 2.513 agentes econômicos nordestinos oficialmente registrados na Ancine, entre eles 1.530 empresas produtoras.

Em termos de agentes econômicos, 48,1% dos agentes do Nordeste estão sediados em apenas 2 estados: Bahia (26,2%) e Pernambuco (21,9%). Quando se consideram as empresas produtoras, o percentual não se altera substancialmente: 51,4% das empresas estão sediadas nesses dois estados, sendo 29,2% na Bahia e 22,3% em Pernambuco. Já Piauí (3,2%), Sergipe (3,5%), Alagoas (4,7%) e Rio Grande do Norte (5,2%), juntos totalizam apenas 16,6% das empresas produtoras do Nordeste.

Tabela 3 – Agentes Registrados na Ancine – por tipo de agente e UF (2024)

	Agentes econômicos	Agentes econômicos independentes	Produtoras	Distribuidoras	Exibidoras	Programadoras	Empacotadoras	Agentes econômicos	Produtoras
AL	121	96	72	15	3	1	1	4,8%	4,7%
BA	659	549	446	121	13	2	2	26,2%	29,2%
CE	367	296	242	111	8	7	3	14,6%	15,8%
MA	224	182	152	69	8	0	2	8,9%	9,9%
PB	262	188	95	42	3	2	1	10,4%	6,2%
PE	550	453	341	139	7	0	1	21,9%	22,3%
PI	73	61	50	15	1	0	1	2,9%	3,3%
RN	171	121	79	27	1	15	3	6,8%	5,2%
SE	86	66	53	19	4	0	0	3,4%	3,5%
Nordeste	**2513**	**2012**	**1530**	**558**	**48**	**27**	**17**	**100,0%**	**100,0%**
Brasil	**17281**	**14237**	**10932**	**3302**	**258**	**120**	**99**		
% NE/BR	14,5%	14,1%	14,0%	16,9%	18,6%	22,5%	17,2%		

Fonte: Dados compilados pelo autor a partir do OCA/Ancine (Paineis Interativos), atualizado em 01/03/2025.

Em termos de classificação de nível das empresas produtoras brasileiras independentes, entre as 1.530 empresas nordestinas classificadas, 94,5% das empresas estão no Nível 1, o mais baixo da classificação. Ainda que essa grande concentração persista quando analisamos os dados de todo o país, ele é levemente mais concentrado no Nordeste, uma vez que, levando-se em conta as empresas de todo o país, o percentual de empresas Nível 1 cai para 93,2%.

Tabela 4 – Empresas produtoras por Classificação de Nível (2025)

Nível	NE	BR	% NE/BR	% NE	% BR
1	1446	10184	14,2%	94,5%	93,2%
2	35	344	10,2%	2,3%	3,1%
3	24	141	17,0%	1,6%	1,3%
4	20	188	10,6%	1,3%	1,7%
5	5	75	6,7%	0,3%	0,7%
TOTAL	**1530**	**10932**	**14,0%**	100,0%	100,0%

Fonte: Dados compilados pelo autor a partir do OCA/Ancine (Paineis Interativos), atualizado em 01/03/2025.

Surpreende o grande número de empresas produtoras nordestinas aptas a participar dos editais FSA/Ancine (1.530 empresas) e a imensa pirâmide, visto que quase 95% dessas empresas estão classificadas no Nível 1. Esse número aponta para algumas das distorções do setor audiovisual e das políticas dos editais. Ao consultar a base de CPBs, verificamos que a maior parte dessas empresas não possui uma única obra audiovisual produzida. Dessa forma, surgem indícios que muitas dessas empresas não desenvolvem de fato atividades no setor audiovisual de forma regular: essas empresas foram criadas simplesmente para poder participar dos editais audiovisuais. Isso decorre porque os recentes editais da Lei Paulo Gustavo exigiam, em muitas categorias, a inscrição por pessoa jurídica, o que resultou na criação de CNPJs apenas para esse fim. Outra distorção decorre do fato de que, em muitos editais, cada CNPJ pode concorrer com apenas um único projeto. Isto, portanto, estimula o surgimento de novas empresas, muitas delas tendo um único projeto a ser desenvolvido, e não uma atividade empresarial de forma mais permanente.

Por outro lado, entre as 75 empresas produtoras Nível 5, apenas 5 estão localizadas no Nordeste: 2 na Bahia (Tem Dendê Produções Ltda e Origem Comunicação Ltda), 2 em Pernambuco (Pacto Audiovisual Produtores Associados Ltda e Viu Cine Comunicação Ltda) e 1 no Maranhão (Guarnicê Produções Eireli). Entre as 20 empresas Nível 4 localizadas no Nordeste, 7 estão em Pernambuco, 5 na Bahia, 5 no Ceará e 3 no Maranhão.

Tabela 5 – Classificação de Nível por UF (2025)

	NÍVEL 1	NÍVEL 2	NÍVEL 3	NÍVEL 4	NÍVEL 5	TOTAL
AL	72	0	0	0	0	72
BA	414	12	13	5	2	446
CE	229	5	3	5	0	242
MA	146	2	0	3	1	152
PB	93	2	0	0	0	95
PE	313	14	5	7	2	341
PI	48	0	2	0	0	50
RN	79	0	0	0	0	79
SE	52	0	1	0	0	53
NORDESTE	**1446**	**35**	**24**	**20**	**5**	**1530**

Fonte: Dados compilados pelo autor a partir do OCA/Ancine (Paineis Interativos), atualizado em 01/03/2025.

Por outro lado, em Alagoas (72 empresas) e Rio Grande do Norte (79) todas as empresas estão no Nível 1. Já no Piauí (das 50 empresas, 48 no Nível 1 e apenas duas no Nivel 3 – Frammelo e Trinca), Sergipe (das 53 empresas, apenas 1 não está no Nivel 1 – a W.G., no Nível 3) e Paraíba (das 95 empresas, apenas 2 não estão no Nivel 1 – a Stairs e a Vermelho Profundo, no Nível 2), a quase totalidade das empresas se encontra no Nível 1.

Além de estarem concentradas em três estados da região (BA, PE e CE), outra característica é a forte concentração nas capitais dos estados. Ainda que os movimentos de interiorização tenham crescido nos últimos dez anos, eles ainda são bastante tímidos, quando se percebe a participação das capitais. Na média do Nordeste, em 2024, 66,5% dos agentes econômicos nordestinos registrados na Ancine são sediados nas capitais de seus estados, e 74,1% das empresas produtoras. Em três estados do Nordeste, a concentração de empresas produtoras na capital do estado é superior a 80%: Piauí (92,0%), Sergipe (90,6%) e Maranhão (81,6%). Mas em todos os estados a concentração na capital é elevada, de modo que os estados com menor participação são Pernambuco (68,6%) e Bahia (68,8%), acima dos dois terços. Em se tratando dos agentes econômicos, a concentração é menos expressiva, mas ainda assim permanece elevada, sendo as menores na Paraíba (55,3%) e em Pernambuco (58,5%) e maiores em Sergipe (86,0%) e no Piauí (83,6%).

Outra forma de analisar a concentração é no número de municípios por estado com a presença de pelo menos um agente registrado na Ancine. Apenas 6,2% dos municípios do Nordeste possuem pelo menos uma empresa produtora registrada na Ancine, e 10,2% dos agentes econômicos. No Piauí, apenas 4 municípios (1,8%) possuem produtoras registradas. Os estados com os maiores percentuais são Pernambuco (10,9%) e Ceará (10,9%), pouco acima dos 10%. Apenas 111 municípios no Nordeste possuem empresas produtoras registradas na Ancine (6,2%).

Tabela 6 – Agentes econômicos sediados na CAPITAL – por UF (2024)

	Agentes econômicos	Agentes econômicos independentes	Produtoras	Municípios com agentes econômicos	Municípios com produtoras	% Capital agentes econômicos	% Capital produtoras	% Municípios com agentes econômicos	% Municípios com produtoras
AL	93	73	56	13	10	76,9%	77,8%	12,7%	9,8%
BA	420	367	307	25	22	63,7%	68,8%	6,0%	5,3%
CE	274	229	189	25	20	74,7%	78,1%	13,6%	10,9%
MA	163	144	124	22	15	72,8%	81,6%	10,1%	6,9%
PB	145	109	69	38	8	55,3%	72,6%	17,0%	3,6%
PE	322	282	234	25	20	58,5%	68,6%	13,6%	10,9%
PI	61	51	46	9	4	83,6%	92,0%	4,0%	1,8%
RN	120	90	61	16	6	70,2%	77,2%	9,6%	3,6%
SE	74	60	48	9	6	86,0%	90,6%	12,0%	8,0%
Nordeste	**1672**	**1405**	**1134**	**182**	**111**	**66,5%**	**74,1%**	**10,2%**	**6,2%**

Fonte: Dados compilados pelo autor a partir do OCA/Ancine (Paineis Interativos), atualizado em 01/03/2025.

Em relação às salas comerciais de cinema, em 31/12/2024 havia 597 salas de cinema comerciais em atividade no Nordeste. As salas no Nordeste representam 17,0% do total nacional. Houve um crescimento de 36,6% no número de salas na Região nos últimos 10 anos, uma vez que havia 437 salas em 2015 – um percentual de crescimento consideravelmente acima da média nacional, de 19,7%. Três estados (Bahia, com 24,0%, Pernambuco, com 19,8%, e Ceará, com 18,6%) concentram quase dois terços (62,3%) do parque exibidor do Nordeste.

Os maiores grupos exibidores no Nordeste são os dois grupos estrangeiros que dominam o setor de exibição no país: Cinépolis, com 100 salas, e Cinemark, com 58 salas. A Cinépolis possui salas em todos os estados do Nordeste, com a exceção de Sergipe, dominada pela Cinemark (com 16 salas, sendo 9 no Cinemark Aracaju e 7 no Cinemark RioMar). Além disso, a UCI, outra empresa estrangeira, possui 83 salas, sendo 49 compartilhadas com o grupo Kinoplex (UCI Ribeiro) e outras 28 com o grupo Orient (UCI Orient). Quanto aos exibidores nacionais, destaca-se o Centerplex, com 58 salas, presente em sete estados da região (menos PI e RN). Outros grupos nacionais são Cinesercla e Cinesytem, com 28 salas cada, Grupo Cine (25 salas), além do Kinoplex (Ribeiro), com 22 salas, além das 49 compartilhadas com a UCI.

Tabela 7 – Salas comerciais de cinema por ano e UF (2015-2024)

	2015	2016	2017	2018	2019	2020	2021	2022	2023	2024	2024(%)
AL	29	29	29	29	29	s.d	27	31	31	32	5,4%
BA	84	96	104	109	130	71	122	141	141	143	24,0%
CE	85	98	100	100	107	82	102	111	111	111	18,6%
MA	44	51	60	60	60	36	51	62	55	55	9,2%
PB	34	37	38	40	45	28	39	42	43	42	7,0%
PE	87	95	96	115	118	84	113	119	117	118	19,8%
PI	24	23	26	30	34	22	22	29	29	29	4,9%
RN	31	31	31	31	31	26	30	34	34	32	5,4%
SE	19	21	25	25	28	8	30	34	34	35	5,9%
NE	**437**	**481**	**509**	**539**	**582**	**357**	**536**	**603**	**595**	**597**	**100,0%**
Brasil	2938	3078	3207	3301	3479	1847	3268	3415	3466	3516	
% NE/BR	14,9%	15,6%	15,9%	16,3%	16,7%	19,3%	16,4%	17,7%	17,2%	17,0%	

Fonte: Dados compilados pelo autor a partir do OCA/Ancine (Paineis Interativos), atualizado em 01/03/2025.

O Nordeste possui 11 complexos com 10 salas ou mais, sendo 4 deles em Pernambuco (Cinemark RioMar Recife, com 12 salas; e Cinépolis Guararapes, UCI Ribeiro Recife e UCI Ribeiro Tacaruna, com 10 salas cada). Na Bahia, destaca-se o complexo do Shopping da Bahia (UCI Orient) com 12 salas, e o Cinemark Salvador (Salvador Shopping), com 10 salas. No Ceará, o principal complexo cinematográfico é o Iguatemi Fortaleza (UCI Ribeiro), com 12 salas. Segundo a Ancine, em 2023, este complexo vendeu 783.221 ingressos, o que o tornou o complexo mais frequentado no Nordeste e o terceiro maior entre todos os cinemas do país. Além do Iguatemi, o estado possui mais um complexo com 10 salas (Cinépolis Rio Mar). Além desses, o Cinépolis possui os maiores complexos em quatro capitais do Nordeste: o Cinépolis Rio Poty, em Teresina (PI), com 12 salas; o Cinépolis Manaíra Shopping, em João Pessoa (PB), com 11 salas; o Cinépolis São Luís

(MA), com 10 salas; e o Cinépolis Natal Shopping (RN), com 8 salas. Em Sergipe, o Cinemark Aracaju é o maior do estado, com 9 salas.

Por outro lado, destaca-se um conjunto de outros cinemas que dão sustentação a uma filmografia mais diversa e plural, em especial o cinema brasileiro independente. Na Bahia, destaca-se o Circuito Saladearte (Cinema do MAM, Cinema do Museu, Cinema da UFBA e as duas salas do Cine Daten, no Shopping Paseo), além do Cine Glauber Rocha, com 5 salas, na Praça Castro Alves, no Centro Histórico de Salvador. Em Pernambuco, a Fundação Joaquim Nabuco gerencia três salas de cinema em Recife: o Cinema da Fundaj (Derby), o Cinema do Museu (Casa Forte) e o Cinema do Porto (Bairro do Recife). Além desses, o imponente Cinema São Luiz, na rua da Aurora, é administrado pelo Governo de Pernambuco. No Ceará, as duas salas do Cinema do Dragão, sediadas no Centro Cultural Dragão do Mar, em Fortaleza, também são gerenciadas pelo governo do Estado, bem como, na Paraíba, o Cine Banguê, no Espaço Cultural José Lins do Rêgo, em João Pessoa. Em Alagoas, destaca-se o Arte Pajuçara, em Maceió; e, em Sergipe, o Cine Vitória, em Aracaju, ambos cinemas gerenciados por empresas privadas. No Maranhão, o destaque é para o Cine Lume, gerenciado pela Lume Filmes, empresa dirigida por Frederico Machado, que possui ramos na produção, na distribuição e na exibição. Começando com uma videolocadora e ampliando para uma distribuidora no segmento de vídeo doméstico, a Lume Filmes expandiu sua atuação para a distribuição em cinema e também no setor de exibição, sendo uma das mais interessantes experiências empresariais da região. No Rio Grande do Norte e no Piauí, infelizmente, no momento, não há nenhuma sala comercial de cinema com uma programação voltada a um perfil mais independente, restando aos cineclubes e às mostras de cinema o espaço para a difusão de outras cinematografias. Além desses cinemas, também merecem destaque algumas raras experiências de salas de cinema de rua em plena atividade, localizadas no interior do Nordeste, como o Cine RT, em Remígio (PB), o Cine São José, em Afogados da Ingazeira (PE), e o Cine Veneza, em Propriá (SE). A Bahia é um caso à parte, com um conjunto de salas independentes no interior, em cinemas de rua ou em pequenos shoppings locais, com a presença de cinemas comerciais registrados na Ancine em seis cidades de até 100 mil habitantes (Ibicaraí, Amargosa, Itamaraju, Irecê, Serrinha e Guanambi)[3].

Entre as experiências empresariais locais, destaca-se a curiosa iniciativa do Grupo Pinheiro, com 13 salas de cinema espalhadas em 6 cidades

---

[3] Para mais detalhes sobre as salas comerciais no interior da Bahia, ver Gama e Coelho (2024).

do interior do Ceará. Os cinemas são integrados à rede de supermercados Pinheiro (O Bom Vizinho), de propriedade do empresário Honório Pinheiro. Trata-se de uma rara iniciativa empresarial do setor de exibição, que trabalha em rede no interior do estado, em associação com outra atividade comercial – no caso, um supermercado.

Em termos de mostras e festivais de cinema, o estudo de Corrêa (2025) catalogou 148 mostras e festivais de cinema ocorridos no Nordeste em 2024. Comparando-se com 2016 (o primeiro ano da pesquisa), havia 71 eventos, o que correspondeu a um aumento de 108,5%. Bahia e Pernambuco concentram 45,3% dos eventos em 2024. Em seguida, destaca-se o expressivo número de eventos na Paraíba, que possui uma notável experiência de interiorização, frutificada pela importante participação dos festivais de cinema em cidades menores. O Rio Grande do Norte também se destaca com um grande crescimento no número de eventos: eram apenas 5 em 2016, chagando a 22 em 2024.

Tabela 8 – Mostras/Festivais de Cinema por UF – 2016/2024

	2016	2024	Δ 2024/2016
AL	4	7	75,0%
BA	10	34	240,0%
CE	13	16	23,1%
MA	2	6	200,0%
PB	14	24	71,4%
PE	19	33	73,7%
PI	1	2	100,0%
RN	5	22	340,0%
SE	3	4	33,3%
Total	**71**	**148**	**108,5%**

Fonte: Corrêa (2024).

O mais longevo festival de cinema no Nordeste é o Festival Guarnicê de Cinema, em São Luís, no Maranhão, que sediou sua 47ª edição em 2024. Outros festivais em atividade de destaque são o Cine Ceará, em Fortaleza (34 edições); o Cine PE, em Recife (28 edições); a Mostra Sesc Cariri de

Culturas, na região do Cariri, no interior do Ceará[4]; o NOIA - Festival de Cinema Universitário, em Fortaleza, com 22 edições. Em Sergipe, após dois anos sem atividades, o Festival Iberoamericano de Cinema de Sergipe (Curta-SE), realizou sua 23ª edição em janeiro de 2025. Entre os eventos com pelo menos 15 edições de destaque no cinema nordestino, estão os paraibanos Fest Aruanda (João Pessoa) e Comunicurtas (Campina Grande), organizados por duas universidades, a UFPB e a UEPB, respectivamente; o baiano Panorama Internacional Coisa de Cinema, atualmente sediado no Cine Glauber Rocha; o piauiense Encontro Nacional de Cinema e Vídeo dos Sertões, em Floriano; o potiguar Festival Internacional de Cinema de Baía Formosa (FINC), no interior do estado; o Maranhão Na Tela, em São Luís (MA); os alagoanos Circuito Penedo de Cinema (AL), que envolve quatro festivais, incluindo o Festival do Cinema Brasileiro de Penedo, e a Mostra Sururu de Cinema, um amplo espaço de debates artísticos e políticos do cinema alagoano; o cearense For Rainbow, em torno da cultura da diversidade sexual; e os pernambucanos Janela Internacional de Cinema do Recife, criado por Kleber Mendonça Filho e Emilie Lesclaux, o Festival de Cinema de Triunfo, organizado pela Fundarpe no lendário Cine Guarany, no interior do estado, e o Curta Taquary, que promove uma importante rede afetiva e criativa especialmente em torno do cinema nordestino, sediado em Taquaritinga do Norte[5].

Considerando os longas-metragens lançados comercialmente entre os anos de 2000 e 2023, foram 201 filmes nordestinos[6], o que representa 8,6% do total nacional. Entre os 201 longas, 55 (27,4%) foram lançados nos últimos três anos (2021-2023), o que comprova o crescimento da produção nordestina. Entre 2000 e 2010, foram apenas 18 filmes nordestinos lançados comercialmente, enquanto 593 filmes brasileiros foram lançados no mesmo período – um percentual de apenas 3,0%. Considerando os últimos três anos, esse percentual sobe para 11,9%.

Nesse sentido, há uma alta concentração em filmes pernambucanos, que concentram 43,3% do total de filmes nordestinos lançados no período.

---

4 Este evento envolve diversas manifestações culturais, como música, teatro e dança, e possui, entre eles, uma mostra de cinema, ainda que de proporções restritas em relação a outras atrações do evento.

5 Outro evento com longa tradição é o Festival de Cinema de Natal (Fest Natal). No entanto, o evento, criado em 1987, não está mais em atividade, sendo que sua edição mais recente (a 22ª) ocorreu em 2013.

6 Longas-metragens cuja empresa produtora majoritária está sediada no Nordeste.

Em seguida, surgem Ceará (com 51 filmes, ou 25,4%) e Bahia (41 filmes ou 20,4%). Por outro lado, Alagoas e Piauí lançaram apenas um único filme desde 2000: o alagoano *Cavalo* (2011), de Rafhael Barbosa e Werger Salles Bagetti, e o piauiense *Niède* (2020), de Tiago Tambelli, uma coprodução com São Paulo. Já Rio Grande do Norte houve apenas dois lançamentos: *Nova Amsterdam* (2018), de Edson Soares, e *O alecrim e o sonho* (2023), de Valério Fonseca. Por sua vez, não houve nenhum longa-metragem sergipano lançado comercialmente até o momento da conclusão desta pesquisa.

Tabela 9 – Longas nordestinos lançados comercialmente por UF (2000-2023)

UF	Filmes	%
AL	1	0,5%
BA	41	20,4%
CE	51	25,4%
MA	10	5,0%
PB	8	4,0%
PE	87	43,3%
PI	1	0,5%
RN	2	1,0%
SE	0	0,0%
Total NE	**201**	**100,0%**

Fonte: Dados compilados pelo autor a partir do OCA/Ancine (Cinema/Listagem de Filmes Brasileiros Lançados 1995 a 2023), atualizado em 10/04/2024.

Por outro lado, apenas 9 filmes nordestinos ultrapassaram o patamar de 100 mil ingressos, sendo 6 cearenses e 3 pernambucanos. O filme nordestino mais visto no período foi o pernambucano *Bacurau* (2019), de Kleber Mendonça Filho e Juliano Dorneles, com 741.977 ingressos. Outro filme de Mendonça Filho, *Aquarius* (2016), a partir da mesma parceria entre produtora (Cinemascópio) e distribuidora (Vitrine), está entre os 10 filmes nordestinos mais vistos no período, com 357.026 ingressos.

Entre os destaques de público, estão as comédias cearenses dirigidas por Halder Gomes, como *O shaolin do sertão* (610.741 ingressos) e *Cine Holiúdy* (487.479 ingressos), ambos distribuídos pela parceria Downtown/Paris, e os filmes de nicho espíritas produzidos pela cearense Luz Filmes, como *Be-*

zerra de Menezes (443.143 ingressos) e *Divaldo* (430.704), ambos distribuídos por *majors* (Fox e Disney, respectivamente).

Um caso curioso é o maranhense *Muleque Té Doido* (2014), dirigido por Erlanes Duarte, e que até o momento possui três continuações. *Muleque Té Doido 2: A Lenda De Dom Sebastião* (2016) atingiu o expressivo número de 69.753 ingressos, ainda que tenha sido exibido praticamente apenas no Maranhão, sendo um fenômeno popular a nível local.

Essa experiência remete ao fenômeno popular de *Ai que vida* (2008), de Cícero Filho, cineasta que trabalha na fronteira entre Piauí e Maranhão. Segundo o site da produtora TvM Filmes, o filme foi lançado em setembro de 2008 no Cinema do Riverside Shopping, em Teresina, e, antes de completar sua primeira semana em cartaz, alcançou a marca de mil espectadores, superando a bilheteria do filme *Harry Potter e a Ordem da Fênix*, então em exibição no mesmo cinema. No final da temporada neste shopping, o filme alcançou 5 mil espectadores. Hoje, é um dos filmes brasileiros mais assistidos no YouTube, com mais de 25 milhões de visualizações. No entanto, o filme não se encontra nos relatórios acima, pois não possui registro oficial na Ancine.

O caso de Cícero Filho ilustra algumas das limitações da metodologia baseada na divisão por UF. É preciso reconhecer que a demarcação das fronteiras que separa cada unidade federativa é um critério um tanto arbitrário, que segue muito mais convenções legais e históricas do que propriamente orgânicas no sentido geopolítico. Desenvolvendo seu universo artístico e produtivo entre os estados do Maranhão e do Piauí, Cícero Filho desenvolve o que Amancio (2012) denominou de um "cinema de fronteira", não apenas no sentido geográfico, mas por se localizar em estados híbridos entre o mercado e o artesanato[7].

Em termos de cursos de formação, cabe destaque à criação, a partir dos anos 2000, de um conjunto de cursos universitários de graduação em cinema/audiovisual em diversos estados do Nordeste, como no Ceará (UFC), Paraíba (UFPB), Pernambuco (UFPE), Rio Grande do Norte (UFRN) e Sergipe (UFS). Na Bahia, há os cursos em Cachoeira, no Recôncavo Baiano (UFRB) e em Vitória da Conquista (UESB). Na UFBA, em Salvador, há o Bacharelado Interdisciplinar em Artes, com área de concentração em Cinema

---

7 Nesse sentido, é importante reconhecer a existência de um conjunto de filmes, à margem dos sistemas de legitimação e da inclusão nos circuitos clássicos do mercado cinematográfico, como as experiências denominadas de "cinemas de bordas" (Lyra e Santana, 2006), cujos números infelizmente não foram incluídos nesta pesquisa, pela falta de dados sistematizados sobre essas produções.

e Audiovisual. No Maranhão, Piauí e Alagoas não há cursos universitários de graduação em audiovisual.

Além dos cursos de graduação em audiovisual, outros cursos universitários em áreas análogas também formam profissionais para o audiovisual, como os de Sistemas e Mídias Digitais da UFC, Mídias Digitais da UFPB e Arte e Mídia da UFCG (Campina Grande/PB), entre outros.

Ainda que não seja um curso universitário, a Escola de Audiovisual da Vila das Artes, ligada à Prefeitura de Fortaleza, tem uma importante contribuição na formação de realizadores cearenses. De forma análoga, o projeto Viação Paraíba, coordenado pelo cineasta Torquato Joel, tem fundamental contribuição na formação de cineastas paraibanos no interior do estado.

Em universidades privadas, destacam-se a Universidade de Fortaleza (Unifor), em Fortaleza, a Universidade Potiguar (UP), em Natal, e a AESO Barros Melo, em Olinda, Pernambuco.

Quanto aos eventos de negócios, o Nordeste Lab é o principal da região. Criado em 2014, possui rodada de negócios, pitchings, atividades formativas, mesas e debates sobre o mercado audiovisual. No Ceará, o principal evento é o Mercado Audiovisual do Nordeste (MAN), cuja primeira edição foi em 2015, e que teve sua 5ª edição em outubro de 2024.

O principal laboratório de desenvolvimento de projetos no Ceará é o LAB CENA 15. Criado em 2013 pela Escola Porto Iracema das Artes, instituição da Secretaria da Cultura do Ceará (Secult) gerida pelo Instituto Dragão do Mar (IDM), o laboratório está em sua 11ª edição em 2024. Ou seja, houve funcionamento contínuo do Laboratório com periodicidade anual durante os últimos onze anos.

Referências

AMANCIO, Tunico. O mundo como vontade de representação... no Piauí. *Significação*, ano 39, n. 38, 2012.

GAMA, Filipe Brito; COELHO, Rayssa Fernandes. O mercado de salas de cinema na Bahia: um olhar para o interior. In: GUSMÃO, Milene Silveira et alii (orgs.). *Memórias e histórias do cinema na Bahia*, vol. 2. Salvador: EDUFBA, 2024.

LYRA, Bernardette; SANTANA, Gelson. (orgs.). *Cinema de bordas*. São Paulo: A Lápis, 2006.

Mercado audiovisual alagoano

Elder P. Maia Alves
Felipe Guimarães

1 Introdução

Este trabalho consiste em realizar um mapeamento acerca do mercado audiovisual existente no Estado de Alagoas. Assim como os demais trabalhos que compõem este livro, o que se segue contribui diretamente para uma compreensão mais ampla da dinâmica recente da produção audiovisual da região Nordeste. É um momento bastante oportuno para materializar essa tarefa, uma vez que, nos últimos dez anos, o Nordeste, em geral, e Alagoas, em particular, têm experimentado uma série de mudanças em suas produções audiovisuais, o que se traduz, inevitavelmente, no aumento da formalização de empresas; na elevação das obras produzidas e lançadas; na consolidação de algumas ações de financiamento; na instalação de novas infraestruturas de exibição e na criação de novos cursos e oportunidades de capacitação.

Ancorado em quatro blocos ou eixos, este capítulo tem como objeto o Estado de Alagoas, enfatizando os seguintes aspectos: 1) empresas audiovisuais atuantes em Alagoas; 2) circuito de exibição/difusão no estado, com destaque para o circuito comercial e não comercial de cinema; 3) obras audiovisuais produzidas no estado, e que dispõem do Certificado de Produto Brasileiro (CPB); 4) politicas públicas de fomento, tanto aquelas de iniciativa federal, estadual e municipal.

2 Empresas audiovisuais

Essa primeira parte busca mapear as empresas audiovisuais existentes e atuantes no Estado de Alagoas. Para tanto, foram coletados e organizados dados sobre os agentes econômicos que atuam em Alagoas e no Nordeste, a partir dos dados disponibilizados pela Agência Nacional de Cinema (Ancine), coligidos pelo Observatório Brasileiro do Cinema e do Audiovisual (OCA), notadamente por meio da ferramenta Painéis interativos.

De acordo com a OCA/Ancine, em 2024, havia no Brasil 18.193 agentes econômicos. Desses, 14.853 (81,6%) foram tipificados como agentes econômicos independentes. Por agente econômico entende-se "qualquer pessoa natural ou jurídica que participa, independentemente, como sujeito ativo na atividade econômica (audiovisual ou não)" (Ancine, 2024). Conforme assinala a Ancine, os agentes econômicos são classificados da seguinte maneira: "agentes econômicos, pessoas jurídicas brasileiras, serão classificados em relação às seguintes qualificações, de forma não excludente: I) Brasileiro; II) Brasileiro de capital nacional nos termos do art.1º, inciso III da IN nº 91; II - Brasileiro nos termos do art.1º, §2º da MP 2.228-1/2001; III - Brasileiro independente. A esmagadora maioria dos agentes econômicos do mercado audiovisual, registrados junto à Ancine, são empresas audiovisuais brasileiras.

Alagoas aproveitou relativamente bem as oportunidades abertas pelas políticas de incentivo e fomento à produção regional, notadamente a linha dos Arranjos Regionais, criada e consolidada pelo Fundo Setorial do Audiovisual (FSA). Por exemplo, em 2023 havia seis longas-metragens em fase de pré-produção e pós-produção e sete telefilmes. O estado produziu uma grande quantidade de curtas-metragens nos últimos anos, especialmente no intervalo de 2013 a 2022, período que coincide com maior desembolso de recursos oriundo dessas ações. É possível cotejar a produção de longas metragens no estado a partir de três temporalidades: 1) 1980/1999 (vinte anos); 2) 2000/2012 (treze anos); 3) 2013/2022 (dez anos). Embora essa última temporalidade conte somente dez anos, ela apresenta uma média geral de produção de curtas-metragens muito acima da média das outras duas temporalidades. Conforme demonstra o gráfico seguinte, o primeiro intervalo temporal registra uma média de 3,7 curtas por ano; já o segundo fixa uma média de 5,4 curtas por ano, e, por fim, o terceiro intervalo vê essa média saltar para 22,8. Somente em 2019 foram produzidos e lançados 39 curtas-metragens.

Gráfico 1 – Curtas produzidos em Alagoas – média anual em três temporalidades

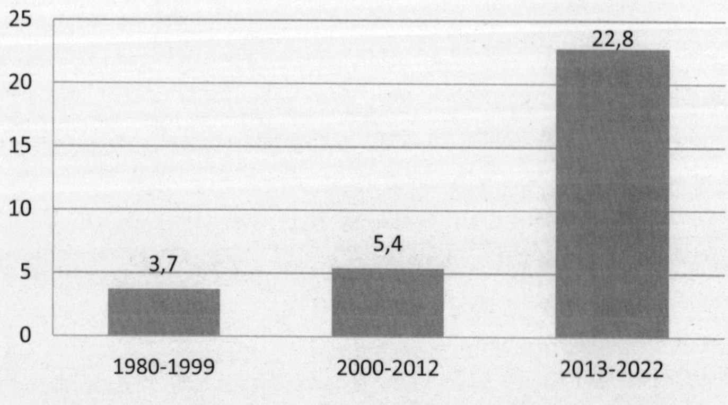

Fonte: elaboração própria a partir da plataforma Alagoar (2023).

Em 2025, Alagoas registra 123 agentes econômicos. A tabela 1 traz a distribuição desses agentes econômicos pelo território de Alagoas. Do total de agentes, 95 estão situados na capital do estado, Maceió, o que representa 77,3%. Esse é um percentual bastante elevado e preocupante, pois revela o quão dependente é a produção audiovisual da principal cidade do estado.

Tabela 1 – Agentes econômicos por município e por tipo de agente – Alagoas - 2025

MUNICÍPIO	AGENTES ECONÔMICOS	AGENGTES ECONÔMICOS INDEPENDENTES	PRODUTORAS	DISTRIBUIDORAS	EXIBIDORAS	PROGRAMADORAS	EMPACOTADORAS
Maceió	95	75	58	12	3		
Arapiraca	11	8	7	3	1	1	1
Teotônio Vilela	3	3	1				
Delmiro Gouveia	2	1					
São Luís do Quitunde	2	2	2				
Japaratinga	1						
Junqueiro	1	1	1				
Murici	1						
Palmeira dos índios	1	1					
Passo de Camaragibe	1	1	1				
Satuba	1	1	1				
Viçosa	1	1	1				
TOTAL	**123**	**96**	**73**	**15**	**3**	**1**	**1**

Fonte: OCA/Ancine, 2025.

2.1 Classificação de nível

No Brasil, entre os agentes econômicos, destacam-se as empresas produtoras, distribuidoras, exibidoras, programadoras e empacotadoras. Entre essas, o destaque cabe às produtoras, especialmente as produtoras independentes registradas junto à Ancine. Em 2024, o Brasil dispunha de 11.342 produtoras independentes, o que representou 62,34% do total de agentes econômicos. Essas empresas variam de acordo quanto à natureza jurídica e à classificação de nível. No caso do primeiro, são cinco naturezas jurídicas específicas: 1) sociedade empresarial limitada; 2) empresa ou empresário individual; 3) sociedade simples limitada; 4) outras naturezas jurídicas; 5) sociedade anônima fechada. No Brasil, 69,53% das produtoras independentes pertenciam ao primeiro tipo. Quanto à classificação de nível, 10.615 (93,59%) figuravam no Nível 1.

Alagoas segue a tendência nacional e do Nordeste. Em 2024, do total de 123 agentes econômicos, 73 eram produtoras, o que representou 59,3%. Em seguida, figuram as distribuidoras, com 15, o que representou 12,2%. Ainda, 78,0% das empresas alagoanas registradas na Ancine são agentes independentes.

Quanto à natureza jurídica e à classificação de nível dos agentes econômicos, há algumas distinções entre Alagoas e o Brasil. Antes, porém, é interessante comparar o tempo de atuação de um desses agentes econômicos, as produtoras. No Brasil, 4.414 das produtoras estão no mercado de 10 a 20 anos, o que corresponde a 36,28%. Significa que mais de 1/3 das produtoras brasileiras foram criadas nos últimos vinte anos, exatamente quando ganharam mais consistência e regularidade as políticas públicas para o audiovisual, especialmente o FSA. Em Alagoas, das 73 produtoras existentes, nada menos do que 66 foram criadas nos últimos 20 anos (94%). Mas um aspecto salta ainda mais os olhos. No Brasil, 1.894 produtoras funcionam de 2 a 5 anos, o que corresponde a 16,7%. Em Alagoas, esse percentual sobe para 52%, o que revela o forte impacto dos editais de arranjos regionais, em parceria com Estado e municípios (Rocha 2024).

Gráfico 2 – Tempo de funcionamento das produtoras – De 2 a 5 anos – Brasil e Alagoas (em %).

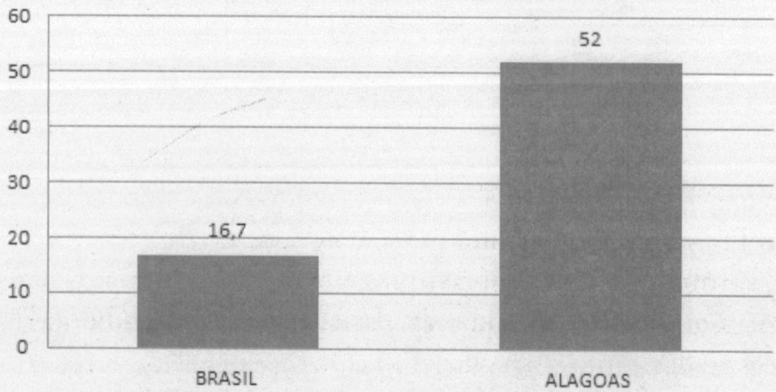

Fonte: elaboração própria a partir do OCA/Ancine, 2025.

No que tange à classificação de nível, em 2024, todas as produtoras alagoanas pertenciam ao Nível 1. Já quanto à tipologia jurídica, 48,3% estavam formalmente classificadas como sociedade empresária limitada e 44,7% como empresário individual.

3 Exibição e difusão

3.1 Salas de exibição

Este segundo eixo concerne à infraestrutura instalada no Estado de Alagoas para a exibição e difusão cinematográfica. De acordo com o OCA/Ancine, em 2024, havia em Alagoas 7 complexos de salas de cinema, que abrigavam 32 salas de exibição cinematográfica. O gráfico seguinte apresenta a série histórica, de 2014 a 2025, sobre a expansão das salas de cinema em Alagoas. Como se observa, o crescimento no estado foi bastante modesto.

Gráfico 3 – Evolução do número de salas em funcionamento – Alagoas (2014-2025)

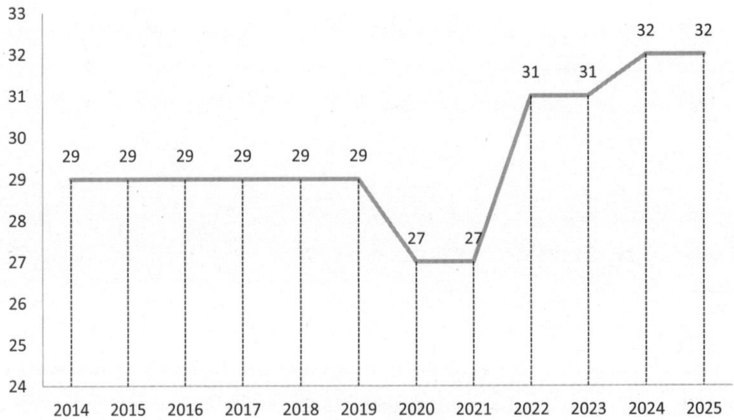

Fonte: OCA/Ancine, 2025.

Das 32 salas existentes no estado, 28 ficam na capital, Maceió, taxa de concentração de 87,5%. Significa que, praticamente, todas as salas existentes no estado estão localizadas na capital. No que tange à distribuição por grupo exibidor no estado, a distribuição é a seguinte: 16 salas pertencem à rede *CineSystem*; 6 salas pertencem ao grupo *Kinoplex;* mais 6 salas pertencem ao *Centerplex;* e, por fim, 4 salas são vinculadas à rede *Grupo Cine Cinemas*.

É bastante oportuno destacar a história de pioneirismo e resistência de um dos poucos espaços dedicados ao "cinema de arte" no Estado de Alagoas. Trata-se do espaço Arte Pajuçara, um polo de exibição vital e bastante relevante para Alagoas. O espaço conta com uma sala de cinema e um teatro, e se consolidou como um local de circulação, formação audiovisual e exibição dos "filmes de arte", além de abrigar festivais, seminários e cursos de capacitação. Lá se realizou, por exemplo, algumas edições da Mostra de Cinema Sururu, maior festival de cinema do estado.

Localizado no bairro da Pajuçara, orla marítima da capital Maceió, o Arte Pajuçara é um centro irradiador de construção de um gosto cinematográfico e de uma perspectiva política e estética que remonta aos anos de 1980, e ao legado de Elinaldo Barros (falecido em 2021), pesquisador, pioneiro, exibidor e figura de grande destaque e admiração do cinema alagoano, responsável por mobilizar entusiastas do cinema alagoano e brasileiro e também responsável por formar diversas gerações de cinéfilos, críticos, pesquisadores e criadores audiovisuais em Alagoas.

Desde a sua criação, ainda na década de 1980, o Arte Pajuçara se tornou um núcleo de encontros, sociabilidades e fruição dos conteúdos cinematográficos. Até 2013 o espaço foi mantido pelo SESI Alagoas, e desde então passou a ser mantido por um grupo de sócios que passou a obter recursos para a manutenção do espaço junto a editais públicos, emendas parlamentares e doações coletivas. Desde então, enfrentou algumas crises financeiras, como, por exemplo, o recorrente atraso de aluguéis do espaço. A cada crise, parte da sociedade tem se mobilizado para arcar com os problemas financeiros do espaço e granjear apoio dos governos municipal, estadual e federal para a manutenção do espaço em funcionamento.

3.2 Mostras e festivais

No que tange à difusão, merece destaque a realização da Mostra Sururu de Cinema Alagoano. Em dezembro de 2024, foi realizada a 15ª edição da mostra. Esse evento se consolidou como o principal espaço de experimentação, circulação e difusão do cinema alagoano, caracterizando-se como um espeço de encontros, trocas e projeção do cinema local para o restante do Brasil e o mundo. A Mostra Sururu está intimamente conectada aos movimentos de amadurecimento de uma geração de realizadores audiovisuais e fazedores de cultura de modo geral, que tem alinhavado projetos coletivos e interlocuções junto ao governo do estado e à Prefeitura de Maceió, obtendo apoio e liderado a construção de pautas cinematográficas bastante relevantes, tais como a diversidade cultural e a acessibilidade.

Cabe também destaque o Circuito Penedo de Cinema. Realizado na cidade de Penedo, é organizado pela Universidade Federal de Alagoas (UFAL).

O Circuito, que chegou à sua 14ª edição em 2024, é fruto da junção de quatro eventos do cinema alagoano (o Festival de Cinema Universitário de Alagoas, o Encontro de Cinema Alagoano, a Mostra Velho Chico de Cinema Ambiental e o Festival do Cinema Brasileiro).

O Circuito teve como origem o Festival de Cinema de Penedo, que ocorreu entre 1975 e 1982. Durante esse período, o festival se destacou com um dos maiores do Brasil. Cabe assinalar, a título de informação, que, durante esse período, a Secretaria de Cultura, do então Ministério da Educação e Cultura (MEC), tinha como gestor o professor e sociólogo alagoano Manuel Diégues Junior, que contribuiu bastante, com recursos e apoio logístico, para o crescimento do festival. O Festival acontecia sempre no início de janeiro, junto à procissão de Bom Jesus dos Navegantes, tradição da cidade de Penedo em Alagoas, e sua programação se estendia por três a quatro dias no Cine São Francisco. Em suas primeiras edições, disponibilizava exibições de curtas ou longas-metragens nacionais junto com a mostra competitiva de filmes alagoanos em Super-8mm.

Além dos eventos acima mencionados, é preciso destacar outros festivais, que também têm contribuído, em âmbito estadual, para a difusão de obras alagoanas, experimentação e formação técnica e artística. Conforme destaca o Panorama dos Festivais/Mostras Audiovisuais Brasileiras, em 2023 foram realizados em Alagoas 8 festivais, distribuídos pelas seguintes cidades: Delmiro Gouveia, São Miguel dos Milagres, Barra de Santo Antônio, União dos Palmares, Arapiraca, Penedo e Maceió. Esses festivais são bastante especializados, tendo como ênfase curtas-metragens dedicados a temáticas como cinema universitário, cinema infantojuvenil, cinema quilombola e ambiental.

4 Obras audiovisuais

O mapeamento das obras audiovisuais produzidas e lançadas será realizado a partir do registro de Certificado de Produto Brasileiro (CPB), emitido pela Ancine. Em 2015, o Brasil registrou 3.485 CPBs, número que subiu para 3.834, em 2024 – crescimento de 10%. Em âmbito nacional, entre os formatos, em 2024, predominaram as obras documentais, com 30,7%, seguido de obras ficcionais, com 21,4%. Já a região Nordeste, entre 2015 e 2024, viu o número de CPBs crescer em 101%, saindo de 208, em 2015, para 419, em 2024. Foi o segundo maior crescimento percentual entre as regiões brasileiras no período, sendo superado apenas pela região Norte, que obteve um crescimento de 191%.

Já o estado de Alagoas, por sua vez, saiu de 9 CPBs emitidos, em 2015, para 14, em 2024, obtendo um crescimento de 55,6%, inferior ao percentual da região Nordeste. O gráfico seguinte apresenta o crescimento percentual do registro de CPBs entre 2015 e 2024, comparando-se Brasil, Nordeste e Alagoas.

Gráfico 4 – Crescimento da emissão de CPB Brasil, Nordeste e Alagoas – 2015/2024 (em %)

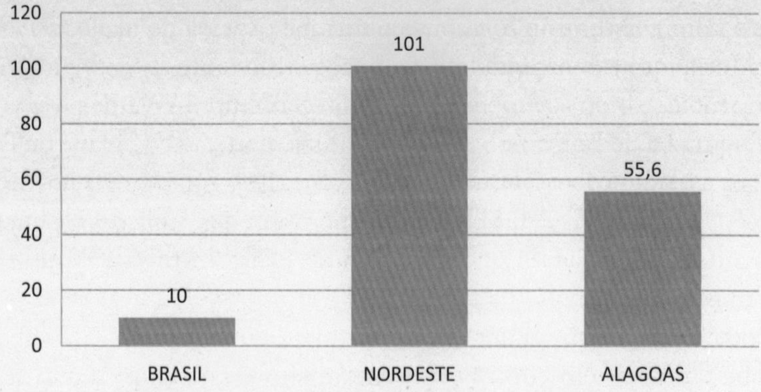

Fonte: elaboração própria a partir do OCA/Ancine, 2025.

Em Alagoas, no acumulado entre 2002 e 2024, foram emitidos 98 CPBs. Entre os tipos de formato, predominaram as obras documentais, com 34,7%, seguido das obras ficcionais, com 23,5%, e obras videomusicais, com 19,4%.

Gráfico 5 – CPB por tipo de formato – Alagoas 2002/2024

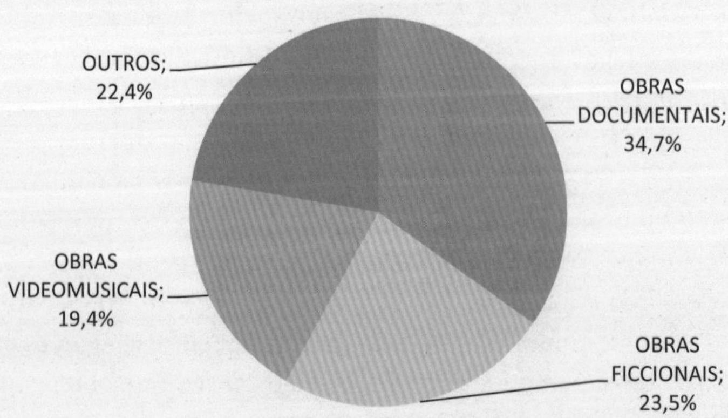

Fonte: elaboração própria a partir do OCA/Ancine, 2025.

Já quanto à organização temporal, em Alagoas, também no acumulado entre 2002 e 2024, o destaque cabe às médias-metragens, com 45,9%, os curtas-metragens, com 40,9% e os longas-metragens, com 11,2%. As obras seriadas corresponderam a apenas 2%.

Gráfico 6 - CPB por organização temporal – Alagoas 2002/2024

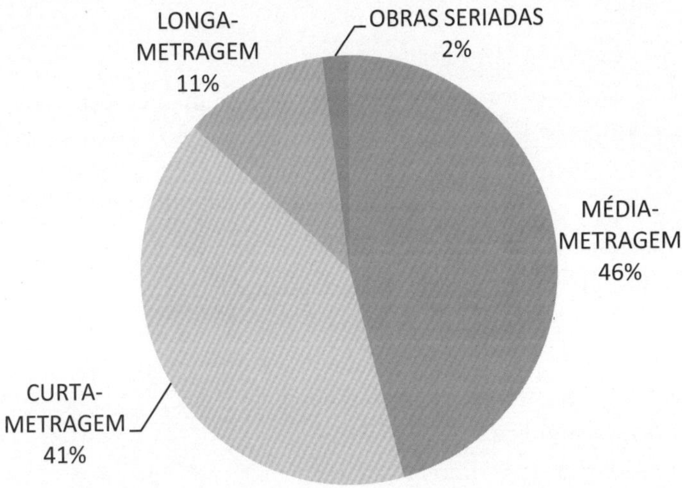

Fonte: elaboração própria a partir do OCA/Ancine, 2025.

Alagoas apresentou apenas 1 longa-metragem lançado comercialmente, no período entre 2000 e 2024: *Cavalo* (2021), dirigido por Rafhael Barbosa e Werner Werner Salles Bagetti. Contemplado no Prêmio Guilherme Rogato, da prefeitura de Maceió, e contando com recursos do Fundo Setorial do Audiovisual (FSA) para sua realização, *Cavalo* é o primeiro longa-metragem fomentado por um edital público realizado em Alagoas, o que representa um marco para a política cultural do estado. O filme foi distribuído em salas de cinema de todo o país, a partir de uma parceria entre a Descoloniza e a La Ursa Cinematográfica – a primeira produtora alagoana a também atuar no mercado de distribuição. O longa é uma espécie de síntese criativa e temporal de uma geração que tem demonstrado uma vigorosa capacidade de articulação política e artística local e um notável domínio técnico e estético.

5 Políticas públicas

Nos últimos dez anos, Alagoas tem vivido um ciclo promissor de melhora dos seus principais indicadores audiovisuais, como elevação no número de agentes econômicos, de CPBs emitidos, de produção de longas-metragens e crescimento dos investimentos públicos para o audiovisual local. Mesmo diante desse cenário alvissareiro, é oportuno alertar, como temos feito, que o estado ainda ocupa uma posição secundária e periférica no âmbito da região Nordeste. Por outro lado, é imperioso reconhecer que os profissionais do audiovisual do estado, os governos locais e as entidades de classe aproveitaram, mesmo que parcialmente, as oportunidades abertas pelas políticas públicas nacionais.

Entre essas políticas públicas, a mais decisiva foi o FSA, e a linha de Arranjos Regionais, cujos efeitos práticos, notadamente para a produção de obras locais, ainda estão em curso e, certamente, se farão sentir nos próximos anos. Conforme assinalamos em outra ocasião (Alves, 2023), em 2014 a então Secretaria de Cultura de Alagoas (SECULT) lançou os primeiros editais com recursos oriundos do FSA. Entre 2014 e 2016, o FSA aportou no Estado a quantia de R$ 700 mil reais, mas a maior parte dos recursos dos editais lançados nesses anos foram oriundos do próprio estado de Alagoas.

Embora tenha sinalizado uma relevante mudança, já que esses recursos asseguraram por exemplo, o financiamento do primeiro longa-metragem do estado depois de mais de 30 anos, o ponto de inflexão ocorreu mesmo em 2019. Essa mudança tem como fator causal a alteração promovida na linha de Arranjos Regionais. No ano anterior, a Ancine, através do Comitê Gestor do FSA, publicou a Portaria nº 132, de 13 de março de 2018. Esse dispositivo alterou os parâmetros e percentuais de repasse do FSA para a linha de Arranjos Regionais, tornando muito mais atraentes e vantajosas as parcerias entre os estados e municípios e o FSA. Por exemplo, para cada R$ 1,00 solicitado por projetos apresentados por estados e municípios situados nas regiões Centro-Oeste, Norte e Nordeste (CONNE), o FSA aportaria cinco vezes mais. Esse repasse seria menor para uma parte da região Sudeste e ainda menor para o eixo Rio-São Paulo. O quadro a seguir delineia esses parâmetros.

Quadro 1 – Proporção de recursos aportados pelo FSA e entes federados

GRUPO	REGIÕES	PROPORÇÕES
A	Norte, Nordeste e Centro-Oeste	Até cinco vezes os valores aportados por órgãos e entidades
B	Região Sul e os estados de Minas Gerais e Espírito Santo	Até quatro vezes os valores aportados pelos órgãos e entidades
C	Estados de São Paulo e Rio de Janeiro	Até três vezes os valores aportados pelos órgãos e entidades

Fonte: elaboração própria a partir do FSA (2022).

Conforme assinalado antes, essas novas regras contribuíram diretamente para que a região CONNE (Centro-Oeste, Norte e Nordeste) elevasse substancialmente a sua participação na obtenção de recursos do FSA e, consequentemente, na emissão de CPBs, principalmente a partir de 2019. O Nordeste, a julgar pelos dados mobilizados nos eixos anteriores, aproveitou melhor essas oportunidades, com destaque para estados como Bahia e Pernambuco. Embora em menor proporção, Alagoas também aproveitou as oportunidades abertas pela Portaria Ancine nº 132. Ato contínuo, em 2019, a prefeitura de Maceió formalizou uma parceria com o FSA/Ancine para o lançamento de um edital, cujo valor aportado pela Prefeitura foi de R$ 1 milhão, ficando o FSA responsável por R$ 5 milhões, totalizando R$ 6 milhões – maior quantia destinada por um edital publico para o audiovisual no estado desde então.

Seguindo essa seara, ainda em 2019, a prefeitura de Arapiraca (segunda maior cidade do estado) lançou um edital resultado da parceria com o FSA/Ancine, mediante a qual a Prefeitura aportou R$ 150 mil e o FSA R$ 900 mil. Dois anos depois, o mesmo caminho foi seguido pelo governo do estado, que, através da SECULT, lançou um edital no valor total de R$ 8,190 milhões, dos quais R$ 6,82 milhões foram aportados pelo FSA. Como corolário, entre 2019 e 2021, forram destinados, por meio de editais públicos locais em parceria com o FSA, a quantia total de R$ 15,1 milhões. Parte significativa dos projetos aprovados por esses editais, notadamente os longas-metragens e os telefilmes, foram lançados ao longo de 2023 e 2024, sendo alguns previstos para 2025. O gráfico seguinte apresenta a distribuição dos valores dos editais mencionados entre o FSA e os entes locais.

Gráfico 8 – Aporte Arranjos Regionais – Alagoas – 2019-2021 (em R$ mil)

Fonte: elaboração própria a partir da Ancine (2022).

Em 2022, o governo de Alagoas, através de edital organizado e lançado pela SECULT, destinou a quantia de R$ 6,1 milhões, dessa vez com recursos próprios, sem participação do FSA. Se desagregarmos nesse fluxo de investimentos, ocorrido entre 2014 e 2022, apenas os recursos destinados pelos governos locais - governo do estado, prefeitura de Maceió e prefeitura de Arapiraca -, constataremos uma expansão significativa. Ainda insuficiente, é verdade, mas bem superior aos recursos destinados antes, especialmente àqueles anteriores a 2014. Todavia, nos anos de 2023 e 2024, nenhum novo edital foi lançado, exceção feita ao edital lançado pelo SEBRAE-AL, publicado em 2023, e destinado à distribuição.

Gráfico 9 – Investimentos dos governos locais – Alagoas – 2013-2023 (em R$ mil)

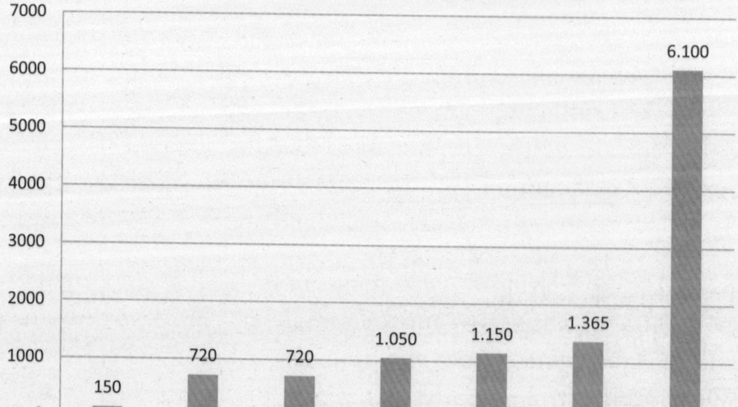

Fonte: elaboração própria a partir da Secult-AL e prefeituras de Alagoas (2022).

Os investimentos lançados, especialmente aqueles de origem federal, resultaram em um novo ciclo criativo local, mas também em novas formas de organização e mobilização dos profissionais locais, como diretores(as), roteiristas, fotógrafos(as), editores(as), produtores(as), montadores(as), entre outros. No âmbito desse ciclo criativo, foi lançado, por exemplo, o já citado longa-metragem *Cavalo* (2019), produzido e dirigido por Werner Salles e Rafhael Barbosa. O filme foi lançado em diversos festivais e mostras de cinema Brasil afora, recebendo uma boa avaliação artística. O filme teve a sua circulação e exibição prejudicada em razão da eclosão da Covid-19, uma vez que a sua estreia estava programada para abril de 2020. O conteúdo do filme é uma espécie de síntese estética, histórica e cultural da sociedade alagoana, especialmente da construção étnica, religiosa e natural da cidade de Maceió.

Tendo em vistas os aspectos destacados, é imperioso explorar outro fator bastante relevante. A elaboração das ações e políticas públicas assinaladas, assim como a sua implementação, decorreu, em grande medida, da mobilização e organização do setor audiovisual alagoano, especialmente dos realizadores reunidos em torno do Fórum Setorial do Audiovisual Alagoano (FSAL). O fórum foi formalmente criado em 2015, mas a organização mais ativa e contundente do segmento audiovisual remonta ao início da década, principalmente a partir da realização da Mostra Sururu de Cinema Alagoano.

O FSAL faz parte de um movimento mais amplo de fruição, mobilização, ativismo, discussão, reflexão, capacitação e profissionalização do audiovisual no estado de Alagoas. Fruto das novas redes de organização da sociedade civil, o FSAL é composto por cerca de 120 realizadores, dos quais aproximadamente 90 residem, realizam e atuam na cidade de Maceió. São pessoas e empresas que estão em diferentes fases e estágios de atuação, envolvimento e aprendizado junto ao mercado audiovisual.

O FSAL abriga indivíduos que foram responsáveis, nos últimos dez anos, pela criação de 18 produtoras de audiovisual que atuam em Alagoas. Os membros vinculados ao FSAL foram, ainda, os agentes de realização de mais de cem filmes nos últimos dez anos (em sua maioria curtas-metragens), além de organizarem alguns festivais/mostras locais de cinema, com destaque para a Mostra Sururu de Cinema Alagoano. No entanto, nem todos os realizadores, criadores e interessados profissionalmente pelo audiovisual estão vinculados ao FSAL.

Há, hoje, em Alagoas, quatro grupos distintos que atuam no audiovisual. O primeiro grupo diz respeito aos profissionais (empresários e produtores) mais antigos, que iniciaram suas carreiras e atividades profissionais ainda na década de 1990, atuando como publicitários, jornalistas e profissionais de *marketing*. Esse é hoje o grupo mais profissionalizado do audiovisual local, que pertence a uma geração mais antiga e integra o FSAL. Em seguida, há o segundo grupo, composto por diretores, roteiristas, pesquisadores, professores, produtores executivos, iluminadores, fotógrafos e técnicos, que passaram a atuar profissionalmente no audiovisual nos últimos dez anos. São jovens realizadores que possuem formação acadêmica nas mais variadas áreas do conhecimento (direito, engenharia, *marketing*, ciências sociais, economia, história, comunicação social, arquitetura, entre outras) e, especialmente nos últimos cinco anos, passaram a se dedicar mais profissionalmente ao audiovisual. Esse processo aconteceu em razão das oportunidades abertas pela expansão da internet, das políticas de financiamento dirigidas ao audiovisual, especialmente o Fundo Setorial do Audiovisual (FSA), e dos editais públicos locais. O terceiro grupo se refere aos gestores de órgãos públicos (como universidades, institutos educacionais e instituições dos poderes Legislativo, Executivo e Judiciário municipal e estadual) e privados (universidades, centros acadêmicos e empresas) que veem no audiovisual uma oportunidade de promoção das suas marcas locais e uma oportunidade de afirmação identitária, como a criação de novas mostras e festivais de cinema. Por fim, há um quarto grupo. Esse é composto, basicamente, por estudantes do ensino médio e estudantes universitários que, cada vez mais, se interessam pelo audiovisual de maneira profissional, mas que ainda estão iniciando os seus processos de aprendizagem estética e comercial junto a esse mercado.

Em 2019 o FSAL publicou um relevante instrumento de planejamento e ação coletiva, o Planejamento Estratégico do FSAL 2019-2021. Esse documento contribuiu para realizar um diagnostico econômico, comercial e técnico do setor em Alagoas, assim como colaborou para a organização interna de seus membros e adoção de perspectivas para captação de recursos. Tal planejamento foi uma ferramenta fundamental para a orientação das discussões, reflexões e pressões exercidas junto aos órgãos de cultura do município de Maceió e do Estado de Alagoas durante o processo de construção dos editais públicos lançados nos anos de 2021 e 2022, direcionados ao audiovisual.

6 Considerações finais

A descrição realizada aqui, combinada aos dados mobilizados, permitem cunhar a seguinte assertiva: Alagoas vive uma nova fase em seu mercado audiovisual, apresentando uma dinâmica nova e promissora, com novas obras, um fluxo relevante de investimentos públicos e uma vibrante mobilização das competências criativas, técnicas e tecnológicas dos profissionais locais do audiovisual. A título de exemplo, muitos curtas-metragens produzidos no estado, especialmente a partir de 2018, obtiveram premiações internacionais relevantes, além de longas-metragens que passaram a figurar no catálogo de plataformas globais de *streaming*, como os filmes *Cavalo* (2019) e *Sem coração* (2023)[8], disponibilizado na plataforma *Netflix*, em 2024. Por outro lado, cotejando todo o cenário da região Nordeste, constata-se que Alagoas ainda ocupa uma posição secundária e periférica, mesmo quando comparado a estados como Maranhão, Paraíba e Rio Grande do Norte. É possível assinalar que o estado, em linhas gerais, partiu de uma posição muito desfavorável e tardia em comparação com seus vizinhos nordestinos.

Referências

ALVES, Elder P. Maia. A digitalização do simbólico e o capitalismo cultural-digital: a expansão dos serviços culturais-digitais no Brasil. *Sociedade e Estado*, v. 34, n. 1, Brasília, jan-abr 2019.

_____. *A economia criativa do audiovisual em Alagoas no pós pandemia:* perspectivas, desafios e oportunidades. EDUFAL: Maceió, 2023.

Ancine. *Anuário estatístico do cinema brasileiro*. Rio de Janeiro, 2023.

IKEDA, Marcelo. *Lei da Ancine comentada*: Medida Provisória nº 2.228-1/2001. Rio de Janeiro: WSET Multimídia, 2011.

IKEDA, Marcelo. Crônica de uma separação – as políticas públicas para o audiovisual e o estímulo à produção independente. *Eptic* (*Online*), v. 14, n. 3, set-dez 2012.

ROCHA, Renata, Lima, Carmen, COSTA, Leonardo. *Políticas para a descentralização do audiovisual no Brasil.* Salvador: EDUFBA, 2024.

SOUSA, Ana Paula. *O cinema que não se vê:* a guerra política por trás da produção de filmes brasileiros no século XXI. São Paulo: Fino Traço, 2022.

[8] Filme produzido pela pernambucana Cinemascópio, empresa liderada por Kleber Mendonça Filho e Emilie Lesclaux, tem como diretores Tião e Nara Normande, esta última uma alagoana residente em Pernambuco. Livremente baseado em memórias da infância da realizadora, o filme foi filmado em Alagoas e parte de sua equipe foi composta de profissionais alagoanos.

Mercado audiovisual baiano

Kátia Morais
Natacha Stefanini Canesso

1 Introdução

A Bahia é o quinto maior estado brasileiro em área territorial, com 564.760,429 km^2 distribuídos em 417 municípios. A população estimada pelo Censo IBGE (2022) para 2024 foi de 14.850.513 habitantes. É demarcado pela diversidade ambiental, econômica e cultural, que constituem critérios da Política de Territorialização da Cultura para o reconhecimento dos vinte e sete Territórios de Identidade do estado. Já a divisão em regiões econômicas[9] define 15 áreas: Extremo Oeste, Vale do Rio Corrente, Vale São-Franciscano da Bahia, Sertão do São Francisco, Sul, Centro-Sul, Extremo Sul, Sudoeste, Nordeste, Chapada Diamantina, Norte, Centro-Norte, Litoral Norte e Agreste Baiano, Recôncavo e Metropolitana de Salvador.

A extensão do território, a informalidade nas atividades criativas e os desafios para a conexão e comunicação com agentes econômicos e culturais são fatores que comprometem uma compreensão precisa do mercado audiovisual baiano. Em termos históricos, a Bahia ocupa lugar de vanguarda na cena audiovisual brasileira e divide com Ceará e Pernambuco o protagonismo na região Nordeste do ponto de vista de um ecossistema minimamente organizado e com obras lançadas comercialmente.

A trajetória baiana é marcada pela atuação de realizadores de curtas, longas e documentaristas influenciados pela herança do Cinema Novo nos anos 1960 e 1970 e pela Jornada Internacional de Cinema da Bahia, organizada pelo professor e documentarista Guido Araújo (1946-2017) entre 1972 e 2011, que se tornou um dos mais importantes encontros de cinema do Brasil. Com uma produção engajada com a realidade social e política, o estado chegou aos anos 2000 com vocações ampliadas. Os segmentos de conteúdo seriado, animação e, mais recentemente, games foram criando seus espaços

---

[9] O estado da Bahia é dividido em 15 Regiões Econômicas ou Macrorregiões pela Superintendência de Estudos Econômicos e Sociais da Bahia (SEI), considerando aspectos geográficos, econômicos e sociais.

como nichos com maior nível de especialização em relação a linguagens mais tradicionais, a exemplo do documentário ou da chamada obra de ficção.

Essa reconfiguração do setor na Bahia, que caracteriza também o movimento dos demais estados nordestinos, carrega estreita relação com a dinâmica da indústria do audiovisual em nível global. A própria utilização da expressão audiovisual em detrimento do termo "cinema" é produto deste processo. Estão aí englobados os diferentes mercados ou janelas de exibição (TV, cinema, streaming etc.), que operam como fluxos cada vez mais fluidos e através dos quais as obras navegam e se conectam com o público.

Este capítulo se propõe a apresentar o panorama contemporâneo do mercado audiovisual baiano como parte do esforço da coletânea em se debruçar sobre a realidade do setor audiovisual no Nordeste brasileiro. Para isto, segue a mesma estrutura dos demais capítulos, com divisão em quatro grandes eixos, além desta introdução e das considerações finais: 1) Empresas audiovisuais; 2) Exibição e difusão; 3) Obras audiovisuais produzidas; 4) Outros eixos, incluindo políticas públicas para o setor.

A análise considera o período de dez anos (2013-2023) e se desenvolve com base em dados brutos disponibilizados pela Agência Nacional do Cinema (Ancine) atualizados em 1º de julho de 2024, bem como em relatórios oficiais publicados pelo órgão, através do seu Observatório do Cinema e Audiovisual (OCA). A partir dos aspectos abordados, espera-se contribuir para a reflexão sobre o campo, através dos principais avanços e desafios do contexto baiano, bem como suas especificidades e aproximações em relação aos outros oito estados da região Nordeste, pensando ainda o lugar da Bahia no cenário audiovisual nacional.

2. Eixo 1 - Empresas audiovisuais

A Instrução Normativa Ancine nº 91 de 2010 define como agente econômico passível de registro na Ancine "qualquer pessoa natural ou jurídica que participa, independentemente, como sujeito ativo na atividade econômica audiovisual" (Ancine, 2010). Até julho de 2024, a Agência registrou um total de 627 agentes econômicos Pessoa Jurídica (CNPJ) regulares com sede no estado da Bahia, sendo a maioria de natureza sociedade limitada (361 empresas)[10].

---

[10] Estão incluídas ainda: 213 empresários individuais; 34 empresas individuais (simples e limitada); 9 associações privadas; 3 sociedades anônimas fechadas; 3 sociedades simples; 2 fundações privadas; 01 autarquia federal (IFBA); e 01 autarquia estadual (UESB).

Quanto à classificação, mais de 80% do total (511) é formado por empresas brasileiras independentes. Os demais agentes se distribuem na seguinte participação: 109 empresas brasileiras de capital nacional (17,38%), seis brasileiras (0,95%) e apenas uma empresa estrangeira autorizada (0,15%), situada no município de Porto Seguro, extremo sul da Bahia, com registro CNPJ de empresário individual.

A expressiva incidência de empresas brasileiras independentes[11] se atribui ao alto investimento da política audiovisual federal neste segmento. Sobretudo desde a criação do Fundo Setorial do Audiovisual (FSA), em 2006, e da Lei da TV paga (Lei nº 12.485), em 2011, as ações da Ancine entendem o setor independente como agente estratégico do ecossistema audiovisual brasileiro, direcionando montantes significativos de recursos para a criação de obras destinadas a diferentes janelas de exibição por meio de editais públicos e outras iniciativas (Morais, 2020a).

Os dados da Ancine revelam um crescimento progressivo no número de agentes econômicos com sede na Bahia registrados durante o período analisado (2013-2023), conforme o gráfico a seguir:

Gráfico 1 - Progressão do registro de agentes econômicos baianos na Ancine (2013-2023)

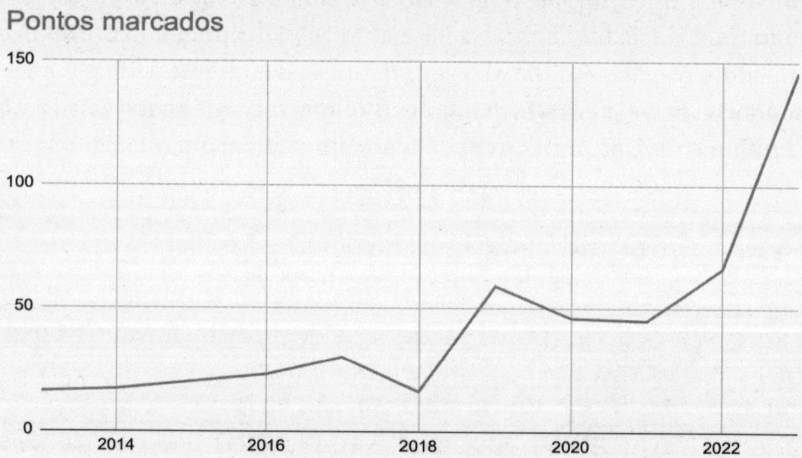

Fonte: Elaborado pelas autoras a partir de dados OCA/Ancine (2024).

---

[11] A classificação na categoria independente requer da empresa o atendimento cumulativo a uma série de condições, incluindo: mínimo de 70% de capital de brasileiros; gestão das atividades e responsabilidade editorial sob responsabilidade de brasileiros; não ter vínculos diretos ou indiretos com empresas empacotadoras, distribuidoras ou de radiodifusão (Ancine, 2010).

Dois momentos de retração podem ser observados: em 2018, último ano do governo Temer, que desmobilizou investimentos na área de Cultura, com impacto direto sobre a Ancine; e 2020/2021, período mais crítico da pandemia Covid-19. O ano de 2023 alcançou a marca de 146 registros, o que representa pelo menos mais que o dobro de qualquer um dos anos anteriores. Também representa mais de 50% do total de empresas registradas entre 2003 e 2012 (99 empresas).

O crescimento expressivo em 2023 pode ser atribuído ao lançamento da Lei Paulo Gustavo (Lei Complementar nº 195/2022), uma lei emergencial de cultura criada para combater os efeitos da pandemia Covid-19, assim como a Lei Aldir Blanc (Lei nº 14.017/2020). Ambos os mecanismos têm como regra a formalização de empresa como requisito para se pleitear acesso aos recursos públicos.

Como esperado, os números da Ancine indicam uma concentração dos agentes econômicos na capital do estado, Salvador, com 63% do total (397 agentes). Esta é uma realidade nacional, de organização das empresas ligadas ao setor de mídia e tecnologia nos grandes centros urbanos e seus entornos. Quando somado ao município de Lauro de Freitas (27 empresas), que integra a região metropolitana de Salvador, o percentual chega a quase 70%. O Gráfico 2, a seguir, apresenta a distribuição de agentes pelo estado:

Gráfico 2 - Agentes econômicos por município baiano (2013-2023)

Fonte: Elaborado pelas autoras com base em dados Ancine (2024).

A distribuição das empresas nos municípios do interior pode ser compreendida a partir do contexto socioeconômico de cada localidade e sua participação no cenário audiovisual no interior do estado. Vitória da Conquista (4,3%), Feira de Santana (3.3%) e Itabuna (2,7%) são centros regionais e polos de comércio de suas regiões. Além disso, são importantes polos de radiodifusão no interior do estado, com emissoras de rádio e televisão, o que mobiliza em seu entorno uma rede de empresas de publicidade e de serviços associados ao audiovisual. Itabuna, por exemplo, sedia, dentre outros veículos, a TV Cabrália, primeira emissora do interior da Bahia, fundada em 1987, e a partir da qual se desenvolveu um ecossistema regional de mídia audiovisual.

Somado a isso, essas cidades são centros universitários importantes fora da capital, com cursos de graduação e pós-graduação na área de Comunicação, em instituições públicas e particulares. Neste quesito, devem ser incluídos os municípios de Cachoeira (1,59%) e Ilhéus (1,43%), que abrigam, respectivamente, a Universidade Federal do Recôncavo da Bahia - UFRB (cursos de graduação em Cinema e Audiovisual e em Jornalismo e mestrado em Comunicação) e a Universidade Estadual de Santa Cruz - UESC (curso de graduação em Rádio e TV). O mestrado da UFRB em Cachoeira é a primeira pós-graduação *stricto sensu* em Comunicação no interior da Bahia. O curso de Cinema e Audiovisual, aprovado em 2008, já formou cineastas com reconhecimento nacional, a exemplo de Glenda Nicácio e Ary Rosa (Rosza Filmes), diretores do premiado longa *Café com Canela* (2017), dentre outras produções.

Importante ressaltar a proximidade geográfica entre alguns municípios que aparecem na lista da Ancine, indicando uma agregação de empresas. Este critério pode ser adotado no caso de Itabuna (2.7%) e Ilhéus (1,43%), no sul da Bahia; e de Cachoeira (1,59%) e Muritiba (0,95%), no Recôncavo. Enquanto as cidades sul-baianas estão a uma distância de 32 km, as cidades do Recôncavo estão separadas por 21 km.

Outros municípios que aparecem na lista apresentam algumas especificidades. De todos, Barreiras (0,95%) é o mais distante da capital, 863 km. Cidade central na região oeste, chegou a 2023 como o 8º PIB da Bahia e o 205º nacional[12]. Junto com Luís Eduardo Magalhães (4º PIB estadual) e outros municípios da região, vem se destacando nacionalmente no agronegócio como principal atividade econômica. Barreiras é sede da Universidade do Oeste da Bahia (UFOB) e de emissoras de radiodifusão.

De modo semelhante, Juazeiro, cidade do semiárido à beira do Rio São Francisco e distante 512 km da capital, possui a agricultura irrigada como

---

12 Os dados mais recentes publicados até o fechamento deste texto são de 2023. Disponível em: https://cidades.ibge.gov.br/brasil/ba/barreiras/panorama

principal base econômica. Sedia um dos *campi* da Universidade do Estado da Bahia (UNEB), com curso de graduação em Jornalismo e Multimeios e mestrados em áreas correlatas, além de contar com emissoras de radiodifusão. Porto Seguro (0,95%) e Lençóis (0,79%) são destinos turísticos do estado, enquanto Alagoinhas (0,95%) se destaca pelo turismo de negócios e se beneficia da proximidade com a capital, 116 km.

Tabela 1 - Empresas baianas registradas na Ancine por CNAE de atividade audiovisual

Classe CNAE	PRINCIPAL	SECUNDÁRIA	TOTAL
Atividades de produção cinematográfica, de vídeos e de programas de televisão não especificadas anteriormente	211	172	383
Produção de filmes para publicidade	55	233	288
Estúdios cinematográficos	16	70	86
Aluguel de fitas de vídeo, DVDs e similares	-	08	08
Atividades de exibição cinematográfica	13	51	64
Atividades de pós-produção cinematográfica, de vídeos e de programas de televisão não especificadas anteriormente	73	251	324
Atividades de televisão aberta	06	17	23
Atividades relacionadas à televisão por assinatura, exceto programadoras	-	09	09
Distribuição cinematográfica, de vídeo e de programas de televisão	03	104	107
Empacotamento de Comunicação Eletrônica de Massa por Assinatura	-	03	03
Operadoras de televisão por assinatura por cabo	01	06	07
Operadoras de televisão por assinatura por micro-ondas	-	01	01
Operadoras de televisão por assinatura por satélite	-	05	05
Programadoras	01	02	03
Serviços de mixagem sonora em produção audiovisual	01	97	01
Serviços de dublagem	-	69	69
Total Audiovisual	**380**		
Empresas baianas registradas na Ancine cujas atividades econômicas principais não possuem relação com o setor audiovisual	247		
Total Empresas baianas registradas na Ancine	**627**		

Fonte: Elaborado pelas autoras com base em dados fornecidos pela Ancine (2024).

Quando olhamos a relação entre as empresas cadastradas e as atividades que executam, os dados da Ancine revelam que 60,60% (380) das 627 empresas têm no audiovisual sua atividade principal. Esse percentual tem como base a Classificação Nacional de Atividades Econômicas (CNAE). Na tabela a seguir estão as categorias CNAE enquadradas como atividade audiovisual. As três primeiras categorias de CNAE que aparecem na tabela são elegíveis a concorrer aos editais de produção do Fundo Setorial do Audiovisual. Programadoras podem concorrer aos editais específicos para sua categoria nas linhas de produção do Fundo.

Não há nas publicações da Ancine uma explicação sobre o registro de empresas que não atuam diretamente no setor audiovisual, mas algumas hipóteses podem ser levantadas. Os dados da Agência indicam 247 registros nesta condição durante o período 2013-2023, considerando atividade principal. Quando adicionada atividade secundária, o total de empresas não atuantes no setor audiovisual cai para 68. No caso das universidades, por exemplo, o registro se justifica pela existência de TVs universitárias em suas estruturas institucionais. Há dois registros de empresas baianas nesta categoria: Universidade do Sudoeste da Bahia (UESB) e Instituto Federal da Bahia (IFBA).

Outra explicação possível é o gradativo aperfeiçoamento das regras do FSA. Para se ter uma ideia, os primeiros editais das linhas de desenvolvimento do Fundo exigiam como requisito que o proponente possuísse CNPJ, mas sem exigência expressa quanto à atuação em atividade no audiovisual. Em decorrência disso, é possível verificar nos resultados de chamadas de desenvolvimento 2016 do FSA/Prodav, por exemplo, empresas como posto de gasolina ou agência de turismo como proponentes aprovados. A flexibilização quanto ao CNAE de atividade audiovisual favoreceu pequenos produtores que à época não contavam com empresa formalizada e se associavam a empresas parceiras como possibilidade de efetuar sua inscrição junto ao FSA. Aos poucos, as regras foram se aperfeiçoando, sendo cada vez mais direcionadas ao registro de empresas do setor audiovisual.

Sobre atividade secundária, uma empresa pode ter mais de um registro nesta categoria. Por isso, na tabela 1 os números não foram somados.

2.1. Classificação de Nível

A classificação de nível é um mecanismo criado pela Ancine através da IN nº 54/2006 e atualizado pela IN nº 16/2015, a fim de estabelecer regras para captação de recursos por mecanismos de fomento indireto, e também é utilizada nos editais de fomento direto da agência, como os do FSA. O nível é estabelecido com base no número de obras produzidas e comercializadas pela empresa, variando proporcionalmente, de 1 a 5, em ordem crescente. Empresas que não solicitam classificação à Ancine são automaticamente alocadas no Nível 1, o mais baixo, cabendo pedido de revisão a qualquer tempo.

Das 627 empresas baianas registradas na Agência entre 2013 e 2023, 420 são empresas produtoras independentes. Os dados do OCA/Ancine atualizados em fevereiro de 2025 apontam sete novos registros em relação ao ano anterior, com distribuição de nível apresentada na Tabela 2 a seguir:

Tabela 2 - Classificação de Nível produtoras baianas

Classificação	06/ 2024 (2013-2023)	02/2025
Nível 1	396	400
Nível 2	10	11
Nível 3	8	10
Nível 4	5	3
Nível 5	1	3
TOTAL	**420**	**427**

Fonte: Elaborado pelas autoras a partir de dados OCA/Ancine (2025).

A tabela 3 a seguir apresenta a lista de produtoras baianas níveis 3 a 5, com base em dados atualizados pela Ancine em fevereiro de 2025. Uma alteração importante em relação a julho de 2024 foi o aumento, embora pequeno, do número de produtoras que conseguiram melhorar sua classificação. De apenas uma empresa nível 5 em 2024 (*Tem Dendê*), a Bahia chegou a fevereiro de 2025 com 3 empresas nesta posição. Por outro lado, manteve-se a maioria absoluta de produtoras na classificação nível 1.

Tabela 3- Produtoras baianas níveis 3 a 5 (2025)

Empresa produtora	Sede	Fundação	Registro Ancine	Nível
Origem Comunicação Ltda	Lauro de Freitas	1995	2011	5
Tem Dendê Produções Ltda ME	Salvador	2012	2013	
Truque Produtora de Cinema e Vídeo Ltda	Salvador	1988	2004	
BPP Produções Audiovisuais Ltda-ME	Itacaré	1997	2004	4
Caranguejeira Comunicação e Produção Audiovusual Ltda ME	Salvador	2010	2012	
Movioca Salvador Produções	Salvador	2000	2015	
Doc Filmes Produções Audiovisuais Ltda ME	Salvador	2005	2006	3
Griot Produções Cinematográficas Ltda.	Salvador	2012	2012	
Hamaca Produções Artísticas Ltda ME	Salvador	2008	2008	
Portfolium Laboratório de Imagens Ltda.	Salvador	1992	s.d.	
Rosza Filmes Produções Ltda ME	Muritiba	2011	2011	
Santa Luzia Filmes e Produções Artísticas Ltda	Salvador	2007	2007	
Takapy Digital Art Ltda	Salvador	1999	2005	
Tenda dos Milagres Produções Artísticas e Culturais Ltda	Salvador	2012	2013	
Toca de Reis Projetos em Comunicação e Cultura Ltda	Lauro de Freitas	2003	2006	
Vânia Alves Smith Lima	Salvador	2003	2009	

Fonte: Elaborado pelas autoras a partir de dados OCA/Ancine (2025).

A análise dos dados fornecidos pela Ancine permite algumas constatações que auxiliam na compreensão do mercado audiovisual baiano:

Um total de 94,28% das empresas (396) em julho de 2024 e de 93,67% (400) em fevereiro de 2025 se classificava como nível 1 na Ancine. Isto significa que quase a totalidade das produtoras baianas enfrenta grandes barreiras no acesso à captação por mecanismos de fomento indireto (leis de incentivo) e à aprovação de projetos no FSA. Os percentuais da Bahia refletem uma realidade nacional. Cerca de 90% da produção independente brasileira é composta por micro ou pequenas empresas (APRO; SEBRAE, 2016; Morais, 2020a), a maioria sem relacionamento estabelecido no mercado. Com baixa capacidade gerencial e com portfólio reduzido, essas produtoras enfrentam maiores dificuldades no acesso aos recursos públicos para o desenvolvimento de obras. O desafio do enfrentamento à concentração da produção no eixo Rio-São Paulo, onde estão as empresas maiores e com maior nível de relacionamento com o mercado, e do estímulo à diversidade territorial, de gênero e de raça nas produções independentes brasileiras, permanece. No caso da Bahia, a concentração em empresas Nível 1 revela a enorme lacuna no fomento à criação de narrativas capazes de revelar ao grande público as diversas Bahias vinculadas às identidades territoriais do estado para além das imagens construídas a partir de referências da capital.

Os níveis 4 e 5 são privilégio de um grupo restrito de produtoras baianas, concentradas em Salvador e região metropolitana, à exceção de uma empresa com sede em Itacaré, sul da Bahia. Mais uma vez, o retrato nacional de concentração no eixo Rio-São Paulo em relação aos demais estados e de preponderância das capitais sobre o interior se replica no contexto baiano.

As produtoras Nível 5, maior classificação da Ancine, possuem expertise em conteúdo seriado (*Tem dendê*) e em produção autoral e infantil (*Truque*), esta última especialmente associada à animação (*Origem*). Elas acompanham o movimento de crescimento da demanda por esse tipo de conteúdo no mercado global, incluindo o Brasil, e vêm conseguindo manter um ritmo de produção e de relacionamento comercial que influenciam diretamente a capacidade de acesso a recursos do FSA, em função do peso da classificação de nível como critério de seleção dos projetos. Dois aspectos merecem ser ressaltados sobre essas empresas. Primeiro, a *Truque* é uma das produtoras independentes mais antigas da Bahia e possui uma trajetória de parcerias e coproduções responsáveis pela criação de obras importantes, como o longa *Três histórias da Bahia* (2001). O filme marcou a retomada do cinema baiano após quase vinte anos sem produções de longa-metragem e simbolizou um movimento de profissionalização do setor audiovisual independente no estado (Morais, 2020b). Segundo, a *Origem* é uma produtora reconhecida nacionalmente no segmento de animação e possui em seu currículo premiações e coproduções internacionais nessa linguagem. A produtora coordenou o Núcleo Criativo *Anima Bahia* entre 2015 e 2016, cujos resultados consolidaram a empresa como referência do setor no estado. Trata-se do primeiro Núcleo Criativo no Brasil dedicado exclusivamente à produção de animações. Embora oficialmente a *Origem* esteja associada ao município de Lauro de Freitas, conta com escritório e desenvolve suas atividades em Salvador.

3 Eixo 2 - Exibição e Difusão

O objetivo deste bloco é apresentar o circuito exibidor da Bahia, incluindo complexos e salas comerciais de cinema, circuito não comercial, canais de televisão e plataformas de *streaming*.

3.1 Salas de cinema

Segundo os dados do OCA/Ancine, em 2023, a Bahia possuía 139 salas de cinema em funcionamento, o que representa 4,02% dos números nacionais. Para se ter uma ideia do acréscimo do número de salas em um intervalo de 10 anos, em 2014, eram 78 salas, com um adicional de 52 salas até 2019 (130). Em 2020, houve uma queda abrupta para 71 salas, com rápida recuperação até 2024 (143 salas), indicando que os cinemas ficaram temporariamente fechados em função da pandemia de Covid-19.

Ainda com base nos dados de 2023, as salas de cinema que compõem o parque exibidor baiano estão distribuídas em 23 municípios. Em termos percentuais, apenas 6% das 417 cidades contam com salas comerciais. Na mesma lógica nacional, existe alta concentração na capital Salvador (69 salas - 49% do total), seguida de cidades economicamente importantes do estado: Feira de Santana (9 salas); Vitória da Conquista (8); Teixeira de Freitas (5); Lauro de Freitas (7); e Camaçari (5). As duas últimas estão localizadas na Região Metropolitana de Salvador. Outros municípios com salas de cinema são: Itabuna,Juazeiro e Jequié (4 salas cada); Amargosa; Alagoinhas, Barreiras, Guanambi, Ilhéus, Irecê, Luís Eduardo Magalhães, Paulo Afonso, Santo Antônio de Jesus e Serrinha (2 cada); Cachoeira, Eunápolis, Ibicaraí e Itamaraju (1 cada).

Também como no restante do país, os cinemas em shopping centers no modelo Multiplex são predominantes na Bahia. A UCI Cinemas (*United Cinemas International Ltda*) é a empresa com maior número de salas. São 26 ao todo, seguida da Cinemark (23 salas), Cinépolis (15) e Cinesercla (12). Essas e as demais redes exibidoras com salas em funcionamento no estado em 2023 estão detalhados na tabela a seguir:

Tabela 4 - Redes exibidoras em operação na Bahia (2023)

Rede Exibidora	Salas em funcionamento
CENTERPLEX	5
CINE FILMES	6
CINE XTREME	3
CINEFLIX	9
CINEMARK	23
CINÉPOLIS	15
CINESERCLA	12
ESPAÇO	4
GRUPO CINE	2
IMPERIAL CINEMAS	8
INDEPENDENTE	8
MOVIECOM	3
ORIENT	4
PREMIER	6
SALA DE ARTE	5
UCI ORIENT	26

Fonte: OCA/Ancine. Ano de referência: 2023.

Entre os complexos registrados na Ancine, oito não pertencem a nenhum grupo exibidor e quatro são complexos de salas de arte. Na capital, as salas que pertencem ao *Circuito de Cinema Sala de Arte* são as duas salas do Cine Daten, no Shopping Paseo; o Cinema do Museu, no Museu Geológico da Bahia; a sala de Cinema da UFBA e o CineMAM, no Museu de Arte Moderna.

Além destes, o Cine Glauber Rocha, localizado na Praça Castro Alves, no Centro Histórico, possui quatro salas e se estabelece em uma associação do circuito de cinema de arte e filmes comerciais, além de receber festivais e eventos do mercado audiovisual. Outro cinema de rua que resiste em Salvador é o Cine Tupy, localizado na Baixa dos Sapateiros, centro comercial e polo cultural da cidade na década de 1950. Seu foyer foi projetado pelo artista Juarez Paraíso e sua tecnologia de projeção era a melhor da cidade até a abertura das salas de cinema nos shoppings centers nos anos de 1970. As reformas não escondem sua decadência, e a resistência do espaço é atribuída ao seu nicho de mercado, o de filmes adultos. Na cidade de Cachoeira, localizada no Território de Identidade Recôncavo, o CineTeatro Cachoeirano é um cinema com programação comercial que funciona em um prédio tombado de um antigo cinema da cidade.

A carência de políticas públicas para preservação das salas de cinema resulta em cenários como o do Cine Teatro Rio Branco, localizado em Nazaré, também no Recôncavo Baiano. É um dos cinemas mais antigos do Brasil, fundado em 1927, e foi desativado várias vezes entre as décadas de 1970 e 1990. Em 2000, foi revitalizado com recursos próprios pelo ex-jogador de futebol Marcos André Batista Santos, conhecido como Vampeta. O Cine Teatro Rio Branco continua em funcionamento com desafios de manutenção. Lá acontecem exibições esporádicas de filmes, especialmente para estudantes de escolas públicas (Alves, 2010).

3.2. Festivais e Mostras

A Bahia possui tradição em festivais e mostras de cinema que contribuem significativamente para a cultura audiovisual do estado. Salvador foi palco de um dos mais antigos festivais de cinema do Brasil, focado em documentários e filmes com temáticas sociais e políticas: a Jornada Internacional de Cinema da Bahia, coordenado pelo documentarista e professor Guido Araújo (1946-2017). Ao total, foram 39 edições realizadas entre 1972 e 2011. Na Bahia dos anos 1970, as Jornadas constituíram, nas palavras de Melo (2016, p.121), "abrigo para pensar, organizar politicamente e ousar temática e esteticamente no cinema brasileiro e baiano neste período". Um dos frutos das Jornadas foi a criação da Associação Brasileira de Documentaristas (ABD), uma das mais importantes entidades de classe do setor audiovisual brasileiro. O estudo de Gusmão e Cotrim (2021) apresentou uma caracterização geral do circuito de mostras e festivais na Bahia entre 2016 e 2019. Os festivais que realizaram mais de cinco edições são:

- **Panorama Internacional Coisa de Cinema** (Salvador). Edições: 18 (2002 - 2022). Em 2025, realizou sua 20ª edição.
- **Mostra Cinema Conquista** (Vitória da Conquista). Edições: 15 (2004 - 2022)
- **Arraial Cine Fest** (Arraial d'Ajuda). Edições: 13 (2006 - 2023). Em 2025, realizou sua 15ª edição.
- **CineVirada** - Festival de Cinema Universitário da Bahia (Cachoeira). Edições: 11 (até 2024)

- **Festival de Cinema Baiano** - FECIBA (Salvador). Edições: 8 (2011 - 2024)
- **Festival de Cinema de Trancoso** (Trancoso). Edições: Em 2024, celebrou sua 7ª edição.

Destacam-se ainda outros eventos e festivais, com mais de cinco edições:

- Festival Americano de Cinema e Vídeo Socioambiental de Iraquara (FASAI): Iraquara, Chapada Diamantina. Primeira edição em 2010.
- Cine Kurumin – Festival Internacional de Cinema Indígena: Salvador e em territórios dos povos indígenas. Primeira edição em 2011.
- Animaí – Festival Baiano de Animação e Games: Salvador. Iniciado em 2019.

3.3. Televisão

O setor de radiodifusão representa a maior parcela da economia do audiovisual na Bahia, com forte concentração na capital (Anuário do Audiovisual Baiano, 2021) e modelo de negócio baseado majoritariamente no financiamento por verba publicitária. O estado conta com emissoras afiliadas a redes nacionais e canais regionais.

Entre as redes nacionais, a Globo é a que atende todas as regiões do estado. Entretanto, a TVE Bahia, emissora educativa estadual mantida pelo Instituto de Radiodifusão Educativa da Bahia (IRDEB), é a que possui a maior cobertura em sinal digital, alcançando mais de 11 milhões de usuários.

Alguns dos principais canais são:

- **TV Bahia**: afiliada à Rede Globo, com sede em Salvador e cobertura em todas as regiões do estado;
- **TV Aratu**: afiliada ao SBT, também sediada em Salvador, com transmissão em várias localidades baianas;
- **Record Bahia (TV Itapoan)**: Emissora própria da Record TV, sediada em Salvador. Controla a Record Cabrália em Itabuna, sul da Bahia. Alcança cerca de 180 municípios baianos;
- **Band Bahia**: afiliada à Rede Bandeirantes, com sede em Salvador e alcança 80% do território no estado;
- **TVE Bahia**: transmite programação educativa e cultural. A TVE Bahia se destaca pela ênfase na produção de conteúdo local e relacionamento com a produção independente. A emissora cumpre pa-

pel importante para a difusão de obras baianas a partir de editais do FSA/Ancine e de iniciativas próprias, colaborando para a inserção e para o fortalecimento de empresas produtoras tanto no circuito produtivo quanto no acesso aos mecanismos de fomento público. As três produtoras baianas classificadas como empresas Nível 5 na Ancine (dados fevereiro/2025) possuem histórico de relacionamento com a TVE, em coprodução ou em licenciamento não oneroso, o que, sem dúvida, contribui fortemente para a visibilidade dessas empresas e de suas produções, favorecendo outros relacionamentos na indústria.

No interior do estado, as afiliadas à Rede Globo são:

- **TV Santa Cruz**: Com sede em Itabuna, atende à região sul do estado;
- **TV Subaé**: Baseada em Feira de Santana, cobre a região do Recôncavo Baiano;
- **TV São Francisco**: Localizada em Juazeiro, atende ao norte da Bahia;
- **TV Sudoeste**: Com sede em Vitória da Conquista, cobre a região sudoeste;
- **TV Oeste**: Baseada em Barreiras, atende à região oeste do estado.

A Bahia também conta com diversas iniciativas de televisão universitária e comunitária que contribuem para a difusão de conteúdo educativo e cultural. A seguir, algumas das principais:

- **TV Olhos D'Água**: Vinculada à Universidade Estadual de Feira de Santana (UEFS), a emissora atua como um veículo de comunicação pública e educativa, produzindo conteúdos que refletem as atividades acadêmicas e culturais da instituição.
- **TV UNEB**: Ligada à Universidade do Estado da Bahia (UNEB), promove a divulgação de práticas e experiências das TVs universitárias associadas, buscando fomentar o aprendizado mútuo e a valorização das produções televisivas universitárias em todo o Brasil. Além do canal webTV, está presente na TV Aberta, em parceria com a TV Kirimurê.
- **TV UESC**: A Universidade Estadual de Santa Cruz (UESC) mantém a TV UESC, que compartilha conteúdos relacionados às ativi-

dades acadêmicas e culturais da universidade. A emissora está presente em plataformas como YouTube e Instagram.

- **TV UFRB:** Vinculada à estrutura da Assessoria de Comunicação da Universidade Federal do Recôncavo da Bahia, a TV opera como projeto de extensão de caráter permanente.
- **CANAL UFSB**: A Universidade Federal do Sul da Bahia (UFSB) iniciou em 2023 o processo de implementação de sua TV e rádio universitárias como um projeto da Pró-Reitoria de Extensão (Proex) com vistas à formação discente e divulgação do conhecimento científico produzido pela instituição.
- **Canal Universitário da Bahia**: Localizado em Salvador, este canal é operado pela NET no canal 17 e serve como uma plataforma para conteúdos produzidos por universidades e fundações.

3.4 Streaming

Não há dados oficiais sobre o número de plataformas de streaming em operação vinculadas a empresas baianas, assim como no Brasil. Isto se dá em função da ausência de regulamentação do setor. A Ancine publica anualmente desde 2022 um panorama do mercado de VoD no país, a fim de observar a presença do conteúdo nacional nessas plataformas, mas as empresas não fornecem dados primários à Agência.

Na Bahia, existem iniciativas de streaming de vídeo com conteúdo regional. Uma delas é a *STV Bahia*, que disponibiliza sua programação por meio de um aplicativo oficial. A emissora pode ser assistida no Canal 24 da NET e no Canal 524 da CLARO. Tem foco em conteúdo esportivo.

Outra opção é a *TV Nordeste Bahia*, uma emissora de televisão online sediada em Cícero Dantas, que transmite conteúdo regional através de seu aplicativo. A *TVE Bahia*, já citada emissora pública estadual, também transmite sua programação educativa e cultural online através da internet.

Por fim, a TV Kirimurê é uma emissora de televisão brasileira sediada em Salvador, Bahia. Opera no canal 10.3 (24 UHF digital) e é afiliada à TVT. A emissora pertence à Organização *Filhos do Mundo*, em parceria com o IRDEB. A TV Kirimurê foi inaugurada em 20 de novembro de 2016, como parte do projeto Canal da Cidadania, com o objetivo de promover a democratização da comunicação e dar voz às produções locais e comunitárias. Possui como proposta produzir conteúdos que reflitam a diversidade cultural e social da região, além de retransmitir programas da TVT. Está presente em plataformas digitais e conta com aplicativo para dispositivos móveis.

4 Eixo 3- Obras audiovisuais

4.1 Obras produzidas (CPBs)

Entre 2003 e 2023, a Ancine emitiu 1.347 Certificados de Produto Brasileiro (CPBs) para obras baianas. Mais de 80% deste total está concentrado nos últimos dez anos (2013-2023). Mais uma vez, os números revelam o resultado da política audiovisual gerida pela Agência, em especial após a consolidação do FSA e da Lei da TV Paga (Morais, 2020a; Ikeda, 2021).

Tabela 5 - CPBs para obras baianas por ano e por tipo de obra (2003-2023)

Ano de emissão do CPB	Curta	Média	Longa	Série	Total
2003	-	-	1	-	1
2004	-	1	-	-	1
2005	7	5	9	1	22
2006	3	2	9	-	14
2007	4	6	6	1	17
2008	5	3	7	-	15
2009	8	7	5	-	20
2010	6	8	7	1	22
2011	19	16	12	-	47
2012	12	11	6	1	30
2013	16	12	9	-	37
2014	21	13	12	8	54
2015	41	16	9	8	74
2016	89	24	23	46	182
2017	60	33	16	49	158
2018	68	26	18	22	134
2019	55	28	10	32	125
2020	31	24	21	25	101
2021	36	24	10	17	87
2022	27	37	12	23	99
2023	40	24	11	32	107
Total	**548**	**320**	**213**	**266**	**1347**

Fonte: Elaborado pelas autoras a partir de dados OCA/Ancine (2024).

Conforme se observa na Tabela 5, a produção audiovisual na Bahia teve um incremento importante em 20 anos. O estado saiu de apenas um CPB de longa-metragem em 2003 para 107 CPBs em 2023, considerando curtas, longas, médias e séries. Os números expressos na Tabela refletem alguns aspectos relacionados ao desenvolvimento e às vocações do mercado audiovisual baiano, com ênfase no período 2013-2023, entre os quais destacamos três pontos principais:

1) O efeito do FSA (2006) associado à Lei da TV Paga (2011)

O primeiro edital de produção do FSA foi lançado em 2008, seguido por chamadas anuais e de fluxo contínuo para diferentes linhas de cinema e televisão. A Lei da TV Paga consolidou o Fundo como principal mecanismo de fomento à produção audiovisual no país, ao estabelecer a cobrança da *Condecine Teles*, arrecadada pelasempresas de telecomunicações e integralmente destinada ao FSA. A nova modalidade da Condecine elevou em mais de 1000% o montante de recursos a ser investido na produção independente nacional, o que gerou a ampliação das linhas de investimento e do número de projetos contemplados e de novas obras produzidas.

Fora do eixo Rio-São Paulo, a Bahia tem sido um dos estados com maior participação no acesso às linhas do Fundo. A *Tem Dendê* (Vânia Lima), por exemplo, uma das únicas baianas Nível 5 na Ancine, é uma das produtoras com maior número de projetos aprovados pelo FSA em todo o país. A empresa tem se destacado na produção de conteúdo seriado documental e de ficção, com atuação internacional. Em seu portfólio constam coproduções e licenciamentos com diversos canais de TV aberta (SBT, Record, TVE Bahia...) e por assinatura (GNT, PrimeBox, Curta, CineBrasil...).

Uma ação importante como parte da política audiovisual gerida pela Ancine é o conjunto de linhas de desenvolvimento lançadas em 2013[13]. Uma vez que tinham como proposta o investimento em etapas anteriores à produção, não exigindo a entrega de uma obra finalizada, consolidaram-se como espaço importante para iniciantes e pequenas produtoras, bem como para o aprimoramento de aspectos criativos dos projetos. Além disso, diferentemente das linhas de produção para cinema (Prodecine) e para televisão (Prodav, fluxo contínuo e editais de TV Pública), as linhas de desenvolvimento são abertas ao desenvolvimento de obras para qualquer janela de exibição. Com isso, alteraram uma lógica de investimento em obras para janelas específi-

---

[13] Originalmente eram três linhas: Prodav 03 (Núcleos Criativos), Prodav 04 (Laboratório de Projetos) e Prodav 05 (Desenvolvimento de projetos e formatos).

cas, compreendendo o contexto contemporâneo de criação de conteúdos para transitarem em fluxos diversos.

Na Bahia, a *Origem Content (*Ducca Rios e Maria Luiza Barros) foi a primeira empresa contemplada em editais de desenvolvimento do FSA, em 2013, com o projeto do *Núcleo Criativo Anima Bahia*, voltado para o desenvolvimento de obras de animação infantil. O núcleo desenvolveu quatro séries de animação infantil e um longa-metragem. Entre os projetos, a série *Turma da Harmonia* (2016) foi adquirida pela *Disney Junior Latin America*.

2) O resultado das ações de regionalização

Como parte integrante do FSA, os editais de TV Pública e os Arranjos Regionais, ambos lançados em 2014, cumprem papel importante para os resultados expressos na Tabela 5, ao estimularem a descentralização Rio-São Paulo. Os editais de TV Pública são específicos para cada uma das cinco regiões do Brasil. Já os Arranjos Regionais funcionam como convênios de coparticipação entre Ancine e entes federados (estados e municípios), com a Ancine investindo pelo menos o dobro do valor aportado pelo ente local, com variações a depender das características de cada unidade federativa.

A primeira chamada pública de Arranjos Regionais na Bahia foi executado em parceria com o Instituto de Radiodifusão da Bahia (IRDEB)[14], dando origem a documentários, telefilmes, séries de animação e de ficção, que construíram longa trajetória. Entre outros títulos, o edital foi o pontapé inicial de *Café com Canela* (Ary Rosa e Glenda Nicácio, 2017), aprovado na categoria Telefilme e vencedor do prêmio de melhor filme pelo Júri Popular do prestigiado Festival de Brasília em 2017.

De acordo com a Ancine, entre 2014 e 2015 foram contemplados 39 projetos de 26 produtoras baianas, decorrentes de editais específicos com o IRDEB, e também com a Fundação Gregório de Matos, vinculada à Prefeitura Municipal de Salvador. e a Secretaria de Cultura do Estado da Bahia.[15] Em 2017, o edital *Bahia na Tela,* parceria entre IRDEB e Ancine com recursos do FSA, foi noticiado como "o maior investimento da história da TV Pública" (Tela Viva, 2017)[16], para criação de séries e filmes baianos. No mesmo ano, a TVE Bahia anunciou a exibição de 250 horas de conteúdo inédito baiano

---

[14] Edital de Fomento à Produção Audiovisual Baiana 2014 - IRDEB

[15] https://bravi.tv/ancine-apresenta-na-bahia-edital-de-fomento-ao-audiovisual-em-parceria--com-estados-e-municipios/

[16] https://telaviva.com.br/16/05/2017/bahia-na-tela-destina-r-20-milhoes-ao-audiovisual--do-estado/

proveniente do edital de TV Pública do estado. Obras como *A Bicicleta do Vovô*, de Henrique Dantas (Hamaca Produções) e *Meu Irmão Nerd*, de Cecília Amado (Truque Produtora), foram algumas das contempladas.

Na tabela 5, o alto número de produções na categoria *curtas* se deve em parte à criação de *interprogramas* exibidos pela TVE Bahia, uma vez que contemplam esta categoria. A relevância do segmento de videomusicais (ver Tabela 6) também ajuda a explicar a expressiva produção de curtas no estado. Ao mesmo tempo, é importante ressaltar que muitos curtas não possuem CPB por não serem criados com finalidade comercial. Neste sentido, supõe-se que os números da Ancine não sejam capazes de dimensionar o segmento específico de produção de curtas-metragens baianos.

3) O desenvolvimento do mercado de conteúdo seriado e de documentários:

Durante todo o período entre 2016 e 2023, o número anual de séries supera o número de longas-metragens baianos. Em 2016, foram emitidos 46 CPBs para obra seriada e 23 CPBs para longas. Já em 2023, com o FSA e a Lei da TV Paga consolidados, quase 30% (29,9%) dos CPBs emitidos para a Bahia foram de obras seriadas.

O número de certificados emitidos pela Ancine por tipo de obra confirma a forte tradição documental do audiovisual baiano. Em 10 anos, 517 documentários produzidos no estado foram registrados na Agência. A Tabela 6 a seguir apresenta os números do período 2013-2023, considerando *produções independentes constituintes de espaço qualificado*, ou seja, criadas por empresas produtoras independentes; e o total de CPBs, que inclui, além das produções independentes, as categorias de *produção brasileira de espaço qualificado* e *geral* (não constituinte de espaço qualificado):

Tabela 6 - Obras baianas produzidas (CPBs) por tipo (2013-2023)

Tipo de obra	CPBs Independentes*	Total CPBs
Documentário	394	517
Ficção	266	290
Videomusical	229	285
Animação	49	58
Variedades	17	22
Jornalístico	-	40
Reality Show	-	1

Fonte: Elaborado pelas autoras a partir de dados OCA/Ancine.

* Produção Independente constituinte de Espaço Qualificado

Os dados apresentados na Tabela 6 demonstram que a maioria dos CPBs emitidos entre 2013 e 2023 para obras baianas são de produções independentes constituintes de espaço qualificado. Este cenário confirma o resultado positivo da política de cotas na TV Paga instituída pela Lei 12.485/2011 articulada ao FSA para o fortalecimento do setor audiovisual independente no estado.

O segmento documental tem sido tradicionalmente um dos mais reconhecidos na trajetória audiovisual contemporânea baiana. Para citar alguns trabalhos, *Samba Riachão* (2001), de Jorge Alfredo e *Filhos de João - admirável mundo novo baiano (2009)*, de Henrique Dantas (Hamaca Produções), foram premiados como melhor filme pelo júri popular do Festival de Brasília do Cinema Brasileiro. O longa documental *Jonas e o circo sem lona* (2015), de Paula Gomes (Plano 3 Filmes), percorreu mais de 30 festivais pelo mundo e recebeu 13 prêmios em países como Estados Unidos, França, México e Espanha.

Estão incluídas ainda as séries documentais, a exemplo de *Sertão de Dentro* (2017) e *Travessias Negras* (2017), dos veteranos Geraldo Sarno (Truque Produtora) e Antônio Olavo (Portfolium), respectivamente.

A presença significativa dos filmes de ficção nos registros baianos na Ancine ao longo de 10 anos também confirma o peso desse tipo de obra como uma marca importante da trajetória audiovisual do estado. Nesta categoria, podemos encontrar obras de autores que fazem parte da história da filmografia no estado - *Esses moços* (2004), de José Araripe Jr. (Truque Produtora); *Longe do Paraíso*, de Orlando Senna (Araçá Azul Filmes) - e também trabalhos de jovens realizadores, como *Trampolim do Forte* (2013), de João Rodrigues Mattos (DocDoma Filmes); e *A Matriarca (2022)*, de Lula Oliveira (DocDoma). Este último foi finalista do Festival do Cinema Brasileiro de Los Angeles (LABRFF 2023).

As plataformas de streaming têm representado uma janela de exibição cada vez mais viável para produções brasileiras, documentais e de ficção, em alternativa à dificuldade de comercialização junto ao circuito de cinema. O longa baiano *Saudade fez morada aqui dentro* (2023), de Haroldo Borges (Plano 3), por exemplo, venceu a primeira edição do Prêmio Netflix durante a 47ª Mostra Internacional de Cinema de São Paulo, em 2023. A plataforma adquiriu os direitos de distribuição do filme e em 2024 fez seu lançamento em 190 países.

Chama a atenção ainda na Tabela 6 a alta incidência do videomusical, com 285 registros na Ancine em 10 anos. Esse volume se explica pela intensa atividade musical que caracteriza a Bahia. Em 2016, a capital Salvador recebeu da Unesco o título de Cidade da Música, sendo o primeiro município brasileiro a integrar a Rede de Cidades Criativas da Organização, no segmento musical. CPBs na categoria videomusical incluem videoclipes e gravação de shows, atividade recorrente no cenário musical baiano, sobretudo para divulgar artistas e ritmos locais como Axé Music, arrocha, dentre outros.

Obras em animação, com 58 CPBs emitidos, indicam o crescimento do segmento no estado. Estão aí incluídos a primeira série de animação 100% baiana *Turma do Xaxado* (2015), de Cláudio Guido (Liberato Produções), e *Meu tio José* (2021), de Ducca Rios (Origem). Este último recebeu, entre outros prêmios, o de melhor animação no *Seattle Film Festival* (EUA). O amadurecimento da animação como um nicho importante no mercado audiovisual baiano é resultado de um longo investimento no setor, iniciado com o pioneiro Chico Liberato, autor de *Boi Aruá* (1984), primeiro longa de animação realizado no Nordeste e quinto produzido no Brasil (Aquad; Lima; Canesso, 2023). De acordo com os dados do OCA/Ancine, cerca de 85% das animações baianas registradas entre 2013 e 2023 são independentes constituintes de espaço qualificado, o que demonstra a presença da animação como um nicho relevante no setor independente do estado. Até 2020 todas as animações eram produtoras independentes. Somente a partir de 2021 há registros de CPB emitidos para animações não independentes, o que indica a produção por empresas do circuito exibidor.

4.2 Longas-metragens lançados

Entre 2000 e 2023, foram 44 longas-metragens lançados comercialmente no mercado de salas de cinema, em que a produtora majoritária era uma empresa baiana. Entre esses filmes, 24 (54,4%) são obras de ficção e 18 (40,9%) são documentários. Há também 2 (4,5%) longas de animação: *Ritos de passagem* (2014), de Chico Liberato, pioneiro da animação baiana, e *Meu tio José* (2022), de Ducca Rios.

Quanto aos anos de lançamento, 7 filmes (15,9%) foram lançados nos últimos três anos (2021-2023), 19 flimes (43,2%) entre 2016 e 2020, 14 filmes (31,8%) entre 2011 e 2015, e 4 filmes (9,1%) entre 2000 e 2010. Dessa forma, vemos como a produção de longas-metragens na Bahia é constante e tem crescido nos últimos anos.

No entanto, o desempenho comercial dos filmes ainda é restrito – algo que não é exclusivo da Bahia, mas se reflete em toda a produção nacional. Apenas um filme baiano ultrapassou a faixa de 50 mil ingressos vendidos: *Bahêa Minha Vida* (2011), de Márcio Cavalcante, com 74.857 ingressos. Um documentário é o filme baiano mais visto, tendo como base um time de futebol de grande popularidade, com uma torcida fanática, inclusive feminina. Sete filmes (15,9%) alcançaram o patamar entre 10 e 50 mil ingressos. Por outro lado, 81,8% dos filmes (36 obras) não atingiram 10 mil ingressos em seu lançamento nos cinemas, sendo que pouco menos da metade dos filmes baianos (19 filmes ou 43,2%) não atingiram 1 mil ingressos. Esses números apontam para os gargalos no setor de distribuição, para que os filmes baianos consigam circular para além de suas fronteiras.

Tabela 7 – Longas Baianos com mais de 10 mil ingressos (2000-2023)

Ano de Lançamento	Título	Direção	Gênero	Empresa Produtora Brasileira Majoritária	Distribuidora	Máximo de Salas	Público acumulado	Renda (R$) acumulada
2011	Bahêa Minha Vida	Marcio Cavalcante	DOC	Movimento Filmes	Paris	15	74.857	597.579,00
2017	Axé: Canto Do Povo De Algum Lugar	Francisco Mascarenhas Kertesz	DOC	Macaco Gordo	Zahir Company	24	32.053	451.907,65
2011	Filhos De João, Admirável Mundo Novo Baiano	Henrique Dantas	DOC	Hamaca Filmes	Pipa Produções	22	20.559	155.523,08
2011	Jardim Das Folhas Sagradas	Pola Ribeiro	FIC	Studio Brasil Cinema E Televisão	Polifilmes	16	16.831	129.699,44
2015	Depois Da Chuva	Cláudio Marques/ Marilia Hughes Guerreiro	FIC	Coisa De Cinema	Espaço Filmes	14	16.247	185.152,29
2006	Eu Me Lembro	Edgard Navarro	FIC	Truque	Pandora	5	15.094	124.394,00
2018	A Cidade Do Futuro	Cláudio Marques/ Marilia Hughes Guerreiro	FIC	Coisa De Cinema	Vitrine Filmes/ Espaço Filmes	22	11.786	153.437,00
2018	Café Com Canela	Ary Rosa Duarte/Glenda Nicacio	FIC	Rosza Filmes Produções	Arco Audiovisual	17	10.523	120.842,00

Fonte: OCA/Ancine.

Gráfico 3 – Longas Baianos Lançados por Faixa de Público (2000 – 2023) (%)

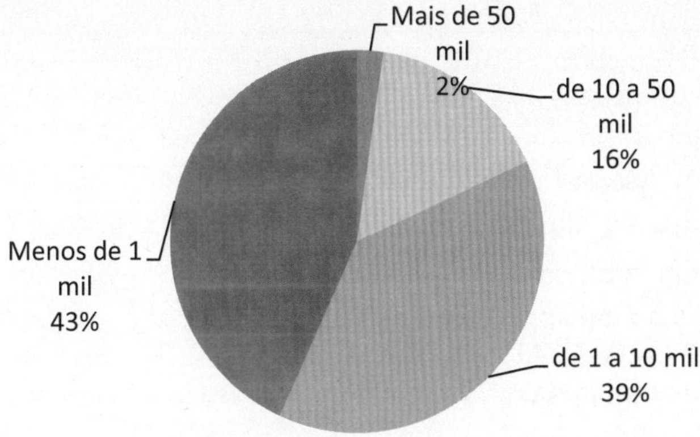

Fonte: OCA/Ancine.

Entre as principais produtoras do período, destaca-se a Truque, com 5 filmes lançados, além de sua participação como coprodutora em outros 3 filmes. Em seguida, Coisa de Cinema e Santa Luzia Filmes lançaram 4 filmes cada, e a VPC Cinemavídeo, 3 filmes.

Quanto às distribuidoras responsáveis pelo lançamento desses filmes, destaca-se a Pandora, com 8 filmes. No entanto, a Pandora lançou filmes de apenas 2 produtoras (6 filmes da Truque – sendo 2 deles em coprodução com a Primitivo Filmes, de Roberto Studart), e 2 filmes da Santa Luzia Filmes. Pipa Filmes e Vitrine Filmes também de destacam, com a distribuição de 4 filmes baianos cada. Por outro lado, 9 filmes foram distribuídos pelas próprias empresas produtoras, o que sinaliza para uma lacuna no setor de distribuição.

5 Eixo 4 – Eixos transversais

5.1. Políticas públicas: estrutura e fomento

O estado da Bahia conta com duas proeminentes estruturas para o fomento do audiovisual: no âmbito do Governo do Estado da Bahia e no âmbito da Prefeitura da Cidade do Salvador.

5.1.1. Governo do Estado da Bahia

A Diretoria do Audiovisual (DIMAS) compõe o organograma da Fundação Cultural do Estado da Bahia (Funceb), criada em 1974 e vinculada à Secretaria de Cultura do Governo do Estado da Bahia. A DIMAS é "responsável por pensar, em diálogo permanente com os agentes da área, planejar e executar as políticas para o Audiovisual da Bahia"[17]. Responde pelas seguintes estruturas: Cinemateca da Bahia; Circuito Luiz Orlando; Sala Walter da Silveira e Sala Alexandre Robatto; Núcleo de Apoio à Produção; Circuito Luiz Orlando e Bahia Film Commission.

Segundo o website da DIMAS, a Cinemateca da Bahia reúne o mais importante acervo audiovisual do estado, disponível para consulta pública. São aproximadamente dez mil itens como películas cinematográficas, vídeos, DVDs, cartazes, fotografias, revistas, catálogos, livros e roteiros, que contam parte significativa da história do cinema baiano e incluem referências do cinema brasileiro e internacional.

A Sala de Cinema Walter da Silveira (200 lugares) e a Sala Alexandre Robatto (70 lugares) são equipamentos que contribuem para a formação cinematográfica, oferecendo gratuitamente mostras temáticas, filmes contemporâneos de relevância cultural que não costumam ser exibidos no circuito comercial e relançamentos de clássicos do cinema mundial.

Para estimular o interesse e contribuir para o desenvolvimento e qualificação de novas práticas dentro da linguagem audiovisual e da arte do Cinema, o Circuito Luiz Orlando desenvolve atividades formativas e de mediação cultural como cursos, oficinas técnicas e encontros com o objetivo de promover uma maior interação entre exibidores e o público em geral, permitindo assim a realização de discussões, debates e trocas de experiências sobre temas considerados relevantes para o cinema baiano e brasileiro. (Website da DIMAS)

Compondo a estrutura estadual, a *Bahia Film Commission* foi concebida como balcão único para liberações, orientações e catálogo de locações. Seu objetivo é atrair gravações de filmes e simplificar a logística das produções na cidade. De 2007 a 2011, atraiu mais de 150 produções e um investimento de cerca de R$ 25 milhões na economia do estado (website FUNCEB/BA).

Em 2025, para alavancar o ecossistema local, o Governo do Estado sancionou a lei que instituiu a *Bahia Filmes*, primeira empresa estadual de audiovisual do Brasil. A estrutura contará com o investimento anual de R$22 milhões, sendo R$7 milhões de custeio e os outros R$15 milhões de investimento. Organizada como sociedade de economia mista, deve atuar na captação e atração de investimentos para fortalecer o setor audiovisual como parte do desenvolvimento econômico, social e cultural do estado.

---

17 https://www.ba.gov.br/fundacaocultural/10507/diretoria-de-audiovisual-dimas

FazCultura

A Lei 12.365/2011, também conhecida como Lei Orgânica de Cultura da Bahia, estabelece a Política Cultural do Estado. O FazCultura é um programa do Governo da Bahia que apoia financeiramente projetos culturais que se enquadrem nas regras desta lei, funcionando por meio de fomento indireto.

Lei Aldir Blanc (PNAB)

Lançado em 2020, o *Prêmio das Artes Jorge Portugal,* que integra o Programa Aldir Blanc Bahia, premiou 115 projetos em todo o estado na linguagem audiovisual. Os projetos foram divididos entre sete categorias: formação, criação/desenvolvimento de obras, difusão, pesquisa e publicação, memória, obras em finalização e produção. O valor previsto para aplicação no Edital de Chamada Pública foi de R$ 7 milhões.

Em 2024, o Audiovisual PNAB fomentou projetos do setor audiovisual nas categorias: formação em games; laboratório de games; cineclubes; continuidade de exibição em espaços culturais/espaços vocacionados; desenvolvimento de roteiro; finalização e distribuição de longa-metragem; produção de curta-metragem; pesquisa e publicação e memória e preservação. O valor total do Edital foi de R$ 7,2 milhões.

Lei Paulo Gustavo

Segundo o balanço da Lei Paulo Gustavo (LPG) publicado pela Secretaria de Comunicação Social, os 417 municípios da Bahia executaram 95,2% dos recursos que receberam do Governo Federal em 2024. Foram R$212,68 milhões para o setor audiovisual. No recorte que leva em conta apenas o repasse do Governo Federal para o estado, 99,6% dos recursos transferidos foram executados, sendo R$117,68 milhões para o audiovisual. Já no recorte por municípios, 90,4% dos recursos transferidos foram aplicados. A maior fatia ficou com a capital, Salvador, com R$17,22 milhões para o audiovisual. Houve destaque para Feira de Santana e Vitória da Conquista, sem números específicos declarados para o setor (Painel de Dados da LPG).

5.1.2 Prefeitura de Salvador

Em 2023, a prefeitura de Salvador lançou o *SalCine,* programa administrado pela Fundação Gregório de Mattos (FGM), órgão vinculado à Secretaria Municipal de Cultura e Turismo (SECULT), que tem como finalidade formular e executar a política cultural do município.

O *SalCine* funciona sob quatro eixos:

1. *Capacitação*: contempla a realização de cursos de elétrica, maquinário, operador de câmera, produção executiva e roteiro. Também prevê eventos no formato de mesas de discussão e masterclass com o intuito de discutir a produção audiovisual na cidade, assim como formação em games;
2. *Financiamento*: lançamento de editais para produção e desenvolvimento de roteiro, games, videoclipes, curtas metragens, longas-metragens, manutenção de salas de cinema, adequação de espaços públicos, mostras e festivais, pesquisa e formação. Engloba ainda a implementação do Cash Rebate e capacitação para submissão de projetos em editais. O Cash Rebate visa reembolsar entre 20% a 30% dos custos operacionais de uma produtora com hospedagem, contratação de mão de obra local, transporte, entre outros, criando um ambiente mais atrativo para as empresas;
3. *Network e Negócios*: criação da *Salvador Film Commission*, participação em eventos e festivais e internacionalização;
4. *Infraestrutura*: elaboração de projeto executivo para criação de um parque de estúdios em Salvador, além de parceria com locação de estruturas para gravações audiovisuais.

Lei Paulo Gustavo

O orçamento do edital *SalCine* em 2023 foi destinado à produção de 69 projetos soteropolitanos, entre obras, festivais e cineclubes. O edital foi organizado em três incisos, sendo o primeiro voltado para a produção e desenvolvimento de obras, ou seja, apoio a longas-metragens, curtas-metragens, séries episódicas, videoclipes e games. Já o Inciso II segue um plano de apoio às salas de cinemas independentes da cidade, que prevê dois projetos de R$600 mil para a dinamização do circuito. No Inciso III, o foco é estimular os cineclubes, festivais e pesquisas voltadas ao audiovisual, além de emitir um diagnóstico sobre a situação do setor em Salvador.

Os investimentos dos Incisos I e III estão distribuídos da seguinte maneira: 15 projetos de produção de curta de R$150 mil cada, totalizando R$2,25 milhões; cinco projetos de obras seriadas de R$ 700 mil cada, totalizando R$3,5 milhões; três projetos de longas de R$2 milhões; três projetos de produção de longas para novos realizadores de R$1 milhão cada; seis projetos de desenvolvimento de games de R$100 mil cada.

Foram também contemplados sete projetos de desenvolvimento de obras seriadas de R$100 mil cada; sete projetos de desenvolvimento de longas de R$100 mil cada; dez projetos de videoclipes de R$80 mil cada; três projetos de festival de cinema calendarizado de R$300 mil cada; três projetos de festival de cinema não calendarizado de R$100 mil cada; e quatro projetos de cineclubismo de R$50 mil cada. Dessa forma, o investimento da Prefeitura, de R$5 milhões, somados ao investimento federal já citado, totalizam mais de R$20 milhões somados (Website Prefeitura de Salvador/SalCine).

5.2 Formação

Universidades Públicas:

- **Universidade do Estado da Bahia (UNEB).** Cursos: Bacharelado em Relações Públicas: Campus I, Salvador; Bacharelado em Jornalismo e Multimeios: Campus III, Juazeiro; Bacharelado em Rádio e TV: Campus XIV, Conceição do Coité; Bacharelado em Jornalismo: Campus XXIII, Seabra. Cursos de graduação pioneiros na capital e no interior do estado, com projetos pedagógicos diretamente associadas às vocações dos territórios de identidade onde se insere cada um dos *campi*.
- **Universidade Estadual de Santa Cruz (UESC).** Curso: Bacharelado em Rádio e TV - Ilhéus. Primeira habilitação em Rádio e Televisão no estado da Bahia e a segunda da região Nordeste, surgiu para suprir a lacuna de formação profissional no sul da Bahia.
- **Universidade Estadual do Sudoeste da Bahia (UESB).** Curso: Bacharelado em Cinema e Audiovisual - Campus de Vitória da Conquista. Conhecida por sua atuação regional e pela formação técnica e artística.
- **Universidade Federal do Recôncavo da Bahia (UFRB).** Curso: Bacharelado em Cinema e Audiovisual - Campus Cachoeira. A UFRB é uma das referências no estado em Cinema e Audiovisual, com foco na formação artística e técnica.
- **Universidade Federal da Bahia (UFBA).** Curso: Bacharelado Interdisciplinar em Artes, com possibilidade de concentração em Cinema e Audiovisual - Salvador. A Faculdade de Comunicação da UFBA oferece os cursos de Jornalismo e Produção em Comunicação e Cultura, nos quais pode ser complementada a formação com foco em audiovisual.

- **Universidade Federal do Oeste da Bahia (UFOB).** Curso: Especialização em Audiovisual - Campus de Santa Maria da Vitória. Os cursos oferecidos no campus têm significativa produção audiovisual regional. A UFOB organiza o Festival Audiovisual Buriti.

Universidades Privadas:

- **Universidade Salvador (UNIFACS).** Curso: Design Gráfico ou Comunicação Social com ênfase em áreas relacionadas ao audiovisual - Salvador. Apesar de não ser um curso exclusivamente de Cinema, aborda aspectos da produção audiovisual.
- **Faculdade de Tecnologia e Ciências (FTC).** Curso: Comunicação Social - Jornalismo/Publicidade - Salvador e *campi* no interior. Foco em produção para mídias contemporâneas.
- **Centro Universitário Jorge Amado (UNIJORGE).** Curso: Produção Audiovisual (tecnólogo) - Salvador. Curso prático voltado para inserção no mercado audiovisual.

Outras Instituições:

Existem também cursos livres (*SalCine,* por exemplo) que não são de nível superior, mas oferecem formação em cinema e audiovisual. Em Salvador, destacamos a Escola TV Pelourinho, uma produtora social para formação audiovisual de jovens da periferia.

5.3 Feira de negócios

O NordesteLAB é uma plataforma de articulação e fomento que tem como objetivo estimular o desenvolvimento do setor audiovisual no Brasil, com foco na região Nordeste, mas também ampliando seu olhar para as regiões Norte e Centro-Oeste. Juntas, as três regiões compõem a chamada Conexão Audiovisual Centro Oeste, Norte e Nordeste (CONNE). Criado em 2014, consolida-se como o maior evento do mercado audiovisual do Brasil fora do eixo Rio-São Paulo. As atividades incluem mesas, debates, sessões de *pitching*, masterclasses, clínicas jurídicas e rodadas de negócios para públicos diversos, envolvendo profissionais, estudantes e demais interessados na área audiovisual. A partir de 2024 a programação passou a incluir o *Laboratório de Projetos Universitários,* voltado para estudantes universitários das regiões Norte, Nordeste e Centro-Oeste. O NordesteLAB é realizado pelo Laboratório Audiovisual.

5.4 Associações de classe

- **APTC-BA (Associação de Produtores e Técnicos de Cinema da Bahia).** Foco: Representa produtores, técnicos, diretores, roteiristas e outros profissionais do audiovisual baiano.
- **ABD-BA** (Associação Brasileira de Documentaristas e Curtametragistas - Seção Bahia). Foco: Documentaristas e realizadores de curtas-metragens.
- **AUTORAIS** (Associação de Autores Roteiristas da Bahia). Foco: Autores e roteiristas do setor audiovisual na Bahia.
- **APC** (Associação de Produtores e Cineastas da Bahia). Foco: Produtores e cineastas baianos.
- **Coletivo Setorial Audiovisual de Ilhéus**. Foco: Profissionais do audiovisual na região de Ilhéus.
- **GAMA** (Associação de Games e Animação). Foco: Profissionais de games e animação na Bahia.
- **UCCBA** (União de Cineclubes da Bahia). Foco: Cineclubes e exibição independente no estado.
- **Mulher Cine** – Coletivo de Mulheres do Cinema Baiano. Foco: Mulheres do setor audiovisual na Bahia.
- **AVIBA** (Articulação Audiovisual do Interior da Bahia). Foco: Profissionais e iniciativas audiovisuais do interior baiano.
- **Exibidores Independentes de Salvador**. Foco: Salas e espaços de exibição independentes em Salvador.
- **SASB** (Associação do Setor Audiovisual do Sudoeste da Bahia). Foco: Profissionais do setor audiovisual do sudoeste baiano.

5.5. Projetos

- **A-Tevê***:* Laboratório de análise de teleficção da Faculdade de Comunicação da Universidade Federal da Bahia (UFBA). O grupo foi formado em 2001 e realiza pesquisas sobre a ficção televisiva e midiática, incluindo séries, filmes, publicidade e histórias em quadrinhos. Os estudos incluem os contextos de produção, criação e recepção da ficção; aspectos narrativos, poéticos e plásticos das séries; estilo e autoria de produtores, roteiristas e diretores; intertextualidade e transmídia. O A-Tevê também é responsável pelo *Estação do Drama*, um programa de formação de roteiristas de narrativas seriadas para televisão e internet.

- **Plataforma Incuba Filmes**: Iniciativa para o fortalecimento das práticas audiovisuais para profissionais iniciantes da Bahia lançou o Laboratório de Roteiros 2020, recebeu inscrições de roteiristas iniciantes de todo o estado e foram selecionados 10 roteiros de curta-metragem, todos de escritores iniciantes da Bahia. Foi viabilizada por meio do Edital Setorial de Audiovisual 2019.
- **Laboratório Sala de Roteiristas**: Trata-se de uma oficina teórico-prática de desenvolvimento de argumento para mulheres, na qual as participantes são convidadas a trazer suas ideias iniciais para projetos de ficção, animação e documentário.
- **Observatório do Audiovisual Baiano**: Proposta de reunir, analisar e difundir informações sobre o audiovisual realizado na Bahia, mas que extrapola fronteiras. O objetivo é fortalecer a rede audiovisual local. Tem parceria com o Observatório da Economia Criativa da Bahia (OBEC/BA) para a pesquisa e produção de boletins temáticos periódicos.

6 Considerações finais

Este capítulo teve como propósito apresentar um panorama atualizado do mercado audiovisual baiano, a fim de contribuir para a compreensão sobre o lugar ocupado pelo estado no escopo da região Nordeste do Brasil. O levantamento e a sistematização dos dados representaram um grande desafio, tendo em vista o tamanho do mercado audiovisual baiano, inclusive em relação aos vizinhos nordestinos. Além disso, a dificuldade de acesso a informações consolidadas sobre o audiovisual no interior do estado impediu um retrato mais aproximado da realidade do setor fora da capital e sua região metropolitana, onde estão concentradas as empresas, os recursos de fomento e, consequentemente, as informações disponíveis sobre o campo.

Feita essa ressalva, os dados apresentados e discutidos não pretendem esgotar o tema ou dar conta da totalidade de informações sobre o setor. A ideia é fornecer elementos que contribuam para o conhecimento sobre o nível de organização das empresas que atuam na área em contexto contemporâneo, considerando o ecossistema como um todo, da produção à distribuição, e passando pela formação, diretamente associada às instituições de ensino superior e a projetos específicos.

Em perspectiva, considerando uma década (2013-2023), o mercado baiano se profissionalizou e se expandiu em termos de perfil de formação, produção e de comercialização. Algumas empresas se internacionalizaram, conseguindo manter uma carteira de projetos que lhes confere bom nível de relacionamento no mercado. Ao mesmo tempo, as lacunas da dificuldade de acesso às janelas de exibição, da concentração das empresas na capital, da baixa visibilidade e acesso a políticas de investimento para realizadores do interior do estado continuam presentes.

A crescente penetração das obras baianas nas plataformas de streaming é um fenômeno a ser observado, o que não chega a constituir uma especificidade local. Ao contrário, o crescimento do mercado de vídeo sob demanda em todo o mundo, sobretudo após a pandemia Covid-19, vem demandando a aquisição de conteúdo diverso e original para preencher os catálogos. Tem-se, portanto, um mercado com perspectiva de expansão, ao mesmo tempo em que se amplia a necessidade de articulação e de fortalecimento das produtoras baianas e demais empresas do setor, entendendo esses novos players como mais uma categoria de agentes no ecossistema audiovisual, que desconhece fronteiras.

Referências

ALVES, Suely. Cinema mais antigo da América Latina está no Recôncavo. *Reverso Online*, 07/11/2010. Universidade Federal do Recôncavo.

AOUAD, Amanda; LIMA, Marcelo; CANESSO, Natacha. *Animação na Bahia*: registros e identidades. Salvador, 2023.

APRO; SEBRAE. *Mapeamento e impacto econômico do setor audiovisual no Brasil.* [*s. l.*]: Apro: Sebrae, 2016.

GAMA, Filipe Brito. O Parque Exibidor no Interior da Bahia Contemporânea. *XXIII Encontro SOCINE*, 2023. Sessão: Exibição cinematográfica, espectatorialidades e artes da projeção no Brasil.

GUSMÃO, Milene; COTRIM, Tamara. Festivais e mostras de cinema e audiovisual na Bahia: entre trajetórias e práticas de formação cultural. *Rebeca*, Ano 10 (2), jul/dez 2021, p.123-149.

IKEDA, Marcelo. *Utopia da autossustentabilidade*: impasses, desafios e conquistas da Ancine. Porto Alegre: Sulina, 2021.

MELO, Izabel. *Cinema é mais do que filme*: uma história das Jornadas de Cinema da Bahia (1972-1978). Salvador: Eduneb, 2016.

MORAIS, Kátia. *Audiovisual independente*: política de fomento e organização das produtoras no Brasil. Salvador: EDUNEB, 2020a.

MORAIS, Kátia. A onda do cinema baiano no mar de outras telas: uma nova cena a partir da segunda década dos anos 2000. In: GAMA, Filipe Brito (org.). *Produção, políticas e mercado no audiovisual brasileiro*. Vitória da Conquista: Edições UESB, 2020b, p.23-35.

OBSERVATÓRIO DO AUDIOVISUAL BAIANO. *Anuário do Audiovisual Baiano* 2019/2020. Salvador, BA: Arco Audiovisual, 2021.

Mercado audiovisual cearense

Marcelo Ikeda
Arthur Gadelha
Sara B. Jales

1 Introdução

Nos últimos dez anos, é possível afirmar que o setor audiovisual cearense passa por uma contínua trajetória de crescimento e diversificação. Os longas-metragens cearenses possuem perfis diversificados, desde uma produção com perfil mais comercial, como as comédias dirigidas por Halder Gomes e pelos filmes do nicho espírita produzidos pela Luz Filmes, até filmes de prestígio artístico exibidos com destaque em festivais nacionais e internacionais, como os dirigidos por Guto Parente e Petrus Cariry, entre outros. Além disso, outros tipos de obras, como curtas, séries e videoclipes, estão sendo produzidos no estado.

Entre os fatores que embasam essa trajetória, podemos listar dois principais. O primeiro é um forte movimento de formação, com dois cursos universitários de graduação (Universidade Federal do Ceará e Universidade de Fortaleza), além dos cursos da Escola de Realização da Vila das Artes e os do Porto Iracema das Artes/Centro Cultural Dragão do Mar, entre outros. O segundo é uma forte política pública conduzida pelo governo do Estado do Ceará, que, mesmo com descontinuidades e resultados controversos, realiza editais públicos e mantém equipamentos culturais com uma diversificada oferta de conteúdos e programas culturais diversos, e também na área audiovisual.

2 Empresas audiovisuais

Em 01/07/2024 existiam 347 empresas cearenses registradas na Ancine. Entre essas empresas, 212 possuíam o setor audiovisual como sua atividade econômica principal[18]. Em outras 119 empresas o audiovisual estava apenas

---

[18] Uma entre as seguintes 15 Classes CNAEs: Atividades de produção cinematográfica, de vídeos e de programas de televisão não especificadas anteriormente; Estúdios cinematográficos; Produção de filmes para publicidade; Aluguel de fitas de vídeo, DVDs e similares; Atividades

como atividade secundária, e outras 16 empresas, apesar de registradas na Ancine, não possuíam o segmento audiovisual entre suas atividades econômicas, seja principal ou secundária.

Do total de 347 empresas cearenses registradas na Ancine, ativas em julho/2024, 126 (36,3%) existiam desde 2018, e apenas 65 (18,7%) desde 2013. Ou seja, menos de 20% das empresas cearenses ativas possuem mais de 10 anos de atividade.

Quanto às atividades das empresas cearenses registradas da Ancine, segundo suas classes CNAEs, 110 empresas possuem como atividade principal a produção audiovisual, seguido de 45 empresas nas atividades de pós-produção. Também destacam-se 22 empresas que possuem como atividade principal Estúdios Cinematográficos e outras 18 empresas Produção publicitária. Ou seja, entre as 212 empresas cearenses que possuem o audiovisual como sua atividade principal, 92% estão relacionadas a uma das quatro classes CNAEs acima relacionadas.

Na tabela 1, é importante perceber que uma empresa possui uma atividade principal, mas pode possuir mais de uma atividade secundária. Dessa forma, recebem destaque atividades como Distribuição cinematográfica e Serviços de mixagem, ainda que poucas empresas atuem diretamente nesses ramos. Não são raras as empresas que possuem uma classe CNAE em sua atividade secundária mas não exercem efetivamente essa atividade – a previsão dessa atividade no cartão CNPJ funciona, na prática, como uma possibilidade para a empresa emitir notas fiscais por serviços diversos, em atividades correlatas, ainda que esporádicas, do seu ramo principal de atividade, ou mesmo para poder participar de certos editais, que exigem determinadas classes CNAEs como obrigatórias para a inscrição. Por exemplo, a empresa produtora que submeter um projeto nos editais do FSA/Ancine deve ter incluída em seu contrato social pelo menos uma entre as três primeiras classes CNAEs relacionadas na tabela a seguir.

de exibição cinematográfica; Atividades de pós-produção cinematográfica, de vídeos e de programas de televisão não especificadas anteriormente; Atividades de televisão aberta; Atividades relacionadas à televisão por assinatura, exceto programadoras; Distribuição cinematográfica, de vídeo e de programas de televisão; Empacotamento de Comunicação Eletrônica de Massa por Assinatura; Operadoras de televisão por assinatura por cabo; Operadoras de televisão por assinatura por micro-ondas; Operadoras de televisão por assinatura por satélite; Programadoras; Serviços de mixagem sonora em produção audiovisual).

Tabela 1 – Empresas cearenses registradas na Ancine, por Classe CNAE e Tipo de Atividade (Principal ou Secundária) relativa ao setor audiovisual – 2024

Classe CNAE	PRINCIPAL	SECUNDÁRIA	Total
Atividades de produção cinematográfica, de vídeos e de programas de televisão não especificadas anteriormente (*)	110	105	215
Produção de filmes para publicidade (*)	18	153	171
Estúdios cinematográficos (*)	22	103	125
Aluguel de fitas de vídeo, DVDs e similares	0	4	4
Atividades de exibição cinematográfica	6	85	91
Atividades de pós-produção cinematográfica, de vídeos e de programas de televisão não especificadas anteriormente	45	176	221
Atividades de televisão aberta	3	19	22
Atividades relacionadas à televisão por assinatura, exceto programadoras	0	1	1
Distribuição cinematográfica, de vídeo e de programas de televisão	3	98	101
Empacotamento de Comunicação Eletrônica de Massa por Assinatura	0	3	3
Operadoras de televisão por assinatura por cabo	1	4	5
Operadoras de televisão por assinatura por micro-ondas	0	1	1
Operadoras de televisão por assinatura por satélite	0	3	3
Programadoras	3	6	9
Serviços de mixagem sonora em produção audiovisual	1	95	96
Total Audiovisual	**212**	**-**	**331**
Empresas registradas na Ancine cujas atividades econômicas não possuem relação com o setor audiovisual	-	-	16
Total de Empresas Cearenses Registradas na Ancine	**212**	**-**	**347**

Fonte: OCA/Ancine.

(*) Classes CNAEs aptas a serem proponentes dos editais de produção do FSA/Ancine.

2.1 Classificação de Nível

Entre essas empresas, 226 empresas cearenses possuem classificação de nível como empresa produtora apta a ser proponente nos editais do Fundo Setorial do Audiovisual (FSA) na Ancine ou a captar recursos por meio do fomento indireto. Dessas empresas, 216, ou 95,6%, são classificadas como Nível 1. Apenas 13 empresas cearenses possuem nível acima do piso: cinco empresas nível 2, três empresas nível 3 e outras cinco empresas nível 4. Nenhuma empresa cearense está classificada como Nível 5.

Dos 184 municípios do Ceará, apenas 24 (13%) possuem empresas com classificação de nível registradas na Ancine. A capital Fortaleza concentra 80% das empresas com classificação de nível. No interior, destacam-se cidades como Eusébio, Juazeiro do Norte e Quixadá, com 5 empresas cada. Das 46 empresas do interior, todas são nível 1, com exceção da ATC Entretenimento, sediada em Aquiraz (nível 4).

O Ceará possui cinco empresas nível 4 (dados de março/2025): ATC Entretenimentos (Halder Gomes); Cariri Produções (Rosemberg Cariri); Gavulino (Íris Sodré/Ives Albuquerque); Luz Produções (Sidney Girão/"filmes espíritas"); Tardo Filmes (Ticiana Augusto Lima/Guto Parente). As três empresas nível 3 estão relacionadas a cineastas da geração do cinema cearense que despontou nos anos 2000 – Iluminura (Petrus Cariry) e Marrevolto (Pedro Diógenes) –, além da Lunart, dedicada a obras de animação, dirigidas por Neil Armstrong. As cinco empresas nível 2 são Deberton Filmes (Allan Deberton), Bucanero Filmes (Margarita Hernandez/Wolney Oliveira), Latitude Filmes (Roberta Marques), Nigéria Filmes (produtora de documentários, de Bruno Xavier, Roger Pires e Yargo Gurjão) e Orla Filmes (Luciana Vieira/Victor Costa Lopes).

Surpreende o grande número de empresas produtoras cearenses aptas a participar dos editais FSA/Ancine (226 empresas) e a imensa pirâmide, visto que 95% dessas empresas são nível 1. Esse número aponta para algumas das distorções do setor audiovisual e das políticas dos editais. Ao consultar a base de Certificados de Produto Brasileiro (CPB), verificamos que apenas 203 agentes possuem CPBs registrados na Ancine entre 2002 e julho de 2024, sendo emitidos por 124 pessoas jurídicas e outras 79 pessoas físicas. Desse modo, percebe-se que apenas 124 empresas possuem pelo menos 1 CPB de sua titularidade registrado na Ancine. Dessa forma, surgem indícios que muitas dessas empresas não desenvolvem de fato atividades no setor audiovisual de forma regular: essas empresas foram criadas simplesmente para poder participar dos editais audiovisuais. Isso decorre porque os recentes editais da Lei Paulo Gustavo exigiam, em muitas categorias, a inscrição por pessoa jurídica, o que resultou na criação de CNPJs apenas para esse fim. Outra distorção decorre do fato de que, em muitos editais, cada CNPJ pode concorrer com apenas um único projeto. Isto, portanto, estimula o surgimento de novas empresas, muitas delas tendo um único projeto a ser desenvolvido, e não uma atividade empresarial de forma mais permanente.

2.2 Outras empresas

O Ceará possui apenas uma única empresa ativa especialmente dedicada à distribuição de filmes para o mercado de salas de exibição[19]: a Sereia Filmes, gerenciada por Bárbara Cariry. Até o momento, a empresa tem se concentrado no lançamento dos filmes produzidos e dirigidos pela família Cariry, totalizando 6 longas distribuídos até 2023: *Mais pesado é o céu*, *Escravos de Jó*, *Pequenos guerreiros*, *A jangada de Welles*, *Patativa do Assaré* e *O barco*.

A Deberton Filmes, apesar de ter a produção como sua atuação principal, também foi responsável pela distribuição de 3 longas, dois produzidos pela própria empresa (*Do outro lado do Atlântico*, dir. Daniele Ellery/Márcio Câmara, e *Transversais*, dir. Emerson Maranhão), além de *Se arrependimento matasse* (prod. Cabeça de Cuia/dir. Lilia Moema)[20].

No setor de finalização, o Ceará possui duas empresas especializadas no campo da pós-produção: o Atelier Rural (Alexandre Veras/Lucas Coelho), empresa especializada em pós-produção cinematográfica, correção de cor, desenho de som e sede de residências no campo artístico, sediada em Cascavel; e Big Frog Studio (Érico Paiva), em Fortaleza, especializada em edição de som e mixagem cinematográfica. Destaca-se também a recente montagem de sede em Fortaleza, em espaço compartilhado com a Deberton Filmes, da Mistika Produções, empresa finalizadora paulista.

Entre as principais locadoras de equipamentos audiovisuais que fornecem serviços para as produções audiovisuais do estado, destacam-se a Taissuke (Allan Taissuke), Salva Locadora e a Cine City.

---

[19] Apesar de 111 empresas cearenses estarem registradas na Ancine tendo a distribuição como uma de suas atividades em seus CNPJs (atividade principal ou secundária), na prática há poucas empresas que de fato exercem esse ofício.

[20] Além desses filmes, deve-se destacar a experiência da distribuição própria, isto é, filmes lançados pela própria produtora, como dois títulos da Luz Filmes (*Meu Tricolor de Aço 1* e *2*), Em Foco Multimídia (*Kátia*, de Karla Holanda) e D1 produções (*O filho único do meu pai*). O filme *Cabeça de Nego* (dir. Deo Cardoso), apesar de registrado na Ancine como um lançamento pela própria produtora Corte Seco, na prática foi lançado pela Fistaile (Marina Tarabay/Talita Arruda), na época ainda em fase de implementação do seu registro na Ancine.

3 Exibição/Difusão

3.1 Salas comerciais de cinema

Segundo os dados do OCA/Ancine, em 01/07/2024 o Ceará possui 112 salas comerciais de cinema, mesmo número do final de 2023 – um crescimento de 42% em relação aos números de 2014 (79 salas).

Gráfico 1 – Número de salas comerciais de cinema no Ceará – 2014/2023

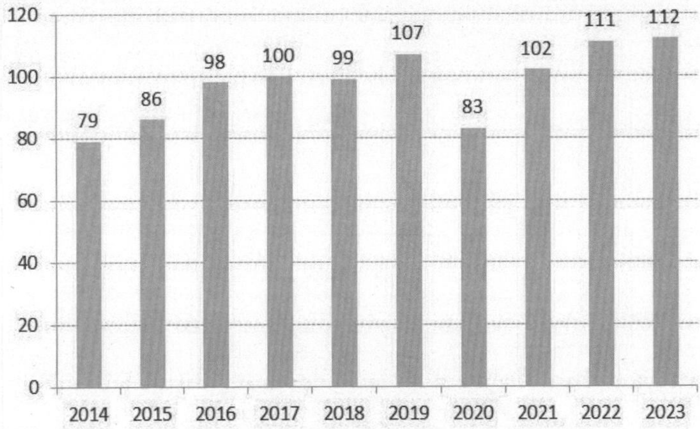

Fonte: OCA/Ancine.

Essas salas estão situadas em apenas 15 municípios. Considerando que o Ceará possui 184 municípios, apenas 8% possui salas comerciais de cinema. A capital Fortaleza concentra mais da metade dessas salas (64 salas ou 57%). Em seguida, Sobral (8 salas), Juazeiro do Norte (6) e Eusébio (5). Caucaia, Maracanaú e Pacajus possuem 4 salas cada e Maranguape, 3 salas. Por fim, outras sete cidades possuem 2 salas de cinema cada (Acaraí, Aracati, Cascavel, Itapipoca, Limoeiro do Norte, Quixadá e Tianguá). Sobral é a única cidade do interior que possui mais de um complexo cinematográfico (Cinema Renato Aragão, com 3 salas, e Multicine Sobral, 5 salas).

Gráfico 2 – Municípios cearenses com e sem salas comerciais de cinema (%)

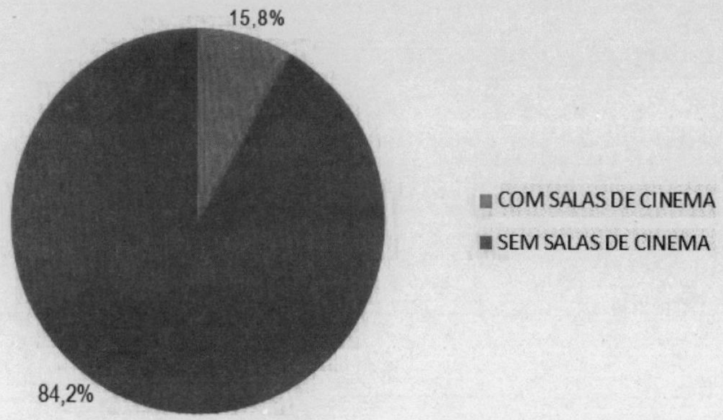

Gráfico 3 – Salas comerciais de cinema no Ceará por município

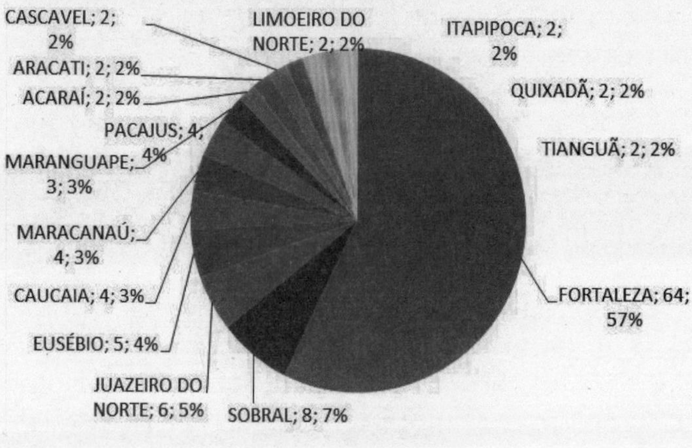

Fonte: OCA/Ancine.

O principal complexo cinematográfico do estado é o cinema de 12 salas do Shopping Center Iguatemi Fortaleza, controlado por uma parceria entre UCI e o Grupo Kinoplex (UCI Ribeiro). Segundo a Ancine, em 2023, este complexo vendeu 783.221 ingressos, o que o tornou o complexo mais frequentado no Nordeste e o terceiro maior entre todos os cinemas do país. Além do Iguatemi, o estado possui apenas mais um complexo com mais de 6 salas (Cinépolis Rio Mar, com 10 salas).

Apesar de a Cinépolis ser o grupo exibidor com maior número de salas no estado (21 salas, em três shoppings em Fortaleza, Cinépolis North Shopping Jóquei, Cinépolis Riomar, Cinépolis Riomar Kennedy), a preponderância é de grupos exibidores nacionais ou locais. Além da Cinépolis, outro grupo exibidor estrangeiro é o UCI, que, além das 12 salas do Shopping Iguatemi, administradas em parceria com o Kinoplex, possui um complexo de 6 salas no Shopping Parangaba, em Fortaleza. Quanto aos grupos nacionais, o Centerplex possui 17 salas (11 em Fortaleza, no Centerplex Via Sul Shopping, com 6 salas, e no Centerplex Messejana, com 5 salas, e outras 6 no interior, sendo 4 salas no Cinemas Maracanaú, e 2 salas no Centerplex Cascavel) e o Grupocine, com 14 salas (com apenas 2 em Fortaleza, e 12 no interior, sendo 5 salas no Eusébio, 4 em Pacajus e 3 em Maranguape). Já o Grupo Multicine possui 2 complexos no interior, sendo 1 complexo com 5 salas em Sobral, e outro de 4 salas em Caucaia (Iandé Shopping). Já o Grupo Orient possui 1 complexo com 6 salas em Juazeiro do Norte, no Cariri Garden Shopping. Além das salas do Iguatemi (em parceria com a UCI), o tradicional Grupo Kinoplex administra apenas mais 1 complexo no estado, o Kinoplex North Shopping, em Fortaleza, com 6 salas.

Entre os grupos locais, destaca-se a curiosa experiência do Grupo Pinheiro, uma rede de supermercados que atualmente possui 13 salas de cinema espalhadas em 6 cidades do interior do estado, sendo 3 em Sobral (Cinema Renato Aragão), e 2 salas em Acaraí, Aracati, Itapipoca, Quixadá e Limoeiro do Norte). O empresário Honório Pinheiro, dono da rede de supermercados Pinheiro (O Bom Vizinho) montou em 2003 uma sala de cinema na filial do supermercado de Sobral, sede da empresa, e que recebeu o nome de Cine Renato Aragão, em homenagem ao famoso humorista cearense nascido em Sobral. Em 2013, Pinheiro ampliou a sala, transformando-a para 3 telas, uma delas em 3D – o primeiro cinema 3D do interior do Ceará. A partir de meados dos anos 2010, o empresário criou salas nas lojas de seus supermercados em outras cidades, como Limoeiro do Norte, em 2010, e em Quixadá, em 2014. Trata-se de uma rara iniciativa empresarial do setor de exibição, que trabalha em rede no interior do estado, em associação com outra atividade comercial – no caso, um supermercado.

Outros cinemas que operam de forma independente são o Cinemas Benfica (Fortaleza, com 4 salas), o Cine Ibiapaba (2 salas), e o Cinema do Dragão (um cinema administrado pela Secretaria de Estado do Ceará, com 2 salas, principal responsável pela programação de filmes brasileiros e internacionais de perfil independente).

Em termos de público, em 2023, os cinemas cearenses venderam 3.850.494 ingressos, o que corresponde a 3,4% do total nacional.

3.2 *Circuito não comercial*

Além das salas comerciais de cinema, outras salas possuem eventual programação de filmes. O imponente Cineteatro São Luiz, localizado na Praça do Ferreira, com capacidade para 1.050 lugares, após sua reabertura em 2014, depois de ampla reforma pelo governo do estado, tornou-se uma sala multiuso, com programação compartilhada entre as diversas áreas culturais, como música, dança, teatro, entre outras. A sala abriga mostras e festivais de cinema, como o tradicional Cine Ceará, e também exibe filmes do circuito comercial, mas apenas esporadicamente, com periodicidade indefinida.

A Casa Amarela Eusébio Oliveira (CAEO), equipamento cultural da Universidade Federal do Ceará (UFC), possui uma sala de cinema (Cine Benjamin Abraão), atualmente fechada para reformas. Além dessas, o Centro Cultural Banco do Nordeste (com sedes em Fortaleza e em Juazeiro do Norte), a Caixa Cultural Fortaleza e o Sesc (em diversas unidades espalhadas pelo estado) também promovem exibições de filmes no circuito não comercial (cineclubes, mostras ou festivais de cinema).

3.3 *Mostras e Festivais de Cinema*

Como a percepção de permanência e impacto cultural dos eventos é algo flexível e com certo grau de subjetividade, especialmente diante do contexto em que grande parte deles no Brasil é financiada ou apoiada por editais que podem não ser recorrentes ou com atrasos de repasse, esta pesquisa incluiu as mostras e festivais que, até 2024, alcançaram pelo menos sua terceira edição de forma contínua. Nesses termos, chegamos a esse levantamento visivelmente reduzido, dado o volume ascendente de filmes produzidos no Ceará por produtoras, escolas públicas ou privadas, ou de forma independente.

Tabela 1 – Festivais de cinema ativos no Ceará com mais de 3 edições - 2024

EVENTO	ÚLTIMA EDIÇÃO	CIDADES
Cine Ceará - Festival Ibero-americano de Cinema	34	Fortaleza + Itinerância Ceará
Mostra Sesc Cariri de Culturas	25	Região Cariri
Noia - Festival do Audiovisual Universitário	22	Fortaleza + Itinerância Ceará
For Rainbow - Festival da Diversidade Sexual e de Gênero	18	Fortaleza
Percursos - Mostra de Cinema e Audiovisual da UFC	14	Fortaleza
Cine Miau - Mostra Internacional Infantil de Audiovisual	6	Fortaleza + Itinerância Ceará
Sinistro - Festival de Cinema Fantástico	3	Fortaleza

O Ceará tem pelo menos três grandes festivais de cinema marcados no calendário nacional. O mais longevo deles é o Cine Ceará – Festival Ibero-americano de Cinema, que, em 2025, chegará à sua 35ª edição. Foi criado em 1991 como um festival brasileiro e foi encorpado ao recorte ibero-americano a partir de 2006, exibindo longas-metragens de países da América Latina, Caribe, Portugal e Espanha. Sendo um dos poucos eventos na América Latina voltados para a cultura da América Ibérica, mas sempre com reforço de representação brasileira, o Cine Ceará abraça uma identidade própria ao lado de grandes festivais nacionais como Gramado, Brasília e Rio. A principal mostra, de longas ibero-americanos, já há alguns anos concede ao vencedor o prêmio de R$ 20 mil para distribuição em solo brasileiro, dado que é ainda mais interessante no contexto do mercado audiovisual brasileiro. As demais mostras são voltadas para o audiovisual brasileiro e cearense, como a Mostra Olhar do Ceará, palco de produções de curta e longa-metragem produzidas no estado, que vem crescendo a cada ano e ganhando mais espaço dentro da programação.

Outros eventos recorrentes no Estado são festivais com recorte de exibição e público mais segmentado. É o caso do Noia – Festival do Audiovisual Universitário e o For Rainbow – Festival da Diversidade Sexual e de Gênero, cujos títulos já falam por si.

O Noia apresenta uma peculiaridade em seu formato ao buscar não atender somente ao cinema universitário, mas também à fotografia e música, com competições paralelas para cada formato. Essa abrangência, porém, não é recorrente, a depender da configuração de cada edição. Reunindo universitários de toda parte do Brasil, o festival funciona também como uma espécie de "fórum" para a troca de experiências que ajudam a compreender as diferenças dos cursos públicos e privados de cinema pelo Brasil. O festival exibe desde filmes produzidos a partir de editais públicos até exercícios feitos para disciplinas do curso.

Na percepção de que estes estudantes já estão convivendo com o mercado de trabalho mesmo antes da formatura, a discussão sobre cinema autoral e comercial, mesmo que de forma ainda blindada, é algo recorrente nas edições. Em 2023, o festival aconteceu em um cinema de shopping, dividindo a programação com filmes do circuito comercial – uma experiência que, por si só, pareceu irreverente com a exibição de filmes que em nenhum outro contexto seria exibido naquela tela.

O For Rainbow tem a tradição de acontecer no Cinema do Dragão, estrutura que faz parte de um equipamento público de cultura com curadoria própria e distante dos complexos dos shoppings. Com abrangência mundial, o evento reúne longas e curtas de vários países que se inscrevem via plataforma internacional, exibindo filmes que, na sua maior parte, jamais chegarão ao circuito comercial brasileiro. Assim como o Noia, também promove outras linguagens como teatro, música, dança e literatura, estimulando também a economia criativa com a instalação de pequenos quiosques no pátio do evento.

Fora da capital, o único evento recorrente é a Mostra Sesc Cariri de Culturas, que permanece, principalmente, pelo seu vínculo institucional com o Sesc - Serviço Social do Comércio. Com caráter mais amplo, sem um recorte necessariamente de filmes dos circuitos de festivais, a mostra também reúne várias outras linguagens como circo e artes visuais.

Por fim, é importante reforçar que o Ceará possui mais eventos de cinema para além desses, mas sem atender ao pré-requisito estabelecido para dar uma noção de continuidade – especialmente eventos que acontecem em cidades do interior que por vezes nem possuem salas de cinema. O Curta Canoa – Festival Latino-Americano de Cinema de Canoa Quebrada, por exemplo, chegou a ter 13 edições, mas a última foi em 2021[21]. Mostra de Cinema de Iguatu, FestCine Maracanaú, Cinefestival - Festival de Cinema do Vale do Jaguaribe e Curta Vazantes - Cinema em Comunidade, são outros exemplos de descentralização, mas que não conseguiram manter-se em continuidade.

3.4 Cineclubes

Apesar de sempre estar presente nas linhas dos editais locais, a existência dos cineclubes no Ceará é algo fluido e mutável demais para um registro técnico neste levantamento. Há uma tentativa de organização dessa rede, chamada de "CICLO-CE: Cineclubes Organizados do Ceará", mas não é propriamente uma associação ou entidade, funcionando mais como um fórum informal onde cineclubistas do estado trocam ideias e ações para manter a linguagem contemplada nas políticas públicas.

As iniciativas dos centros universitários, principalmente, tiveram suas repercussões antes da pandemia, como o Cineclube Unifor, da Universidade de Fortaleza, ou o Cineclube Âncora, da Escola Porto Iracema das Artes. Em atividade na Universidade Federal do Ceará (UFC), Cine Refluxus e Cine Freud continuam acontecendo com exibições e debates. No Crato, o Cineclube Cego Aderaldo ocupa o recém-inaugurado Centro Cultural do Cariri Sérvulo Esmeraldo.

---

[21] O Curta Canoa teve nova edição em 2025, com recursos da Lei Paulo Gustavo.

Outra iniciativa de destaque é o Cineclube Ser Ver Luz, que já promoveu 10 edições da Mostra Audiovisual do Titanzinho, em uma região periférica de Fortaleza que luta há décadas pelo direito à moradia. Organizado em parceria com a associação de moradores, o evento é parte de uma afirmação territorial que também se expressa por meio do cinema.

3.5 Canais de Televisão

Apesar de não ser comum ou recorrente, produções brasileiras e cearenses também encontram alguns espaços de exibição e negociação com televisões no Ceará. Para esse estudo, fizemos um levantamento de veículos com transmissão aberta, sinalizando a existência de elos com produções independentes que serão explanados adiante.

Com maior audiência na capital, a TV Verdes Mares faz parte de um grupo empresarial que detém companhias de naturezas além da comunicação. A televisão é destaque entre as afiliadas: a Rede Globo por sua programação local ter grande espaço, produzindo programas próprios para além dos telejornais. Embora não tenha espaço para a promoção de filmes independentes, há casos de parcerias com o audiovisual cearense.

Em 2017, o telefilme *Guerra da Tapioca* foi produzido como "Especial de Natal" da emissora, com exibição também nacional no streaming da Globoplay. O filme foi produzido pela Tardo Filmes, e dirigido por Luciana Vieira e Wislan Esmeraldo, cineastas egressos do curso de Cinema e Audiovisual da UFC e que fizeram parte de diversas produções cearenses, como o recente *Motel Destino*, de Karim Aïnouz.

Há casos também de produções idealizadas e produzidas internamente pela própria TV Verdes Mares, como o especial *200 Anos da Independência do Brasil – Ainda tem pendência?* (2022), selecionado pela TV Globo através de um pitching entre todas as emissoras afiliadas do Brasil e veiculado em todo o país.

As televisões públicas, vinculadas ao Governo do Estado, Assembleia Legislativa e Câmara dos Deputados, mantém tradição de produção própria de documentários e de exibição de curtas-metragens independentes. A TV Assembleia, por exemplo, exibe filmes cearenses no programa *Curta Ceará*, antecedidos por entrevistas com seus realizadores. É também o caso da TV Ceará (TVC), administrada pela Fundação de Teleducação do Ceará (FUNTELC), órgão do governo estadual, que eventualmente promove o audiovisual cearense e exibe produções independentes.

Tabela 2 – Canais de Televisão

CIDADE	LOCAL	ORIGEM	RE-TRANS-MISSÃO	CANAL	ELO COM PRODUÇÕES INDEPENDENTE
Fortaleza	TV Ceará	[Público] Governo do Estado	TV Cultura e TV Brasil	VHF	Licenciamento e Exibição
Fortaleza	TV Verdes Mares	[Privado] Grupo Edson Queiroz	Rede Globo	VHF	Parceria de Produção
Fortaleza	TV Diário	[Privado] Grupo Edson Queiroz	-	VHF	-
Fortaleza	TV Unifor	[Privado] Grupo Edson Queiroz	-	Online + Fechado	Exibição de Curtas
Fortaleza	TV Cidade	[Privado] Grupo Cidade	Record	UHF	-
Fortaleza	Rede TV Fortaleza	[Privado] Grupo Amilcare Dallevo e ao Grupo Marcelo de Carvalho	Rede TV	UHF	-
Fortaleza	Band Ceará	[Privado] Grupo Bandeirantes de Comunicação	Band	UHF	-
Fortaleza	Canal FDR	[Educativo] Fundação Demócrito Rocha	Canal Futura	UHF	Licenciamento e Exibição
Fortaleza	TV Jangadeiro	Sistema Jangadeiro de Comunicação	SBT	UHF	-
Fortaleza	Alece TV	[Público] Governo do Estado	-	UHF + Online	Exibição de Curtas e Produção Documental
Fortaleza	TV Câmara	[Privado] Sistema Fortaleza de Comunicação	-	UHF + Online	Exibição de Curtas e Produção Documental
Fortaleza	TV União	[Privado] Rede União de Rádio e Televisão	-	UHF + Online	-
Fortaleza	TV Capital	[Privado] Anselmo Mororó	-	UHF	-
Pacajus	TV da Gente	[Privado] Fundação Educativa Eduardo Sá	-	UHF	-
Caucaia	TV Metrópole	[Privado] Fundação José Possidônio Peixoto	Canal Educação	UHF	-
Aracati	TV Sinal	[Privado] Fundação Vale do Jaguaribe	TV Cultura	UHF + Online	-
Juazeiro do Norte	TV Café com Leitte	[Privado] Prorad Projetos de Radiodifusão e Telecomunicações Ltda	TV Meio	UHF + Online	-

Vinculado à Fundação Demócrito Rocha e ao Grupo O Povo de Comunicação, o Canal FDR (entre 2007 e 2020, chamava-se TV O POVO) é classificado como uma TV Educativa. Com retransmissão do Canal Futura, que fora do Ceará é um canal fechado pertencente à Fundação Roberto Marinho, é o principal canal de TV cearense com parcerias com a produção independente local. Nesse sentido, cabe destaque à programação aprovada pelo Prodav 02/2016 da Ancine, no valor de R$4,6 milhões, com a veiculação de séries como *Alba e os fantasmas* (Lunart) e *Virtude* (Sob encomenda produções).

3.6 Plataformas de streaming locais

Até 2024, as únicas plataformas de streaming no estado eram de empresas privadas. O OPOVO+, plataforma do Jornal O Povo que oferece acesso a reportagens da empresa, tanto as que se tornaram públicas quanto exclusivas. Assinantes do jornal têm acesso à plataforma sem custo adicional.

Além das produções originais, a plataforma também faz parcerias com produtoras de Fortaleza para o lançamento editorial de obras independentes. Em 2024, a empresa iniciou um novo formato com o relançamento de *Rânia* (2012), de Roberta Marques, disponibilizando o filme no streaming sem contrato de exclusividade. Além da campanha jornalística, com matérias, entrevistas e publicações, houve também ações de marketing com publicações patrocinadas nas redes sociais. Esse modelo se repetiu no semestre seguinte com o lançamento do documentário *Swingueira* (2020), do coletivo Nigéria Filmes. O foco da companhia é resgatar filmes cearenses que já saíram do circuito de festivais e lançamentos comerciais.

A TV União, emissora de televisão, possui duas iniciativas no streaming: o União Plus, que tem como conteúdo os programas do canal da emissora em Fortaleza, e o União Play, que reúne as programações da emissora em Fortaleza e Natal.

Em seus períodos de realização, festivais e mostras, bem como cursos, coletivos e produtoras costumam ter sites próprios canais no Youtube ou Vimeo onde postam sua programação/obra.

4 Obras audiovisuais

4.1 Obras produzidas (CPBs)

Tendo como base os Certificados de Produto Brasileiro (CPBs) emitidos pela Ancine, 593 obras cearenses foram produzidas e registradas na Ancine entre 2000 e 2023. Desse número, 368 obras (62%) são curtas-metragens, 121 (20%) são longas, 70 (12%) séries e 34 médias (6%). Deve-se ressaltar que o número de curtas certamente está subdimensionado, uma vez que a maior parte dos curtas produzidos não solicita o registro na Ancine, ainda que obrigatório.

Gráfico 4 – Obras cearenses produzidas (CPB) por tipo de obra (2000-2023)

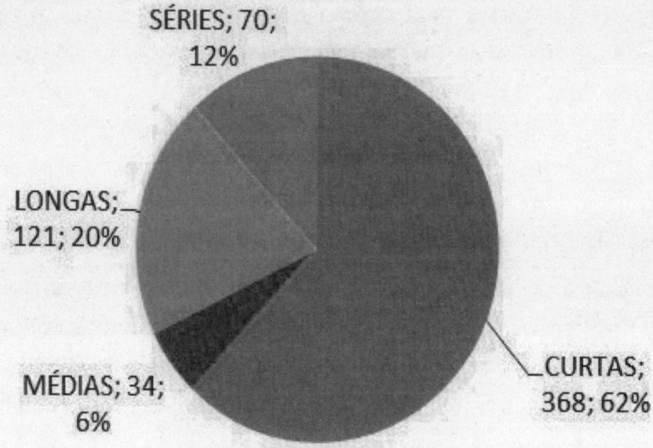

Fonte: OCA/Ancine.

Já relativo ao formato do longa-metragem, que em geral envolve maior profissionalização e perspectivas de mercado, o número apresentado tende a se aproximar do efetivamente realizado. Surpreende, então, o número de longas cearenses produzidos (121 longas), uma vez que apenas 50 foram lançados comercialmente em salas de exibição (2000-2023). Excluídos 13 obras de longa-metragens que não são destinados ao mercado de salas de cinema (exceções, como obras videomusicais, DVDs voltados para o vídeo doméstico ou para canais específicos de TV por assinatura ou outras plataformas), restam 58 longas-metragens cinematográficos exibidos apenas em sessões especiais ou mostras e festivais de cinema mas que não foram efetivamente lançados comercialmente no mercado de salas.

Alguns desses filmes atendem a um contexto de produção bastante específico, em torno de produções regionais com baixíssimo orçamento de produção, em torno do chamado "cinema de bordas" (Lyra e Santana, 2000). Por outro lado, 22 desses filmes obtiveram o CPB nos dois últimos anos (em 2022 ou 2023), podendo ainda serem lançados nos anos a seguir.

Quanto às 70 séries, 18 não são obras de produção independente, uma vez que foram produzidas por canais de TV, como a Fundação Demócrito Rocha (Canal FDR, 10 obras) e a Fundação Edson Queiroz (TV Verdes Mares, 8 obras). Entre as principais produtoras independentes com produção de obras seriadas, destacam-se, com sete obras cada, o Beach Park Studios (temporadas das séries *Turma do Parque* e *Bloquinho da Maré*) e a Gavulino Produções, além das séries de animação da Zigtoons Studio (5 obras).

A Gavulino Filmes é uma produtora nível 4 com séries produzidas e licenciadas em canais nacionais, especialmente no gênero documental, como as séries *Brasil Joiado* (3x26min), *Carroça e a Cultura Popular* (8x26min), ambos exibidos na CineBrasilTV. Outro destaque é a série *Lana & Carol* (13x26min), produzida pela Deberton Filmes, criada por Natalia Maia e Samuel Brasileiro, exibida no Canal Futura e na TV O Povo. Já *Se avexe não* (13x26min), criada e roteirizada por Luciana Vieira, Victor Costa Lopes e Wislan Esmeraldo, fruto do Prodav TVs públicas, foi exibida em TV aberta, pela TV Brasil. Fruto do mesmo edital, *Cassimiro e a flor da Dona Flor* (10x26min), criada por Ângela Escudeiro, com direção de Lília Moema Santana, estreou na TV Ceará. Já a série *Meninas do Benfica* (8x40min), produzida pela Latitude Audiovisual, criada por Roberta Marques, com direção de episódios da mesma e de Luciana Vieira, estreou em 2022 no Canal Brasil No setor de animação, um dos destaques é o Estúdio Lunart, cujo líder criativo é Neil Armstrong Rezende. A série *Astrobaldo* (2017, 13x13min) foi exibida em diversos canais, estreando na TV Brasil, e depois veiculada na Amazon Prime, Box Brazil, Canal Curta, Fun Kids, e Zoomoo, alcançando distribuição internacional. Já *Alba e os fantasmas* (2023, 6x10min), fruto do Prodav 02 do Canal FDR, foi também exibida no canal Zoomoo.

Quanto aos tipos de obra, pouco mais de um terço das obras é de ficção (35,4%) e um quarto de documentários (25,6%). Os videomusicais são quase 20% (19,1%), especialmente no formato curta-metragem (videoclipes). Entre as séries, há 18 obras jornalísticas ou de variedades. Quanto às animações, apenas 4 longas-metragens cearenses possuem CPB, três deles produzidos pela Sinfrônio Criações e Produções (*13 - um dia que mudou o mundo*, *Pinzón - a descoberta do Brasil no Ceará* e *1915 - o ano em que a Terra queimou*).

Tabela 3 – Obras cearenses produzidas (CPBs) por tipo de obra e formato

	FORMATO					
TIPO DE OBRA	**CURTA**	**LONGA**	**SÉRIE**	**MÉDIA**	**TOTAL**	**% TIPO**
ANIMAÇÃO	43	4	21		68	11,5%
DOCUMENTÁRIO	77	37	23	15	152	25,6%
FICÇÃO	125	67	8	10	210	35,4%
JORNALÍSTICA			9		9	1,5%
NÃO CLASSIFICADA	24	3	1	6	34	5,7%
VÍDEOMUSICAL	99	10	1	3	113	19,1%
VARIEDADES*			7		6	1,0%
Total	368	121	70	34	**593**	100%
% FORMATO	62,1%	20,4%	11,8%	5,7%	100,0%	

Fonte: OCA/Ancine. * inclui programas de auditório ancorados por apresentador

No periodo analisado (2000-2023), 40,1% das obras cearenses foram produzidas nos últimos cinco anos (2019-2023). Destaca-se o aumento no número de séries cearenses registradas na Ancine. Entre as 70 séries, 37 (52,9%) foram produzidas nos últimos 5 anos. Entre os longas, esse percentual é de 42,1%.

Entre os 368 curtas, 134 (36,4%) foram registrados por Pessoas Físicas.

Tabela 4 – Obras cearenses produzidas nos últimos 5 anos (2019-2023) por tipo de obra

	Produzidos nos últimos 5 anos (2019-2023)	**Total (2000-2023)**	**%**
CURTA	142	368	38,6%
LONGA	51	121	42,1%
SÉRIE	37	70	52,9%
MÉDIA	8	34	23,5%
TOTAL	**238**	**593**	**40,1%**

Fonte: OCA/Ancine.

4.2 Longas lançados comercialmente

Segundo registros do OCA/Ancine, entre 1995 e 2023, 53 longas cearenses foram lançados comercialmente no mercado de salas de exibição, sendo quase metade (47,2%) nos últimos 5 anos (2019-2023). Ou seja, mesmo com os impactos da pandemia e a paralisação da Ancine com o governo Bolsonaro, a produção de longas-metragens cearenses permaneceu aquecida. Destaca-se o ano de 2022, com o lançamento de 8 longas: *Pequenos Guerreiros* (Bárbara Cariry), *A Jangada de Welles* (Petrus Cariry e Firmino Holanda) e *Escravos de Jó* (Rosemberg Cariry), distribuídos pela Sereia Filmes; *Fortaleza Hotel* (Armando Praça) e *Virar Mar* (Danilo Carvalho e Philipp Hartmann, uma coprodução alemã), pela Vitrine Filmes; *Pajeú* (Pedro Diógenes), pela Embaúba Filmes; e *Meu tricolor de aço 2* (Thelmo Maia e Júnior Mendes) e *Transversais* (Emerson Maranhão), distribuídos de forma independente pelas próprias produtoras (Luz Filmes e Deberton Filmes, respectivamente).

Entre os 53 filmes, 40 (75,5%) são filmes de ficção e 13 (25,5%) documentários. Ou seja, cerca de um em cada quatro filmes cearenses lançados foram documentários, um número bastante expressivo. Por outro lado, até o momento, nenhum longa cearense de animação foi lançado comercialmente no mercado de salas.

No entanto, mais da metade dos filmes (28 filmes, ou 53%) não atingiram 1 mil ingressos vendidos. Esse percentual infelizmente não é exceção no panorama do cinema brasileiro, concentrado em lançamentos bastante restritos, o que aponta para diversas lacunas e gargalos nos setores de distribuição e exibição. Se há um aumento no número de filmes produzidos no estado, esse aumento não corresponde a um proporcional crescimento do público impactado por essas obras. Faltam também dados nos demais segmentos de mercado para complementar os números no mercado de salas de cinema, cujas características apontam, de forma crescente, para uma contínua elitização de perfil de consumo e de sua concentração em lançamento de filmes-evento com forte investimento em suas campanhas de divulgação.

Por outro lado, dois filmes (*O shaolin do sertão* e *As mães de Chico*) ultrapassaram 500 mil ingressos vendidos. Seis filmes venderam mais de 100 mil ingressos, todos produzidos pela Estação da Luz ("filmes espíritas") ou pela ATC Entretenimento (Halder Gomes). Dessa forma, os filmes cearenses de maior apelo comercial estão concentrados em duas empresas produtoras, que respondem por 97,4% do total do público de filmes cearenses lançados em todo o período (1995-2023). Entre esses seis filmes, quatro foram distribuídos por meio de uma parceria entre Downtown e Paris, e 2 por majors (Fox/Disney).

Entre os 53 filmes, a Vitrine foi a distribuidora que mais lançou filmes cearenses entre 1995 e 2023 (9 filmes), seguida da Sereia Filmes (6 filmes), RioFilmes (5 filmes) e Embaúba (4 filmes). No caso da Downtown/Paris, são 6 filmes, sendo 2 deles em parceria Downtown/Paris, 2 apenas pela

Downtown e 2 apenas pela Paris). A Sereia Filmes distribuiu filmes apenas produzidos pela família Cariry (dirigidos por Bárbara, Petrus ou Rosemberg Cariry). A RioFilme distribuiu filmes no período inicial da chamada "retomada do cinema brasileiro", sendo quatro deles até 2002. A Vitrine possui um perfil de filmes mais diferenciado, apesar de 4 dos 9 filmes serem associados ao atualmente extinto Coletivo Alumbramento (*Doce amianto*, *Estrada para Ythaca*, *Os monstros* e *No lugar errado*). Também merece destaque a Lume Distribuidora, com 3 filmes (*Mãe e Filha*, *O último trago* e *Os pobres diabos*), uma distribuidora nordestina, sediada no Maranhão.

Outro elemento de destaque é o fato de os três filmes cearenses de maior bilheteria terem sido dirigidos por Halder Gomes. Glauber Filho é outro diretor que aparece em codireções de dois entre os seis filmes listados abaixo.

Tabela 5 - Filmes Cearenses lançados com mais de 100 mil ingressos vendidos

Ano	Título	Direção	Empresa Produtora Brasileira Majoritária	Distribuidora	Máximo de Salas	Número de Ingressos	Renda (R$) acumulada
2016	O Shaolin Do Sertão	Halder Gomes	Atc Entretenimentos	Downtown/ Paris	187	610.741	7.973.943,72
2011	As Mães De Chico Xavier	Glauber Filho/ Halder Gomes	Atc Entretenimentos/ Estação Luz Filmes	Paris	441	517.330	4.598.470,13
2013	Cine Holliúdy	Halder Gomes	Atc Entretenimentos	Downtown/ Paris	74	487.479	5.056.814,30
2008	Bezerra De Menezes - O Diário De Um Espírito	Glauber Filho/Joe Pimentel	Estação Luz Filmes	Fox	49	443.143	3.534.245,00
2019	Divaldo – O Mensageiro Da Paz	Clovis Mello	Estação Luz Filmes	Disney	373	430.704	6.807.617,00
2019	Cine Holliúdy 2 - A Chibata Sideral	Halder Gomes	Atc Entretenimentos	Downtown	121	169.970	2.479.403,00

Fonte: OCA/Ancine.

Quanto às empresas produtoras, 6 empresas lançaram pelo menos 5 filmes no período. Estação da Luz (7 filmes), seguida da ATC Entretenimentos e Iluminura Filmes, com 6 filmes cada. Outras três empresas lançaram 5 filmes: Alumbramento, Cariri Filmes e Tardo Filmes. Esses números devem ser analisados tendo em vista as relações entre as empresas. Um filme é uma coprodução entre Luz e ATC (*As mães de Chico Xavier*). O Coletivo Alumbramento não está mais ativo, tendo sido desmembrado em Tardo Filmes e Marrevolto. Além desses, Iluminura e Cariri Filmes são empresas do mesmo núcleo familiar (Petrus, proprietário da Iluminura, é filho de Rosemberg Cariri).

Deve-se também ressaltar que a Gavulino Filmes, uma empresa produtora cearense nível 4, até o momento não lançou comercialmente nenhum longa-metragem, concentrando sua produção em obras destinadas a outros segmentos de mercado, especialmente séries para TV.

Do lado dos créditos de direção, 6 diretores lançaram pelo menos 4 filmes no período: Guto Parente (8 filmes), Pedro Diógenes (7 filmes), Petrus Cariry (5 filmes), Glauber Filho (4 filmes), Halder Gomes (4 filmes) e Rosemberg Cariry (4 filmes). É curioso percebermos a expressiva participação da direção coletiva nesses casos: dos 8 longas dirigidos por Guto Parente, apenas 6 foram codireções, e dos 7 de Pedro Diógenes, apenas um único filme foi uma direção solo (*Pajeú*). Essa característica se faz notar pela origem dos realizadores em torno dos coletivos de cinema. Mas mesmo no cinema industrial essa característica está presente: também Glauber Filho assinou apenas um longa como único diretor, entre seus 4 lançados.

5 Outros eixos

5.1 Políticas Públicas

5.1.1 Governo do Estado do Ceará

A Secretaria de Cultura do Ceará é uma das mais antigas do país, tendo sido criada pela Lei nº 8.541, de 9 de agosto de 1966.

O principal instrumento de fomento ao setor audiovisual implementado pela Secult/CE é o Edital Ceará de Cinema e Vídeo (ECCV). Sua periodicidade deveria ser, a princípio, anual, mas, nos últimos dez anos, entre 2014 e 2023, foram publicados apenas 4 editais.

O XI Edital Ceará de Cinema e Vídeo, publicado em 2014, foi o primeiro edital da Secult/CE que recebeu recursos dos Arranjos Regionais da

Ancine, que prevê a complementação por parte da Ancine dos editais estaduais ou municipais de audiovisual. O XI ECCV totalizou R$7,66 milhões, sendo R$ 4,45 milhões aportados pelo Fundo Estadual de Cultura (FEC/CE) e R$ 3,21 milhões pela Ancine. O Edital previa a realização das seguintes categorias:

- Desenvolvimento de roteiro de longa-metragem: 02 projetos de até R$ 21.400,00
- Longa-Metragem: 04 projetos de até R$ 882.750,00
- Curta-Metragem: 10 projetos de até R$ 85.600,00
- Projetos Para TV: 10 projetos de até R$ 128.400,00
- Novas Mídias: 08 projetos de até R$ 14.275,00
- Criação ou manutenção de Cineclubes: 20 projetos de até R$ 33.100,00
- Técnico Profissionalizante: 04 projetos de até R$ 214.000,00
- Eventos de Formação em Audiovisual: 04 projetos de até R$ 53.500,00
- Exibidores e Cineclubistas: 02 projetos de até R$ 50.000,00

Durante os dois governos Camilo Santana (PT) (janeiro/ 2015-abril/2022), houve o lançamento de apenas dois ECCV. O primeiro edital (XII ECCV) foi publicado logo no primeiro ano de governo, em 2015, pelo Secretário Guilherme Sampaio, com valores ampliados para R$ 10.884.605,64, sendo R$ 4,45 milhões pelo FEC/CE e o restante pelo FSA/ Ancine.

- Produção de Longa-metragem (documentário, ficção, animação): 04 projetos de até R$ 951.439,00
- Projetos para TV - Obras seriadas (mínimo 3 episódios por obra): 08 projetos de até R$ 328.606,20
- Projetos para TV – Episódio piloto: 10 projetos de até R$ 109.535,40
- Curta-metragem: 20 projetos de até R$ 98.503,14
- Novas Mídias: 10 projetos de até R$ 15.188,60
- Criação ou manutenção de Cineclubes: 14 projetos de até R$ 36.004,62
- Cursos de Formação em Audiovisual: 06 projetos de até R$ 113.849,00
- Desenvolvimento de Roteiro de Longa-metragem: 02 projetos de até R$ 22.769,19

No entanto, durante a gestão do Secretário de Cultura Fabiano Piúba, o ECCV perdeu sua regularidade anual, sofrendo uma série de descontinuidades e denúncias.

O edital seguinte (XIII ECCV) foi publicado em 2016, mas o resultado final foi divulgado apenas em junho/2018. Também realizado com recursos dos Arranjos Regionais, teve valores recordes, totalizando R$17 milhões, sendo R$10 milhões aportados pela Ancine e R$7 milhões pelo FEC/CE.

- 12 projetos de longas, sendo 4 projetos de ficção de até R$1,250 milhão, 4 projetos de animação de até R$1,200 milhão, e 4 projetos de documentários até R$600mil cada;
- 6 projetos de Série de TV infanto-juvenil até R$300mil;
- 18 curtas, sendo 8 projetos de ficção de até R$90mil cada, 4 projetos de animação de até R$90mil, 6 projetos de documentários de até R$60mil;
- Projetos de Cineclubes, sendo 20 projetos de Manutenção de Cineclubes de até R$19 mil cada, e 2 projetos de Organização e Distribuição de Acervos de até R$30 mil;
- 4 projetos de cursos de Formação de até R$350 mil cada;
- 2 projetos de até Desenvolvimento De Roteiro De Longa-Metragem de até R$25 mil;
- 4 projetos de Distribuição de Longa-Metragem de até R$200 mil cada.

No entanto, o XIV ECCV foi marcado por um conjunto de dificuldades. Originalmente publicado em 2019, o Edital foi cancelado em 2021 e reaberto pela Secult/CE em 2022, já na saída de Camilo Santana do cargo de governador. Em julho de 2021, a Secult-CE informou que três editais lançados entre 2019 e 2020, entre eles o XIV ECCV, foram cancelados atendendo a uma determinação do Tribunal de Contas do Estado do Ceará (TCE/CE), devido a um erro jurídico da Secult na abertura do edital, criando uma incompatibilidade do edital em relação à legislação estadual sobre parcerias entre o poder público e Pessoas Físicas ou Pessoas Jurídicas com fins lucrativos.

Quando reaberto em 2022, mesmo sem apoio dos Arranjos Regionais da Ancine, paralisado devido ao governo Bolsonaro, o Edital possuiu valores recordes, com R$11,3 milhões, dividido em três categorias:

- XIV ECCV Produção (com R$ 7.730.000,00 para seleção de 32 projetos de produção, sendo 10 longas e 22 curtas);

- XIV ECCV Cineclubes (destinando R$ 780.000,00 para o fomento a produções de cineclubes, com seleção de 28 projetos);
- XIV ECCV Formação e Roteiros (com R$ 2.520.000,00 para seleção de 14 projetos de formação e 12 desenvolvimento de roteiros).

Além dos ECCV, destacam-se, nos últimos anos, os editais da Lei Aldir Blanc e da Lei Paulo Gustavo, com recursos federais de aplicação regionalizada, visando a dirimir os impactos da pandemia no setor audiovisual.

A Lei Aldir Blanc, no que diz respeito ao apoio ao audiovisual, proporcionou, em 2021, o investimento em 40 projetos, totalizando R$ 11,5 milhões, sendo 8 projetos de produção de longas-metragens (2 de ficção, 4 documentários e 2 de animação), finalização de 2 longas, 14 curtas, 6 projetos de desenvolvimento de roteiro de longa-metragem e 10 cineclubes.

Já a Lei Paulo Gustavo se constituiu no maior programa de investimentos realizados pelo estado do Ceará no setor audiovisual, totalizando R$ 177.828.437,90, sendo R$ 95.447.562,86 gerenciados pela Secult/Ceará e R$ 82.380.875,00 executados pelos municípios cearenses. Desse valor, a Secult investiu R$ 65.448.393,86 em editais específicos para o setor audiovisual (Artigo 6º da LPG).

Esses valores foram segmentados nos seguintes editais:

- Edital de apoio ao Audiovisual Cearense – Produções, com R$ 42.380.000,00 para até 182 propostas. O Edital previa a aprovação de 20 projetos de longa-metragem (4 para cada uma das cinco categorias: Ficção, Documentário, Animação, Ações Afirmativas e Direção Estreante), 36 curtas (12 ficção, 12 documentário e 12 animações), 6 séries (2 ficção, 2 documentário e 2 animações), 18 projetos de Desenvolvimento de Roteiro de Longa-metragem ou Série, além de outros 102 projetos na modalidade Outras Mídias e Cultura Viva;
- Edital de Apoio ao Audiovisual cearense – Difusão, Formação e Pesquisa, com R$ 9.702.000,00 em até 72 projetos;
- Edital de Premiação Cultural – Fomento à exibição, preservação e empresas do audiovisual cearense, com R$ 7.660.000,00 para até 94 propostas;
- Edital de Apoio ao Audiovisual Cearense - Licenciamento de Obras Audiovisuais Cearenses para TVs Públicas, com R$2 milhões para até 74 propostas.

Em termos de ações estruturantes, destaca-se a aprovação da Lei nº 17.857/2021, que institui o Programa Estadual de Desenvolvimento do Cinema e Audiovisual – Programa Ceará Filmes e cria o Sistema Estadual do Cinema e Audiovisual.

O Programa Ceará Filmes visa à criação de instrumentos para o desenvolvimento econômico e da produção audiovisual do Ceará, na cena nacional e internacional. Para tanto, atua em toda a cadeia produtiva e criativa do audiovisual por meio de sete eixos: Produção, Distribuição, Exibição, Preservação, Formação, Rede Institucional e Legislação. A Lei também cria o Sistema Estadual do Cinema e Audiovisual, com o objetivo de sistematizar e implementar as políticas específicas do Programa Ceará Filmes. Vinculado ao Sistema Estadual da Cultura (SIEC), bem como à subfonte de recursos do Fundo Estadual da Cultura (FEC), denominada Fundo Setorial do Audiovisual do Ceará (FSA/CE).

Em termos práticos, não se avançou de forma concreta. No entanto, o governo do Ceará vem anunciando estudos para a criação da Ceará Filmes, órgão público com o objetivo específico de criação e implementação de políticas públicas para o audiovisual no Ceará.

5.2 Formação

O Ceará conta com um extenso leque de opções de cursos na área do audiovisual, embora a maioria se concentre na capital, Fortaleza.

A Universidade Federal do Ceará (UFC) oferta o curso de bacharelado em Cinema e Audiovisual desde 2010. Além desse, o bacharelado em Sistemas e Mídias Digitais também oferece disciplinas voltadas para a área do som e da animação. Também são oferecidos cursos de Mestrado e Doutorado por meio do Programa de Pós-Graduação em Comunicação (PPGCOM/UFC) e em Artes (PPGARTES/UFC).

Na Universidade de Fortaleza (Unifor), é ofertado o curso de bacharelado em Cinema e Audiovisual desde 2005, além dos cursos de especialização MBA em Escrita e Criação, que contempla a área de roteiro, e em Design Gráfico e Digital, que oferece conhecimentos na área da animação.

O Complexo Cultural Vila das Artes, órgão municipal inaugurado em 2006, sedia a Escola Pública de Audiovisual (EPAV), com um curso de realização em audiovisual com duração de dois anos. Este é um importante curso de formação na cidade, formando diversos realizadores que atuam com destaque no setor, entre eles os membros do Coletivo Alumbramento, que se formou como desdobramento da primeira turma do curso.

Além desse, o Núcleo de Formação em Audiovisual (NUFA) oferece o Programa de Formação Básica em Audiovisual e o Laboratório de Preservação Audiovisual, o Núcleo de Produção Digital (NPD) oferta Laboratórios Criativos de Roteiro, Pesquisa em Audiovisual e Produção Criativa, o Núcleo de Animação (NAVA) oferece o Programa Básico em Animação, a Escola Pública de Música oferece uma Formação Básica de Música, e o Núcleo Cineclubista (NUCINE) o curso Pontos de Corte: Formação para cineclubistas e exibidores independentes e o Laboratório de Crítica e Curadoria.

A Escola de Formação e Criação do Ceará, Porto Iracema das Artes, inaugurada em 2013, ligada ao Centro Cultural Dragão do Mar, do governo do Estado do Ceará, oferece os cursos de Programa de Formação Básica em Audiovisual e o Programa de Formação Básica em Artes Visuais.

O Equipamento Cultural de Extensão da Universidade Federal do Ceará, Casa Amarela Eusélio Oliveira (CAEO), inaugurado em 1971, oferece os cursos Básicos de Cinema, Animação e Fotografia e o curso Intermediário de Fotografia.

O Instituto de Artes e Técnicas em Comunicação de Fortaleza (IATECFortaleza), inaugurado em 2014, uma instituição privada com sede no Rio de Janeiro, oferta cursos focados na área do som para o audiovisual, como o curso de Especialização em Áudio para TV e Cinema e os cursos livres Fundamentos do Áudio, Técnicas de Captação de Áudio, Mixagem e Masterização e Técnicas de Gravação e Microfonação.

A Escola de Design e Tecnologia (Pixels), inaugurada em 2017, uma empresa privada que oferece cursos na área de jogos e mídias, mas que contemplam o audiovisual, como o Curso Game Master e o Curso Genius, voltado para crianças de 7 a 12 anos, ambos contemplando as áreas de roteiro e animação. A escola também possui um curso online de Animação 2D. A Infinity School Fortaleza, também uma empresa privada, com sede em Salvador oferece um Curso de Film Design.

Em 2024 aconteceu a primeira edição do Programa de Aprofundamento Técnico em Cinema e Audiovisual (PRO/SET), realizado em parceria entre as instituições de ensino em Cinema e Audiovisual Casa Amarela Eusélio de Oliveira, Porto Iracema das Artes - Escola de Formação e Criação do Ceará, Universidade Federal do Ceará / Instituto de Cultura e Arte e Universidade de Fortaleza - UNIFOR/ Curso de Cinema e Audiovisual, em articulação estratégica com a associação Ceará Audiovisual Independente (CEAVI). Foram ofertados cursos de Assistência de Arte e Cenografia, Microfonista, Elétrica e Iluminação para Cinema (Gaffer), Produção de Objetos, Assistência de Figurino, Assistência de Câmera, Continuidade, Assistência de Direção, Assistência de Produção Executiva e Controladoria para Cinema.

Todos os aparelhos públicos citados oferecem cursos e workshops avulsos nas áreas do audiovisual.

No interior do estado, destaca-se a Escola de Cinema do Sertão, que atua com formação técnica e produção audiovisual desde 2012, especialmente em Quixadá. O projeto já possibilitou formação a mais de 800 jovens no Sertão Central do Ceará, e produziu mais de vinte curtas-metragens. A Escola é realizada pelo Instituto Assum Preto de Arte, Cultura, Cidadania e Meio Ambiente, em parceria com o Instituto Federal do Ceará (IFCE), campus Quixadá, e foi coordenadada pelo saudoso Geraldo Cavalcanti, até seu falecimento em 2021.

Quanto aos cursos de formação na área de mercado/negócios audiovisuais, cabe destaque ao curso Economia e Mercado do Cinema e do Audiovisual (EMCA), curso de extensão da UFC, coordenado pelo Prof. Marcelo Ikeda. Com carga horária superior a 240hs, o curso é voltado para a formação de produtores audiovisuais no Ceará, com a apresentação das regras de negócio, a cadeia produtiva do audiovisual e seus segmentos de mercado, além das políticas públicas para o setor e o funcionamento da Ancine. O curso trouxe a Fortaleza agentes como Leonardo Monteiro de Barros (Conspira), Sílvia Cruz (Vitrine), Leonardo Edde (Urca Filmes) e Georgia Costa Araújo (Coração da Selva), entre outros. As duas primeiras edições foram presenciais, e a terceira, realizada em 2024, foi com aulas remotas, estimulando acesso a produtores do interior do estado.

5.3 Preservação

Até 2024, apenas o Complexo Cultural Vila das Artes era o único aparelho que ofertava um Laboratório de Preservação Audiovisual.

O Cineteatro São Luiz, inaugurado em 1958 e gerido pelo Instituto Dragão do Mar, guarda o acervo do histórico Cine Nazaré e inaugurou a Sala Seu Vavá – Memorial do Cinema e Audiovisual do Ceará, que possui uma diversificada coleção de itens de cinema, resultante de doações feitas pelos familiares do Seu Vavá. O Cineteatro também recebeu outros acervos doados, como o do Sr. Francisco Enondino Bessa, entregue por sua viúva, a professora e escritora Maria Evan Gomes Bessa; e doações do Sr. Osvaldo Hugo Montenegro Riedel, destacando-se ainda a contribuição do Sr. Regis Frota, presidente da Academia Cearense de Cinema. O prédio também guarda uma coleção de filmes em 16mm e 35mm, além de um catálogo composto por cerca de

2 mil CDs musicais, cerca de 200 livros sobre cinema e música, e mais de 3 mil filmes digitalizados, entre títulos nacionais e estrangeiros, que podem ser acessados para consulta e apreciação na Sala Seu Vavá.

A Pinacoteca de Ceará, inaugurada em 2022 e gerida pelo Instituto Mirante de Cultura e Arte, conta com equipamentos que possuem estrutura de reserva técnica e de equipe especializada em acervo, pesquisa e memória, para que se possa ter condições de cuidar bem do patrimônio. A Casa Amarela Eusélio Oliveira também possui um acervo guardado de filme e fotos, mas não estão disponíveis para visitação ou exibição.

O Museu da Imagem e do Som do Ceará também conta com equipamentos que possuem estrutura de reserva técnica e de equipe especializada em acervo, pesquisa e memória, para que se possa ter condições de cuidar bem do patrimônio, os equipamentos de última geração para cumprir todas as atividades necessárias na conservação, digitalização e restauro digital de acervos imagéticos, sonoros e audiovisuais. Também abriga laboratório de conservação e higienização, laboratório de digitalização e restauro digital, laboratório fotográfico, reserva técnica ampla climatizada, ambiente para pesquisa e catalogação, estúdio de áudio, de mixagem e restauro de áudio, estúdio de vídeo e ilhas de edição, além de diversos espaços expositivos e pedagógicos com equipamentos digitais interativos.

O órgão tem se tornado cada vez mais importante, investindo em restauro e preservação de obras cearenses, e a Lei Paulo Gustavo inclusive estipulava que os longas realizados com o incentivo para o MIS. O museu possui um acervo composto por mais de 160 mil itens e abriga conjuntos documentais relevantes para a pesquisa e compreensão da história e da cultura do povo cearense. As coleções são constituídas por fotos impressas, fotos de contato, diapositivos, negativos, CD's (áudio e dados), VHS, DVD's, LP's, Fitas Cassete, Cordéis, Películas (8mm, 16mm e 35mm), partituras, documentos e objetos tridimensionais. Discos de música brasileira e internacional (de 78, 45 e 33 e ½ rotações) em CDs e fitas de áudio, de rolo, cassete e microcassete. Também guarda imagens fotográficas, digitais e físicas, de Fortaleza antiga, de outros municípios cearenses, de personalidades, festas e artistas populares, cromos e negativos, filmes de diretores cearenses, registros de danças, festas da Cultura Tradicional Popular, além de cordéis, partituras, depoimentos de personalidades do Ceará e muitos outros objetos que contam a história do estado, registrados em suportes audiovisuais.

Por último, o acervo do Instituto de Cultura e Arte (ICA) da Universidade Federal do Ceará (UFC) tem o objetivo de preservar e difundir os acervos artísticos e culturais do Instituto, que reúne diversos cursos de graduação na área cultural.

5.4 Associações, Entidades de Classe e Crítica de Cinema

Espelhado ao contexto dos cineclubes, há poucas associações firmadas de forma oficial e representativa no meio artístico cearense. Nas reuniões das secretarias municipal e estadual de cultura era perceptível como as linguagens eram, na sua maioria, representadas por pessoas físicas.

O principal fórum representativo é a Siará Cine – Fórum do Audiovisual Cearense, que está em atividade há mais de 10 anos, que reúne pessoas interessadas em debater e discutir o audiovisual cearense, sem a necessidade de representar empresas produtoras ou instituições.

Em junho de 2023, produtoras independentes registradas na Ancine fundaram a CEAVI – Ceará Audiovisual Independente, em cerimônia com a presença do Governo do Estado e do Sebrae Ceará. A fundação teve sua firmeza, principalmente, porque é formada pelas empresas que participam das licitações públicas e que já agiam em conjunto para que os direitos nacionais, inclusive, não fossem perdidos diante da onipresença do Sudeste.

Na 4ª edição do MAN – Mercado do Audiovisual do Nordeste, em outubro de 2024, a cooperação de representantes da CEAVI com demais empresas da CONNE - Conexão Audiovisual nas regiões Centro-Oeste, Norte e Nordeste, colocou em pauta a importância da união para que este processo se mantivesse sendo questionado e exigido. A associação conta hoje com mais de 40 empresas cearenses do setor, incluindo não apenas produção, mas também formação, distribuição e comercialização audiovisual.

Deve-se também citar a importante experiência da Câmara Setorial do Audiovisual Cearense (CSAC). Criada em 2012 como uma das câmaras setoriais ligadas à Agência do Desenvolvimento do Estado do Ceará (Adece), foi voltada a ações que visavam ao desenvolvimento do setor audiovisual cearense como setor econômico gerador de emprego e renda. Entre as conquistas obtidas pela CSAC, destacam-se a elaboração de estudos para o Programa Especial de Fomento (PEF), que, com parceria com a Ancine, gerou editais dos Arranjos Regionais e também os primeiros editais da linha Prodav 02 dos canais de televisão cearenses, TV O Povo (atualmente Canal FDR) e TV Ceará, e também o estande Ceará Filmes no Rio Content Market em 2014.

Num campo distante do mercado da produção, porém próximo no quesito de representação de linguagem, críticos de cinema em atividade no Ceará fundaram a Associação Cearense de Críticos de Cinema (ACECCINE) em 2016, seguindo diretrizes da fundação da entidade nacional, ABRACCINE. Desde então, a entidade vem desenvolvendo ações como revista, júris da crítica e premiações anuais como forma de tornar mais evidente o exercício da crítica como parte da cadeia produtiva do cinema. Em 2023, a associação fez voz para a inclusão da categoria nos editais da LPG – Lei Paulo Gustavo, ação que permitiu, inclusive, a publicação deste livro. Ao organizar os dados referente à quantidade de críticos filiados à entidade nacional, descobrimos que o Ceará é o recordista do Nordeste.

Tabela 3 – Número de associados da Abraccine por UF

Estado	Número de Associados
Ceará	12
Bahia	8
Pernambuco	4
Maranhão	3
Paraíba	3
Sergipe	2
Rio Grande do Norte	1
Alagoas	0
Piauí	0

Essa informação é especialmente interessante porque existem apenas duas associações críticas no Nordeste – além da ACECCINE, a ACCiRN no Rio Grande do Norte. No Ceará, a associação conta atualmente com 28 membros (março/2025). Apesar de não terem registro oficial em cartório, são entidades ativas e que atuam diretamente como parte da percepção também mercadológica do cinema brasileiro.

5.5 Laboratórios, Eventos de mercado, Observatórios

O principal laboratório de desenvolvimento de projetos do estado do Ceará é o Lab Cena 15. Criado em 2013 pela Escola Porto Iracema das Artes — instituição da Secretaria da Cultura do Ceará (Secult) gerida pelo Instituto Dragão do Mar (IDM), o laboratório está em sua 11ª edição em 2024. Ou seja, houve funcionamento contínuo do Laboratório com periodicidade anual durante os últimos onze anos.

O Lab Cena 15 é um laboratório de desenvolvimento de roteiros de longas-metragens e séries de ficção, criado em 2013 pelos cineastas Karim Aïnouz, Marcelo Gomes e Sérgio Machado em parceria com a Escola Porto Iracema das Artes. Tem como proposta geral contribuir com o desenvolvimento do campo audiovisual regional, favorecendo a qualificação profissional de roteiristas, por meio de um intenso programa de formação prático e conceitual, com ênfase no desenvolvimento da escrita dramatúrgica de projetos de longa-metragem e séries de ficção para televisão. Com prioridade para projetos do Ceará e das regiões Norte e Nordeste do país, o programa prevê um processo imersivo de sete meses, que inclui tutorias, oficinas, aulas abertas e outras atividades formativas.

Até 2023, o Lab apoiou a criação de 66 projetos que, após o Laboratório, seguem suas trajetórias, acessando recursos para sua produção ou participando de outros laboratórios, festivais, concursos de roteiro e ambientes de mercado. Entre os longas-metragens cujos projetos foram egressos do laboratório estão *Inferninho*, Guto Parente e Pedro Diógenes; *Represa*, Diego Hoefel; *Fortaleza Hotel*, Armando Praça; e *Casa*, Letícia Simões, entre outros.

O principal evento de mercado no Ceará é o Mercado Audiovisual do Nordeste (MAN), cuja primeira edição foi em 2015, e que teve sua 5ª edição em outubro de 2024.

O 5º MAN foi realizado pela Associação Cultural Cine Ceará, contando com o apoio institucional do Banco do Nordeste, do Governo do Estado do Ceará, por meio da Secretaria da Cultura e da Lei Paulo Gustavo, além do patrocínio da Agência Nacional do Cinema - Ancine. O evento aconteceu no auditório do Banco do Nordeste, no bairro do Passaré, em Fortaleza.

O MAN é um evento de comercialização, difusão e capacitação da produção do audiovisual brasileiro. Tem como objetivo fortalecer a indústria audiovisual e promover negócios entre produtoras brasileiras e players nacionais e internacionais, a fim de ampliar o mercado audiovisual nacional, em especial do Ceará e nas regiões Centro-Oeste, Norte e Nordeste (regiões Conne). Prevê a apresentação de projetos por meio de rodadas de negócios e pitchings abertos para o público.

No momento, o Ceará não apresenta nenhum observatório do setor audiovisual. No entanto, merecem destaque duas pesquisas sobre o mercado local. A principal delas é a Cartografia do Audiovisual Cearense, um amplo mapeamento do mercado local, organizada por Luiz Bizerril em 2012. A pesquisa foi dividida em três eixos: i) eixo histórico, com um histórico da produção de filmes e das salas de cinema no Ceará; ii) pesquisa com seis segmentos do Audiovisual (Animação, Cineclube, Formação, Produção para TV, Curta-metragem e Longa-metragem); iii) levantamento de dados socioeconômicos e de produção do audiovisual cearense. A segunda é um boletim, produzido pelo IPECE (Instituto de Pesquisa e Estratégia Econômica do Ceará) em 2024, com estatísticas do mercado de trabalho formal cearense, especialmente quanto aos vínculos formais por classes CNAE, entre 2010 e 2022.

Referências

BIZERRIL, Luiz (org). *Cartografia do audiovisual cearense*. Fortaleza: Dedo de Moça, 2012.

IKEDA, Marcelo. *Utopia da autossustentabilidade*: impasses, desafios e conquistas da Ancine. Porto Alegre: Sulina, 2021.

IPECE. Desempenho do Setor Audiovisual Cearense - 2010 a 2022. *IPECE informe*, n. 247, junho/2024. Fortaleza: IPECE, 2024.

Mercado audiovisual maranhense

Andréia de Lima Silva

1 Introdução

Este capítulo traz os dados acerca do mercado audiovisual do Estado do Maranhão no período de 2013-2023 e, pontualmente, englobando todo o período dos anos 2000. No Capítulo 2 vamos tratar sobre as empresas audiovisuais, dando destaque àquelas que atuam como produtoras e distribuidoras no estado. No Capítulo 3 vamos expor os dados sobre as salas comerciais de cinema que atuam no estado. No Capítulo 4 vamos trazer informações sobre as obras audiovisuais produzidas e registradas na Ancine, assim como os lançamentos comerciais. Por fim, no Capítulo 5 abordaremos outros eixos, tais como: políticas públicas, formação, associações/entidades de classe, preservação, eventos de mercado, crítica de cinema e pesquisas na área.

2 Empresas audiovisuais

O número de empresas maranhenses registradas na Ancine em 1º de julho de 2024 foi de 190 empresas. Dentre essas empresas, catalogamos 112 que possuem como atividade econômica principal (uma entre as 15 atividades listadas na Tabela 1) o setor audiovisual. No entanto, apenas sete dessas classes CNAEs surgiram entre as empresas catalogadas (ver Gráfico 2). Já entre as empresas em que o setor audiovisual aparece como atividade secundária houve 421 citações de empresas maranhenses entre as 146 empresas que aparecem na lista, o que indica um número grande de empresas que exercem várias atividades do setor audiovisual ao mesmo tempo. Nesse quesito surgiram empresas exercendo 12 das 15 classes CNAES estabelecidas nesta pesquisa (ver Tabela 1). Já as 78 empresas registradas na Ancine que não apresentam o setor audiovisual como atividade principal atuam, principalmente, como agência de publicidade.

Entre as 112 empresas maranhenses que possuem como atividade principal o setor audiovisual houve um maior número de registros na Ancine entre os anos de 2019 e 2023, variando entre 11 e 17 registros. O ano de 2023 foi o que registrou mais empresas na agência.

Gráfico 1: Empresas maranhenses registradas na Ancine por ano (atividade principal: setor audiovisual)

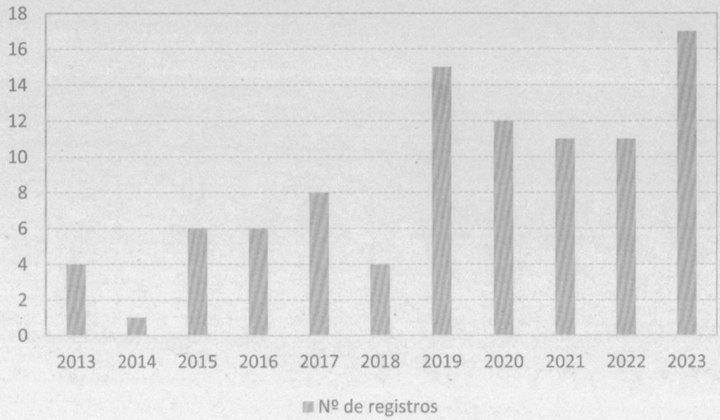

Fonte: OCA/Ancine.

Quanto às atividades desenvolvidas por essas empresas, de acordo com as classes CNAES, temos 36,6% dessas empresas atuando no ramo de atividades de produção cinematográfica; 18,75% atuam com produção de filmes para publicidade; 16,96% desenvolvem atividades de pós-produção cinematográfica; 14,28% são de estúdios cinematográficos. As demais empresas atuam com exibição cinematográfica (6,25%); atividades de televisão aberta (4,46%) e distribuição cinematográfica (2,67%).

Gráfico 2: Empresas audiovisuais maranhenses por atividade

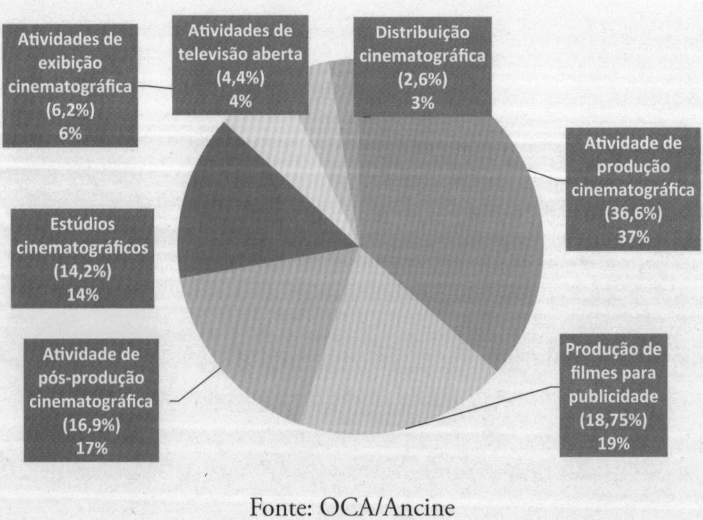

Fonte: OCA/Ancine

Desenvolvemos uma tabela relacionando às 15 classes CNAES ligadas ao setor audiovisual estabelecidas nessa pesquisa e à quantidade de empresas maranhenses atuando em cada uma delas, seja como atividade principal ou secundária. Notamos que uma empresa possui uma atividade principal, mas pode desenvolver várias atividades secundárias. Das empresas com atividades secundárias no setor audiovisual, por exemplo, destaca-se a Climax Filmes, do cineasta Arturo Saboia, que apresenta 10[22] classes CNAES relacionadas às atividades do setor audiovisual. É comum, contudo, que as empresas que possuem uma classe CNAE em sua atividade secundária não exerçam efetivamente essa atividade[23]. Isso acontece, possivelmente, porque a empresa produtora que submeter um projeto nos editais do FSA/Ancine deve ter incluída em seu contrato social pelo menos uma entre as três primeiras classes CNAEs relacionadas na tabela abaixo.

Tabela 1 – Empresas maranhenses registradas na Ancine, por Classe CNAE e Tipo de Atividade (Principal ou Secundária) relativa ao setor audiovisual

Classe CNAE	Principal	Secundaria	Total
Atividades de produção cinematográfica, de vídeos e de programas de televisão não especificadas anteriormente (*)	41	62	103
Produção de filmes para publicidade (*)	21	87	108
Estúdios cinematográficos (*)	16	48	64
Aluguel de fitas de vídeo, DVDs e similares	0	3	3
Atividades de exibição cinematográfica	7	29	36
Atividades de pós-produção cinematográfica, de vídeos e de programas de televisão não especificadas anteriormente	19	82	101
Atividades de televisão aberta	5	15	20
Atividades relacionadas à televisão por assinatura, exceto programadoras	0	5	5

22 Aluguel de fitas de vídeo, DVDs e similares; Atividades de exibição cinematográfica; Atividades de pós-produção cinematográfica, de vídeos e de programas de televisão não especificadas anteriormente; Atividades de produção cinematográfica, de vídeos e de programas de televisão não especificadas anteriormente; Atividades de televisão aberta; Atividades relacionadas à televisão por assinatura, exceto programadoras; Distribuição cinematográfica, de vídeo e de programas de televisão; Estúdios cinematográficos; Produção de filmes para publicidade e Serviços de mixagem sonora em produção audiovisual).

23 A previsão dessa atividade no cartão CNPJ funciona, na prática, como uma possibilidade para a empresa emitir notas fiscais por serviços diversos, em atividades correlatas, ainda que esporádicas, do seu ramo principal de atividade, ou mesmo para poder participar de certos editais, que exigem determinadas classes CNAEs como obrigatórias para a inscrição.

Distribuição cinematográfica, de vídeo e de programas de televisão	3	49	52
Empacotamento de Comunicação Eletrônica de Massa por Assinatura	0	2	2
Operadoras de televisão por assinatura por cabo	0	3	3
Operadoras de televisão por assinatura por micro-ondas	0	0	0
Operadoras de televisão por assinatura por satélite	0	0	0
Programadoras	0	0	0
Serviços de mixagem sonora em produção audiovisual	0	36	36
Total Audiovisual	**112**	**-**	**112**
Empresas registradas na Ancine cujas atividades econômicas não possuem relação com o setor audiovisual como atividade principal	-	-	78
Total de Empresas Maranhenses Registradas na Ancine	**112**	**-**	**190**

Fonte: OCA/Ancine.

(*) Classes CNAEs aptas a serem proponentes dos editais FSA/Ancine.

Ganham destaque, portanto, um número grande de empresas que desenvolvem, tanto como atividade principal quanto secundária, trabalhos nas áreas de produção cinematográfica, de vídeos e de programas de televisão; produção de filmes publicitários e estúdios cinematográficos. Outro item que merece ser destacado é o grande número de empresas (principais e secundárias) que atuam em atividades de pós-produção cinematográfica, de vídeos e de programas de televisão.

Vale uma pontuação, também, sobre o item "Distribuição cinematográfica, de vídeos e de programas de televisão". Neste quesito, apenas três[24] empresas desenvolvem essa tarefa como atividade principal, mas surgem 49 empresas atuando neste setor como atividade secundária. Inclusive, uma delas é uma das principais empresas de distribuição de cinema independente da Região Nordeste: a Lume Filmes.

A história da Lume tem início em 1998, ano seguinte ao lançamento do primeiro curta de Frederico Machado, *Litania da velha* (1997). Naquele ano o cineasta abriu uma locadora chamada *Backbeat,* que disponibilizava, inicialmente, apenas CDs importados, já que o diretor possuía uma coleção de cerca

[24] Coutinho Produções e Eventos – uma empresa pertencente a Jackeline Martins dos Santos e Mayara Coutinho Coelho da cidade de Imperatriz que tem CNPJ de 2012 e registro na Ancine de 2019; F D DA SILVA – ME – empresa do cineasta Erlanes Duarte com CNPJ de abril de 2016 e registro na Ancine no mesmo ano, em dezembro; e a Matraca Filmes – empresa de Rafaela Gonçalves com CNPJ de 2014 e registro na Ancine de 2017.

de 300 CDs. Posteriormente, foram adicionadas obras cinematográficas em formato VHS e, em seguida, os DVDs. Segundo[25] Machado, essa foi a época em que a empresa mais lucrou, passando a trazer e comercializar para outras empresas do ramo produções estrangeiras inéditas para o Brasil.

Em seguida, em 1999, veio a criação da Lume Filmes, que, inicialmente, funcionou como exibidora. Na época, Frederico Machado era o responsável pelo arrendamento do Cine Praia Grande. Naquele espaço, no início dos anos 2000, foram realizados os primeiros festivais internacionais de cinema organizados pelo diretor: o Festival Internacional de Cinema do Maranhão. A produção desses eventos fez com que Machado estreitasse as relações com várias distribuidoras internacionais, possibilitando, assim, que as suas obras circulassem mais facilmente quando fossem lançadas (Silva, 2024, p. 159).

Em 2011 a Lume ampliou a sua atuação para o setor de distribuição. Segundo dados da OCA/Ancine, a empresa distribuiu, entre 2011 e 2022, 34 filmes em salas de cinema no Brasil. São filmes brasileiros e estrangeiros que atuam no nicho de cinema considerado independente e/ou autoral e que, geralmente, circulam em festivais nacionais e internacionais. Em 2013 foi a vez de o cineasta criar a sua própria rede exibidora: o Cine Lume.

> Quando Frederico Machado lançou, em 2013, o seu primeiro longa-metragem *O exercício do caos,* ele já possuía, portanto, todo o aparato necessário para produzir, distribuir e exibir as suas obras. Ele havia criado o próprio tripé de mercado por meio da abertura da Lume Filmes. Essa foi, provavelmente, uma estratégia de sobrevivência no mercado cinematográfico brasileiro, tendo em vista que a circulação de filmes do circuito independente é restrita a poucas salas de cinema, normalmente espaços voltados para o "cinema de arte". No Brasil, em 2022, apenas 3,66% das salas de cinema[26] são direcionadas para este segmento. (Silva, 2024, p. 160)

Outra distribuidora de destaque no Maranhão foi a Petrini Filmes, criada em 2010 pelo produtor ítalo-brasileiro[27] Rafaelle Petrini. Conforme informações da Ancine/OCA, a empresa atuou como distribuidora nacional

[25] Entrevista concedida à pesquisadora em 10 de julho de 2023.

[26] Segundo dados do site Filme B, o Brasil tinha em 2022 um total de 125 salas de cinema classificadas como "de arte", em um total de 3.415 salas no país (Ancine/OCA).

[27] Rafaelle Petrini tem pai italiano e mãe brasileira (de São Luís). Ele nasceu em Cagliari, na Itália, e passou a infância e a adolescência entre os dois países. Já adulto, ele se mudou para São Luís, onde se estabeleceu profissionalmente, atuando como produtor, distribuidor, curador de festivais e mentor da Escola de Cinema do Maranhão.

entre os anos de 2011 e 2014. Nesse período, a empresa lançou nove filmes[28], sendo dois[29] deles brasileiros. Os lançamentos da Petrini ganharam destaque em festivais importantes do Brasil. Entre essas obras, podemos destacar: a coprodução Itália-Suíça *Que mais posso querer* (2011), de Silvio Soldini; o francês *L'Apollonide - Os Amores da Casa de Tolerância* (2011), de Bertrand Bonello, e o polêmico filme sérvio *A Serbian Film – Terror sem limites* (2011), de Srdjan Spasojevic, que chegou a ser proibido[30] de ser exibido nos cinemas brasileiros devido às cenas de pedofilia, sexo explícito, crueldade e necrofilia. A repercussão de *A Serbian Film* trouxe notoriedade para a distribuidora maranhense. Contudo, a empresa está inapta[31] desde 2018, quando Petrini voltou[32] a residir em Cagliari, na Itália.

Por fim, cabe destacar, em nossa tabela, a ausência de empresas maranhenses, tanto como atividade principal quanto secundária, em três classes CNAES: operadoras de televisão por assinatura por micro-ondas, por satélite e programadoras.

2.1 Classificação de nível

No quesito empresas que possuem classificação de nível como empresa produtora apta a ser proponente nos editais do Fundo Setorial na Ancine, 125 empresas maranhenses entraram neste segmento. A maior parte delas, 120 ou

---

28 Filmes lançados pela Petrini: o filme sérvio *A Serbian film – Terror sem limites* (2011), de Srdjan Spasojevic; a coprodução Itália/Suíça *Que mais posso querer* (2011), de Silvio Soldini; o ítalo-turco *Saturno em oposição* (2011), de Ferzan Özpetek; o francês *L'Apollonide - Os Amores da Casa de Tolerância* (2011), de Bertrand Bonello; o holandês *Movimento Browniano* (2012), de Nanouk Leopold; o brasileiro *As Horas Vulgares* (2013), de Vitor Graize e Rodrigo de Oliveira; o italiano *Beije-me outra vez* (2013), de Gabriele Muccino; o americano *Crazy horse* (2013); e o brasileiro *Mar Negro* (2014), de Rodrigo Aragão.

29 *As Horas Vulgares* (2013), de Vitor Graize e Rodrigo de Oliveira, e *Mar Negro* (2014), de Rodrigo Aragão, são duas produções capixabas (Patuléia Filmes e Fábulas Negras Produções Artísticas, respectivamente).

30 A matéria publicada em 29.07.2011 no portal do G1 explica um pouco mais sobre essa proibição: https://g1.globo.com/pop-arte/noticia/2011/07/suspenso-no-brasil-serbian-film-teve-robos-usados-em-filmagens.html.

31 Em entrevista concedida à pesquisadora (14.12.2022), Petrini nos informou que a empresa fechou em 2018, quando ele deixou de administrar o Cine Praia Grande e se mudou para a Itália.

32 Em 2023 Rafaelle Petrini fundou a Cat People Distribuzione, em Cagliari – capital da ilha italiana da Sardenha. Na página do Instagram da distribuidora @catpeoplefilm há o nome dos filmes distribuídos pela empresa na Itália: *Cannibal Holocaust* (1980), de Ruggero Deodato, e *Profondo Rosso* (1975), de Dario Argento.

96%, são classificadas como Nível 1. Apenas quatro empresas possuem nível de classificação maior que 1: F D da Silva – ME (Nível 2); Frederico da Cruz Machado (Nível 4); J C Comunicações Eireli (Nível 4) e Guarnicê Produções Eireli (Nível 5).

Entre os 217 municípios maranhenses, apenas 12 ou 5,52%, possuem empresas com classificação de nível registradas na Ancine. A capital São Luís concentra a maioria dessas empresas (81,6%). No interior, apenas a cidade de Imperatriz possui um número relevante de empresas cadastradas (8%). As demais cidades possuem apenas uma ou duas empresas registradas.

Gráfico 3: Produtoras maranhenses registradas na Ancine e aptas a serem proponentes nos editais do FSA por município - 2024

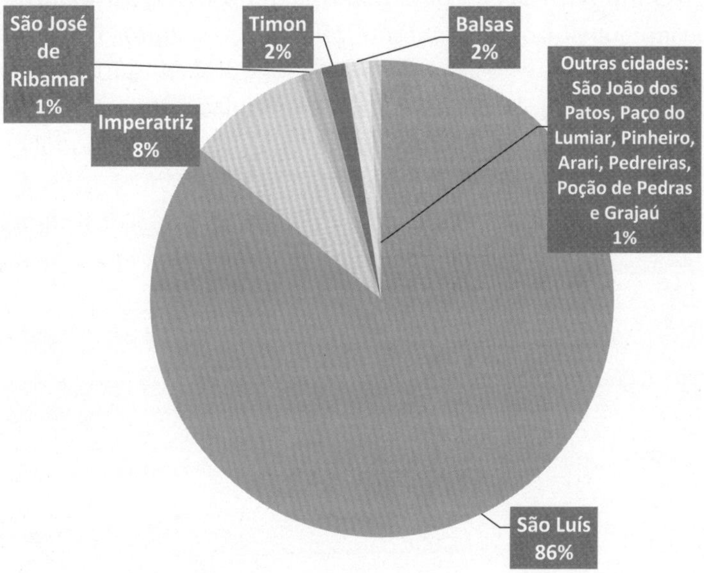

Fonte: OCA/Ancine.

Quatro empresas maranhenses possuem nível de classificação acima de um:

1. **F D da Silva – ME** (Nível 2) – produtora cujo nome fantasia é Raça Ruim Filmes, pertencente ao cineasta Erlanes Duarte, idealizador da saga que mais levou público aos cinemas maranhenses: a saga *Muleque té doido*. Em sua produtora há quatro CPB's vinculados. Todos são obras suas;
2. **Frederico da Cruz Machado** (Nível 4) – produtora cujo nome fantasia é Lume Filmes. A empresa é gerida pelo cineasta Frederico

Machado. Além de produtora, a Lume atua como distribuidora de filmes e exibidora (Cine Lume). Há 21 CPB's relacionados à empresa, entre curtas, médias, longas e séries. As obras variam entre filmes do próprio diretor e outros cineastas;

3. **J C Comunicações Eireli** (Nível 4) – produtora cujo nome fantasia é Steady Filmes. A sócia-administradora se chama Margareth Gomes de Moura. São 7 CPB's vinculados à empresa;
4. **Guarnicê Produções Eireli** (Nível 5): empresa pertencente ao empresário e cineasta Joaquim Haickel. Na listagem da OCA/Ancine há 3 CPB's vinculados ao nome do proprietário da empresa.

O Brasil possui apenas 63 empresas de Nível 5, a maioria delas localizada nas regiões Sul e Sudeste. Na Região Nordeste apenas três estados possuem empresas com esse nível de classificação: Bahia, Pernambuco e Maranhão. Cada um com apenas uma empresa com esse nível de classificação. Daremos destaque, portanto, à maranhense Guarnicê Produções.

Um dado interessante sobre a empresa é que o seu registro formal data do ano de 2013. Contudo, segundo Joaquim Haickel[33], a produtora existe informalmente desde 1984[34]. Assim, quando foi registrada, o produtor teve o cuidado de associar à produtora tudo o que foi realizado por ela nas décadas anteriores, assim como estabeleceu uma rede que se vinculou a ela, já que já estavam em funcionamento, sob o seu comando, a Fundação Nagib Haickel e o Museu da Memória Audiovisual do Maranhão (Mavam) – esta última também registrada na Ancine como empresa produtora que, embora esteja registrada no nome de outra pessoa[35], quem assume publicamente a empresa é Joaquim Haickel.

---

[33] Entrevista de Joaquim Haickel concedido à pesquisadora em 14 de julho de 2023.

[34] Naquela época foi criada uma revista cultural intitulada Revista Guarnicê, uma produção dos artistas locais Joaquim Haickel, Celso Borges, Roberto Kenard e Paulo Coelho. As primeiras edições foram encartadas no Jornal O Estado do Maranhão, mas devido ao grande alcance do empreendimento logo se desvinculou do veículo. Naqueles anos havia, também, o programa radiofônico de músicas maranhenses veiculado na Rádio Mirante chamado *Tempo de Guarnicê*. Por conta da publicação da revista, foi criada uma gráfica (Guarnicê) que logo se tornou editora. Joaquim permaneceu na revista por um tempo, mas logo abandonou o projeto, já que paralelamente já se dedicava à carreira política. A revista circulou até 1986.

[35] Miriam Martins do Vale de Souza. Não descobrimos informações sobre ela.

3 Exibição/Difusão

3.1 Salas de cinema

Segundo os dados do OCA/Ancine, em 01/07/2024 o Maranhão possuía 55 salas comerciais de cinema, mesmo número do final de 2023 – um crescimento de 66,67% em relação aos números de 2014 (33 salas).

Gráfico 4 - Número de salas comerciais de cinema no Maranhão 2014/2023

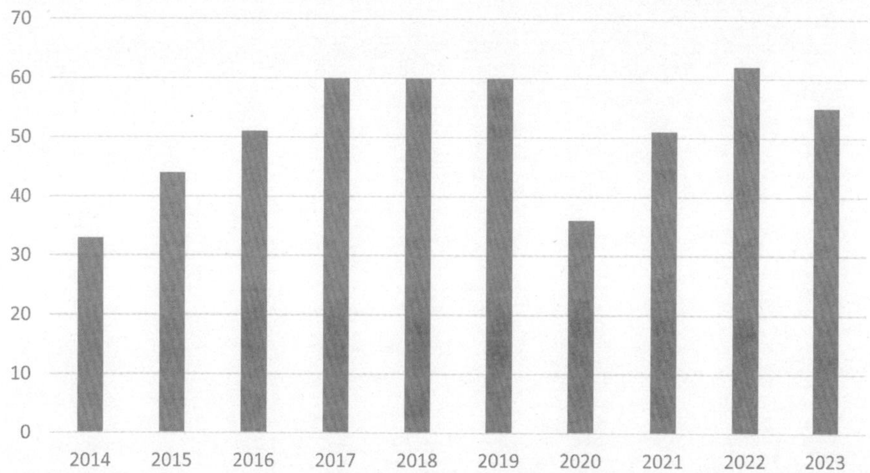

Fonte: OCA/Ancine.

O Maranhão possui 217 municípios, e, desses, apenas 9 municípios ou 4,14% tem salas comerciais de cinema. São Luís detém 45%, ou seja, quase metade desse número de salas. Em segundo lugar temos a cidade de Imperatriz, com 14% do número de salas. Depois vem São José de Ribamar, com 10,9%. As demais cidades variam entre duas e quatro salas: Santa Inês (2); Caxias (2); Balsas (2); Timon (4); Pedreiras (2) e Açailândia (2).

Gráfico 5: Municípios maranhenses com e sem salas de cinema

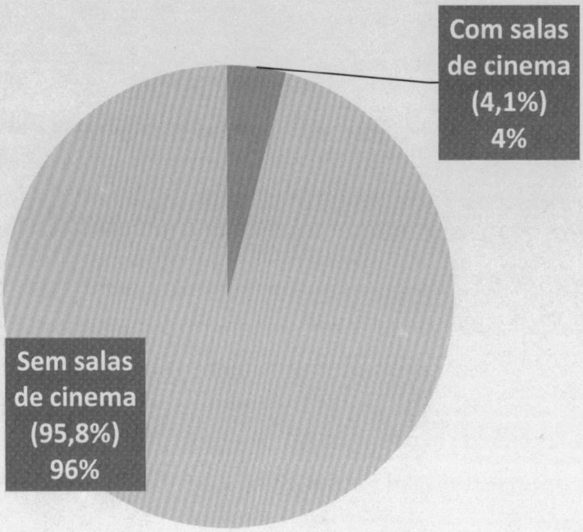

Fonte: OCA/Ancine.

Gráfico 6: Salas comerciais de cinema no Maranhão por município

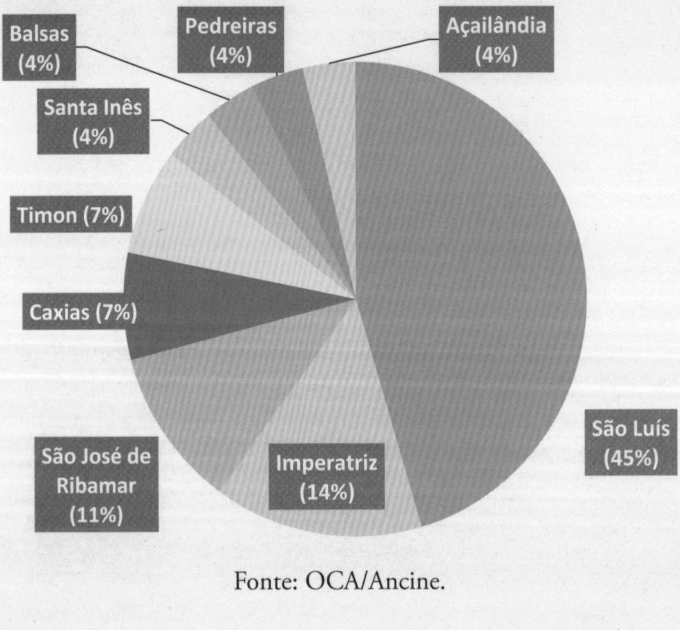

Fonte: OCA/Ancine.

O maior complexo cinematográfico do estado é o Cinépolis, com 10 salas de cinema, localizado no São Luís Shopping. Em seguida temos a parceria entre UCI e o Grupo Kinoplex (UCI Ribeiro), com 7 salas, no Shopping da Ilha. Ambos os complexos estão na capital São Luís e pertencem a grupos estrangeiros. Em terceiro lugar, temos o complexo nacional Centerplex, com 6 salas, no Pátio Norte Shopping, no município de São José de Ribamar. Em quarto lugar temos o Cinesystem, complexo nacional localizado em Imperatriz e que possui 5 salas de cinema. Os demais cinemas são grupos nacionais que possuem entre 1 e 4 salas: Cine Star (Imperatriz, 3 salas); Cinex (São Luís, 3 salas); Grupo Cine (Santa Inês, 2 salas); Kinoplex (São Luís, 4 salas); Multicine (Caxias, 4 salas); Playcine (Balsas, 2 salas); Cine Cocais (Timon, 4 salas); Cine Lume (São Luís, 1 sala); Mobi Cine (Açailândia, 2 salas).

Atualmente o Maranhão possui apenas uma sala de cinema com programação voltada para o cinema independente. Trata-se do Cine Lume, do cineasta e empresário Frederico Machado, localizado na capital São Luís. O cinema foi criado em 2013, gerenciado pela Produtora Lume filmes. A empresa também foi responsável pelo gerenciamento, através de arrendamento, do Cine Praia Grande[36] e já administrou a sala de cinema PlayCine, na cidade de Balsas (MA). O Cine Praia Grande já foi gerenciado, também, por Rafaelle Petrini, responsável pela Distribuidora Petrini filmes.

3.2 Festivais e mostras

O Maranhão possui um dos festivais mais longevos do Brasil: o *Festival Guarnicê de Cinema*. Em 2025, o festival vai para a sua 48º edição, sendo considerado o evento mais importante do calendário cinematográfico do estado. O evento é promovido pelo Departamento de Assuntos Culturais (DAC) – pertencente à Pró-Reitoria de Extensão e Assuntos Estudantis (PREXAE), da Universidade Federal do Maranhão.

Nas duas décadas dos anos 2000, surgiram novos festivais e mostras que impulsionaram o setor cinematográfico no estado. O principal destaque, sem dúvida, é o *Festival Maranhão na Tela*, criado pela produtora Mavi Simão em 2007. O evento nasceu com o objetivo de ser um espaço para desenvolver o mercado cinematográfico do Maranhão, promovendo ações para capacitar

---

[36] O Cine Praia Grande é uma sala de cinema independente que faz parte de um centro cultural no centro histórico de São Luís que reúne teatro, biblioteca, espaço para exposição e realização de oficinas: o Centro de Criatividade Odylo Costa, Filho. O complexo surgiu em 1992 e pertence à Secretaria de Cultura do Estado e se encontra fechado para exibição comercial desde 2018.

os profissionais que já atuavam na área, assim como fornecer as primeiras lições para quem estava iniciando a sua jornada no setor. Em 2016, houve a primeira edição do Maranhão na Tela com uma categoria voltada exclusivamente para as produções maranhenses.

Novos produtores culturais do audiovisual maranhense surgiram e lançaram três festivais importantes, realizados na capital do estado, entre eles a *Mostra Novo Cinema Maranhense*, criada em 2015, com o objetivo de apresentar essa nova produção cinematográfica e os novos realizadores que estavam despontando no estado. Já as Mostras Internacional de Cinema de São Luís (2017) e *Mostra Quelly* (2019) visavam apresentar aos maranhenses um panorama atualizado do cinema contemporâneo a partir de diferentes perspectivas. Trata-se, portanto, de uma cena que vem crescendo e ganhando novos espaços.

3.3 Cineclubes e Plataformas de streaming locais

Não há cineclubes maranhenses registrados no Conselho Nacional de Cineclubes Brasileiros[37]. É possível, contudo, que hajam cineclubes em funcionamento no estado sem esse registro. Não tivemos oportunidade de realizar essa catalogação.

Em 2016, Frederico Machado criou o Lume Channel, inicialmente chamado de Indie Cine, o canal se enquadrava na categoria vídeo sob demanda (VoD). O Lume Channel durou aproximadamente três anos e funcionava com uma mensalidade no valor de R$ 19,90. O cineasta explica[38] que o espaço fechou porque tinha um custo muito alto com manutenção da equipe técnica e não tinha assinantes. O canal apresentava uma cartela de cerca de 500 filmes internacionais.

4 Obras audiovisuais produzidas

4.1 Obras produzidas (CPBs)

Entre 2000 e 2023 o Maranhão registrou 177 Certificados de Produtos Brasileiros (CPBs) na Ancine. Entre esses registros temos 137 obras não seriadas e 40 obras seriadas. Entre os tipos de obras seriadas e não seriadas, foram produzidos animações, documentários, ficções, reality show, variedade e obras não classificadas.

---

37 Para conhecer os cineclubes do Conselho, acesse: https://blogs.utopia.org.br/cnc/cineclubes-brasileiros/.

38 Entrevista concedida à pesquisadora em 10 de julho de 2023.

Gráfico 7: CPBs de obras seriadas e não seriadas registradas na Ancine entre 2000 e 2023

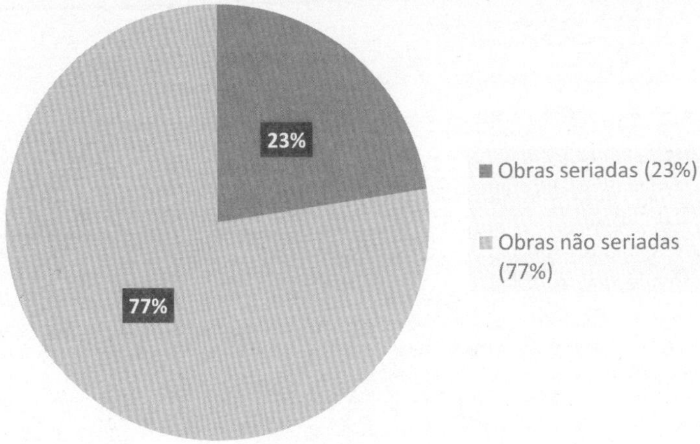

Fonte: OCA/Ancine.

Entre as obras não seriadas temos: 33 curtas-metragens, 33 médias-metragens, 30 longas-metragens, 10 obras não classificadas e 31 vídeos musicais. Entre as obras cinematográficas, quatro são animações, 43 documentários e 49 ficções.

Gráfico 8: Tipo de obra não seriada com CPB registrado na Ancine

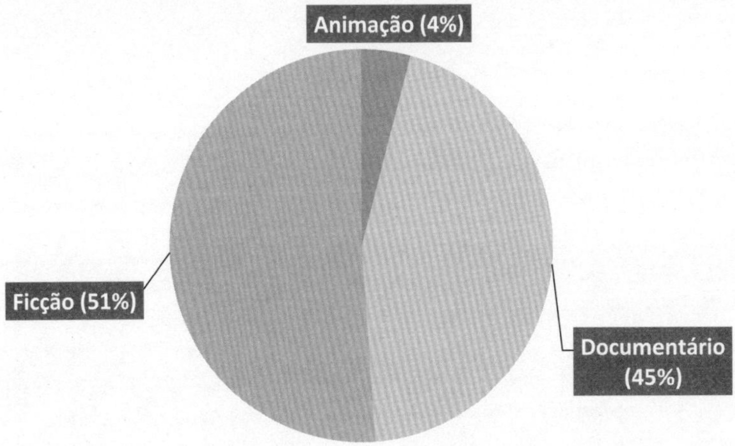

Fonte: OCA/Ancine.

Entre as 40 obras seriadas, 23 possuem uma temporada e 14 possuem temporadas múltiplas. Essas obras dividem-se em: animações (7), documentários (27), ficções (3), não classificadas (1), reality show (1) e variedades (1). Treze[39] produtoras aparecem associadas a essas obras. Dentre elas, destacamos as empresas ligadas aos cineastas Joaquim Haickel, Frederico da Cruz Machado e Mavi Simão, nomes importantes da cinematografia do estado.

Entre os 217 municípios maranhenses, apenas cinco, ou 2,3%, tiveram CPBs registrados na Ancine: São Luís (149 obras), São José de Ribamar (21 obras), Imperatriz (3 obras), Porção de Pedras (3 obras) e Itinga do Maranhão (1 obra).

Gráfico 9: Cidades maranhenses que possuem CPBs com registro na Ancine

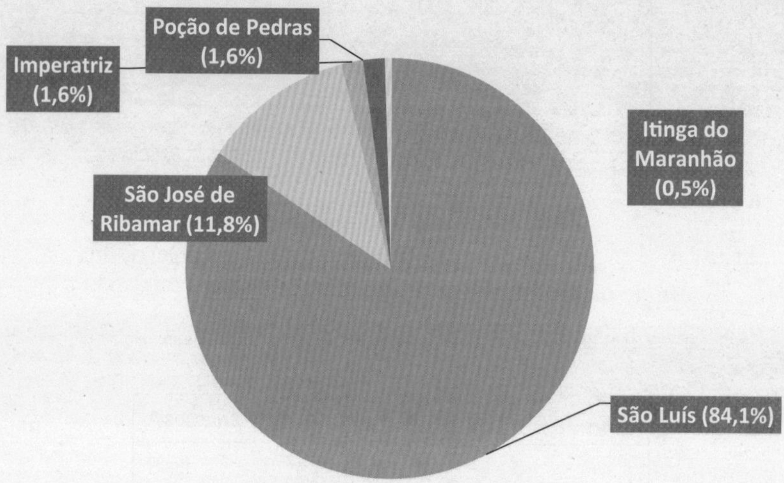

Fonte: OCA/Ancine.

Entre as cidades citadas, cabe destacar duas: Poção de Pedras e Itinga do Maranhão. Tratam-se de duas cidades relativamente pequenas, com população variando[40] entre 17 e 23 mil habitantes. No entanto, essas cidades pro-

[39] Baby Studios; Catirina Filmes; D. T. Produções e Eventos; Dupla Criação & Publicidade; Frederico da Cruz Machado; Fundação Nagib Haickel; Guarnicê Produções; J C Comunicações Eireli; Joan Carlos Santos Produções; Mil Ciclos Produção Audiovisual; Museu da Memória Audiovisual do Maranhão; P B Produções Audiovisuais; Sistema Integrado de Comunicação e Sotaque Filmes.

[40] De acordo com o Censo 2022 do IBGE, Poção de Pedras possui 17.161 mil habitantes, e Itinga do Maranhão 22.513 mil habitantes. Dados disponíveis em: https://cidades.ibge.gov.br/.

duziram quatro obras de longas-metragens de ficção que foram distribuídas[41] comercialmente, mesmo sem esses municípios possuírem salas de cinema.

Em Poção de Pedras, temos a produtora TvM Filmes, do cineasta Cícero Filho. A empresa é responsável pelo CPB de três obras do diretor: *Entre o amor e a razão* (2006), *Ai que vida!* (2007) e *Flor de Abril* (2012). Um dado curioso é que, quando os dois primeiros longas do cineasta poção-pedrense foram lançados, a empresa não possuía nem CNPJ nem registro na Ancine. Os mesmos só foram realizados em 2009 e 2010, respectivamente. Já a cidade de Itinga do Maranhão é a sede da produtora Juçara Filmes, de Hélio Amaral, responsável pelo CPB do longa *Os caipiras em busca de um sonho* (2019), obra do produtor. A empresa não foi registrada na Ancine, e por isso o CPB do mesmo está vinculado ao CPF do realizador.

4.2 Lançamentos comerciais

De acordo com os registros do OCA/Ancine, de 1995 a 2023, o Estado do Maranhão lançou comercialmente 10 longas-metragens, ocupando assim a 4ª posição[42] entre os estados da Região Nordeste. Todos os filmes são de ficção, sendo 4 dramas, 5 comédias e 1 filme de terror. Cinco[43] cineastas são citados na tabela, sendo apenas uma mulher. Dois desses diretores não são do Estado: Odorico Mendes e Diego Freitas. Eles foram cineastas convidados para dirigir as obras maranhenses. Tratam-se de coproduções entre produtoras maranhenses e de outros estados. *O Dono do Mar* (2007) é uma coprodução MA/SP; já *Tire 5 Cartas* (2023) é uma coprodução MA/RJ. Podemos observar a listagem completa de longas maranhenses a seguir:

---

41 Os filmes da TvM Filmes foram distribuídos em salas de cinema das cidades de São Luís (MA) e Teresina (PI), já que o seu produtor atua profissionalmente nos dois estados. Já *Os Caipiras em busca de um sonho* (2019) foi exibido por apenas uma semana, em uma única sala, no Cine System do Shopping Imperial, em Imperatriz (MA), porém, foi distribuído em nove plataformas de *streaming*: Looke, Microsoft TV, Prime Video, Vivo Play, iTunes tv+, Now Net Claro, Google TV, YouTube Filmes e Google Play Movies & TV. Nenhum desses filmes teve Certificado de Registro de Título (CRT) na Ancine, por isso as obras não aparecem na listagem de filmes brasileiros distribuídos comercialmente lançada anualmente pela Agência.

42 Os estados mais produtivos são Pernambuco (1ª posição), Ceará (2ª posição) e Bahia (3ª posição).

43 Na tabela do OCA/Ancine, Erlanes Duarte e Francisco Duarte da Silva são a mesma pessoa. Erlanes é apenas o nome artístico do diretor.

Tabela 2 - Filmes Maranhenses lançados comercialmente e registrados na Ancine

Ano	Título	Direção	Empresa Produtora Brasileira Majoritária	Distribuidora	Máximo de Salas	Número de Ingressos	Renda (R$) acumulada
2007	O Dono do Mar	Odorico Mendes	C B P C Centro Brasileiro De Produção Cultural/ Chroma Filmes/ Planifilmes	Pandora	14	4.062	22.101,00
2013	O Exercício do Caos	Frederico Machado	Lume Filmes	Lume Produções cinematográficas	9	4.880	37.326,80
2016	Muleque Té Doido 2: A Lenda De Dom Sebastião	Erlanes Duarte	Rafaela Gonçalves	Rafaela Gonçalves	17	69.753	893.822,57
2016	O Signo Das Tetas	Frederico Machado	Lume Filmes	Lume Produções cinematográficas	6	373	15.437,60
2017	Lamparina Da Aurora	Frederico Machado	Lume Filmes	Lume Produções cinematográficas	17	2.115	170.706,00
2019	Muleque Té Doido! - Mais Doido Ainda	Erlanes Duarte	Raça Ruim Filmes	Raça Ruim Filmes	12	12.471	170.706,00
2021	Curupira O Demônio Da Floresta	Francisco Duarte da Silva	F D Da Silva - Me	O2 Play	11	1.104	18.880,65
2022	De Repente Drag	Rafaela de Oliveira Gonçalves	Matraca Filmes Eireli	Elo Company	8	898	15.801,20
2023	Muleque Té Doido 4 - Morreu Maria Preá!	Francisco Duarte da Silva	F D Da Silva - Me	O2 Play/Raça Ruim filmes	8	22.823	430.975,88
2023	Tire 5 Cartas	Diego Henrique Dantas Freitas	Guarnicê Produções Eireli	Eh! Filmes / Vinny Filmes	139	13.194	214.973,37

Fonte: OCA/Ancine.

É importante destacar alguns pontos dessa tabela: 70% da produção lançada comercialmente e registrada na Ancine são trabalhos de apenas dois cineastas: Frederico Machado (três longas) e Erlanes Duarte (quatro longas). Os dois possuem trajetórias e opções artísticas díspares. Frederico Machado teve uma formação cinéfila desde a infância. Já produziu curtas, médias, longas e séries. Os seus filmes são sempre lançados em festivais importantes, nacional e internacionalmente, buscando, recorrentemente, o respaldo da crítica cinematográfica nesses lançamentos. Já Duarte começou a sua trajetória como músico, profissão em que atuou (e atua) por longos anos antes de adentrar no mundo cinematográfico. Com formação publicitária, o cineasta tem como foco a produção de obras que levem um grande público às salas de cinema.

Outro dado relevante é que, de acordo com a tabela 2, a distribuição dos longas maranhenses foi proporcional entre empresas locais e empresas distribuidoras de circulação nacional. Tivemos, também, 90% dos filmes sendo distribuídos em até, no máximo, 17 salas. Apenas um filme foi exibido em mais de uma centena de salas. Trata-se do filme *Tire 5 Cartas* (2023), distribuído em 139 salas de cinema. Contudo, a distribuição em um grande número de salas de cinema não refletiu proporcionalmente nem no público nem na renda desta obra. O longa com maior renda acumulada e público entre os filmes maranhenses foi *Muleque té doido 2 – A Lenda de Dom Sebastião* (2016), de Erlanes Duarte, que arrecadou quase 900 mil reais e levou cerca de 70 mil espectadores para as salas de cinema.

Os números deste segundo longa da saga *Muleque té doido* ultrapassaram as fronteiras do estado, apesar de ter sido distribuído apenas em salas de cinema da capital maranhense. O filme ficou na 25ª posição de público entre os 146 filmes brasileiros lançados em 2016 (Silva, 2024, p. 114). O grande sucesso do longa levou o diretor a produzir, no total, quatro filmes desta saga, tornando a sequência de filmes maranhenses, possivelmente, uma das mais longevas[44] do cinema brasileiro.

Podemos destacar, também, a disparidade entre o número de longas lançados comercialmente e registrados na Ancine e o número de longas catalogados com CPB registrados na Agência. Enquanto comercialmente foram lançados 10 filmes, os registros de CPB nesta categoria na Agência são de 30 filmes, sendo 13 documentários e 17 ficções. Percebe-se, portanto, a priori-

---

44 A referência é para filmes sequenciados, em que o enredo tem continuidade nos filmes subsequentes, diferente dos inúmeros filmes de *Os Trapalhões*, por exemplo, em que o quarteto tem uma nova história a cada filme lançado.

zação do lançamento comercial de obras de ficção e, ainda assim, 41% dessas obras não alcançaram as salas comerciais de cinema.

Na catalogação que realizamos na tese de doutorado (Silva, 2024) sobre o mercado cinematográfico maranhense no século XXI, surgem outras obras de ficção lançadas comercialmente em salas de cinema do estado, mas que escaparam dos dados oficiais da Ancine, já que muitas delas foram exibidas sem CPB ou mesmo sem CRT. Na listagem temos os três longas do cineasta maranhense, radicado no Piauí, Cícero Filho: *Entre o amor e a razão* (2006), *Ai que Vida!* (2007) e *Flor de Abril* (2012). O primeiro longa da saga de Erlanes Duarte, *Muleque té doido!* (2024), também se encontra neste segmento. As outras obras listadas são: *Marilha, amor pra 400 anos* (2012), de Nilson Takashi; *Crepúsculo – boca da noite* (2015), da companhia de teatro imperatrizense Okazajo; *Jangada* (2017), de Luís Mário Oliveira; e *Os caipiras em busca de um sonho* (2019), de Hélio Amaral.

5 Outros Eixos

5.1 Políticas Públicas

A Lei Estadual nº 7.844[45], de 31 de janeiro de 2003, instituiu – durante a gestão do governador José Reinaldo Tavares (PFL) – a Gerência de Estado da Cultura (GESC) no Maranhão, hoje chamada de Secretaria de Estado da ultura. À época foram absorvidos para atuar na pasta os servidores lotados na Fundação Cultural do Maranhão (FUNC-MA). Foi somente em 2011, por meio da Lei de Incentivo à Cultura (Lei 9.437), que foi criada uma legislação específica para delegar sobre os assuntos culturais do estado. A lei foi instituída durante o governo de Roseana Sarney (PMDB) a partir do projeto de lei do então Deputado Estadual Joaquim Haickel, responsável atualmente pela empresa produtora com maior nível de classificação na Ancine: Guarnicê Produções Eireli.

O Estado do Maranhão não dispõe de nenhuma lei específica que contemple o audiovisual da região. A nível estadual os produtores têm que recorrer ao dispositivo legal da Lei de Incentivo à Cultura. Somente a partir de meados dos anos 2000 começaram a surgir programas e editais federais que incidiram sobre o Maranhão. Em 2006, por exemplo, surgiu o Programa

---

[45] Para consultar a lei, acesse: acesse: https://leisestaduais.com.br/ma/lei-ordinaria-n-7844-2003-maranhao-dispoe-sobre-a-reorganizacao-administrativa-do-estado-com-alteracao-da-lei-n-7356-de-29-de-dezembro-de-1998-e-da-lei-n-7-734-de-19-de-abril-de-2002-e-da-outras-providencias.

de Apoio ao Desenvolvimento do Audiovisual Brasileiro (PRODAV). A ação governamental foi organizada com base nos recursos do Fundo Setorial do Audiovisual (FSA) e destinada a induzir o desenvolvimento do mercado brasileiro de conteúdos audiovisuais.

Em 2015 uma parceria entre o Fundo Setorial da Ancine e o governo estadual do Maranhão lançou o Edital SECMA nº 01/2015. Na ocasião o Tesouro Estadual contribuiu com um milhão de reais e o FSA com dois milhões. Foram contemplados 14 projetos: dois longas-metragens (1 ficção e um documentário); dois telefilmes (2 ficções) e 10 curtas (1 animação, 4 ficções e 5 documentários).

Em 2019 houve novamente uma parceria e foi lançado o Edital SECMA nº 07/2019. Dessa vez o Tesouro Estadual contribuiu com um milhão de reais e o FSA com cinco milhões. Foram contemplados 31 projetos: 16 curtas-metragens e 15 projetos subdivididos nas categorias longas-metragens, Festivais/Mostras e capacitação técnica.

Em 2021, devido à situação emergencial de saúde pública ocasionada pela Covid-19, foi lançada a Lei de emergência Cultural Aldir Blanc. A proposta era contemplar todos os estados da federação Assim, no Maranhão o Edital nº 04/2021 – UGCAC/SECMA previu a contemplação de 80 projetos na categoria *web-documentário*, cada um deles recebendo R$ 10 mil. A lei também abarcou outras categorias artísticas: Literatura, Artesanato, Projetos, *Games*, Dança, Música, Fotografia, Patrimônio Imaterial, Culturas Populares e Tradicionais, Teatro e Circo e Artes Plásticas.

Em 2022, o governo federal, por meio do Ministério da Cultura, lançou a Lei Complementar nº 195 (Lei Paulo Gustavo). O repasse total para o país foi da ordem de R$ 3,862 bilhões. Desse montante, o Maranhão recebeu R$ 81.187.997,90, o que corresponde a 2,10% desse investimento. Na Região Nordeste, o estado ficou na quarta posição, atrás de Bahia (3,79%), Pernambuco (2,59%) e Ceará (2,47%).

Dos 217 municípios maranhenses, apenas sete receberam recursos na ordem de mais de 1 milhão de reais: 1º) São Luís – R$ 9.722.671,53; 2º) Imperatriz - R$ 2.153.037,98; 3º) São José de Ribamar - R$ 1.601.432,95; 4º) Timon - 1.538.899,01; 5º) Caxias - 1.503.171,27; 6º) Paço do Lumiar - R$ 1.434.306,36 e 7º) Codó - R$ 1.008.673,64. Podemos observar que a maioria dos municípios que recebeu essa verba está economicamente ligado a alguma capital: São Luís ou Teresina, exceto Imperatriz, segunda maior cidade em termos populacionais, localizada ao sul do estado.

5.2 Formação

O Maranhão não possui curso superior na área de Cinema e/ou Audiovisual. Três estados na Região Nordeste não possuem cursos superiores nessa área: Maranhão, Piauí e Alagoas. Está em processo de tramitação na UFMA a mudança de nomenclatura o Curso de Rádio e TV para Audiovisual. Não se sabe ainda, contudo, se haverá uma mudança substancial na grade curricular que contemple disciplinas do curso de Cinema.

Durante décadas, os interessados em ter algum tipo de formação na área de cinema dentro do estado deveriam procurar as atividades lançadas esporadicamente em festivais de cinema, como oficinas, mesas redondas, palestras. Foi somente em 2015 que surgiu o primeiro curso fixo de cinema no estado: A Escola Lume de Cinema. Trata-se de uma escola privada do cineasta Frederico Machado que faz parte do aparato que envolve a produtora/distribuidora LUME Filmes. A escola nasceu, inicialmente, como projeto de ser um curso anual dividido em módulos, porém, posteriormente, foram ofertados apenas cursos livres, práticos e/ou teóricos de cinema.

Em 2016 surgiu a Escola de Cinema do Maranhão. Uma unidade vocacional do Instituto Estadual de Educação, Ciência e Tecnologia (IEMA), vinculado, inicialmente, à Secretaria da Ciência, Tecnologia e Inovação (SECTI) e, posteriormente, à Secretaria de Estado da Educação (Seduc/MA). A escola nasceu com a proposta de oferecer um curso técnico subsequente[46] e, também, uma Formação Inicial Continuada (FIC). Os cursos contam com carga horária mínima de 160h. Os cursos técnicos têm carga horária semanal de 20h, os cursos FIC de 16h semanais e as oficinas têm, pelo menos, 8h ao total.

Esses dois cursos são considerados fixos, porém têm funcionado de forma descontinuada ao longo dos anos, não tendo sido oferecidos regularmente de acordo com as suas propostas iniciais.

5.3 Associações e Entidades de Classe

No Maranhão tivemos ao longo dos anos 2000 a criação e a descontinuação de associações e entidades de classe. Em 2015, possivelmente por ocasião do lançamento do Edital SECMA nº 01/2015, tivemos a criação da Associação dos Produtores e Cineastas do Maranhão (APROCIMA). A gestão eleita[47] para o período 2015-2018 tinha como presidente Marcos Ponts,

---

46 Os cursos técnicos subsequentes são voltados para pessoas que já concluíram o ensino médio.

47 Segue o link para consultar o Informativo Aprocima: https://www.flipsnack.com/leooliveira/jornal-da-aprocima-ftpa6353d.html.

que naquele ano criou o projeto da Escola de Cinema do Maranhão, e a vice-presidência era de Mavi Simão, criadora do Festival Maranhão na Tela.

Em 2019 foi formalizada a criação do Polo de Cinema Documental, Ficcional e de Animação do Maranhão (ou Polo de Cinema do Maranhão) que reuniu 20 empresas. Entre elas estavam a Fundação Nagib Haickel, o MAVAM e a Guarnicê Produções. Todas elas orbitam sob a regência do empresário e cineasta Joaquim Haickel. No documento de criação do Polo se estabeleceu, entre outras coisas, que: o Polo funcionará em torno da Fundação e do Núcleo de Produção Digital (NPD – MA) do Instituto Federal do Maranhão[48]. Não há caráter jurídico formal, havendo, dessa maneira, uma atuação em cooperação mútua entre as instituições e empresas envolvidas. Assim, sempre que possível, a Fundação e o NDP – MA fornecerão as suas instalações e equipamentos às empresas ou instituições que façam parte do Polo.

Em fevereiro de 2023, com o objetivo de obter representatividade jurídica civil e participar do sindicato das indústrias, foi criado o Sindicato da Indústria do Audiovisual do Maranhão (SIAMA). Segundo[49] o presidente do SIAMA, Joaquim Haickel, o sindicato patronal nasceu como forma de dar respaldo às ações do Polo de Cinema do Maranhão, já que não havia formalidade no Polo, pois seus membros não são obrigados a participar dos projetos. A primeira ação proposta pelo SIAMA é a sua filiação à Federação das Indústrias do Estado do Maranhão (FIEMA).

Em julho de 2023 foi criada a Associação dos Produtores e Cineastas de Pinheiro (APROCINPI). A página[50] @aprocinpi do Instagram indica que houve naquele mesmo mês para a criação da organização com as seguintes pautas: apresentação da proposta de criação da associação, elaboração do estatuto e debate e esclarecimento sobre a Lei Paulo Gustavo (LPG). Em dezembro de 2024 a associação realizou o Baixada Film Festival, descrito na legenda de um *post* da página como o "primeiro festival internacional de Cinema da Baixada Maranhense".

---

[48] O Núcleo de Produção Digital do IFMA (NPD) de São Luís/MA é um órgão de fomento e promoção de ações na área audiovisual. Está subordinado à Pró-reitoria de Extensão da instituição e possui gestão compartilhada com a Fundação Nagib Haickel. O NPD possui um acordo de colaboração técnica com a fundação e desenvolve atividades em parceria com a TV IFMA, disponibilizando equipamentos e pessoal para a produção de conteúdo. Essas informações estão disponíveis no portal do IFMA: https://certec.ifma.edu.br/nucleo-de-producao-digital-npd/.

[49] Entrevista concedida à pesquisadora em 14 de julho de 2023.

[50] Em 31 de janeiro de 2025, a página possuía 210 seguidores.

5.4 Preservação

O estado do Maranhão possui duas instituições voltadas para a preservação do audiovisual: o Museu da Memória Audiovisual do Maranhão (MAVAM) e o Museu da Imagem e do Som (MIS). As duas instituições estão localizadas na capital do estado: a cidade de São Luís.

O MAVAM faz parte da Fundação Nagib Haickel[51], que foi criada em 1996, e é uma fundação privada de fins não lucrativos para preservar a história e a memória do Maranhão. Segundo Joaquim Haickel,[52] o MAVAM atua como um braço da fundação e trabalha com parcerias, recebendo doações de material audiovisual. Os recursos que sustentam a Fundação, assim como o MAVAM, viriam da Família Haickel, assim como dos lucros obtidos pela Guarnicê Produções, produtora audiovisual dirigida por ele. Trata-se de um museu de captação e não de amostragem, por isso o material armazenado ali não está aberto ao público, embora seja acessível por meio de agendamento prévio. Haickel argumenta que ele não teria *expertise* para realizar um trabalho de catalogação e amostragem com o intuito de abrir o museu à visitação. Por lá encontram-se material audiovisual e bibliográfico de toda ordem, sem categorização.

O MIS foi criado em 2017, durante o governo Flávio Dino. Trata-se de uma proposta que vinha sendo gestada pela comunidade acadêmica desde 2012, quando aconteceu[53] o XII Encontro Humanístico da Universidade Federal do Maranhão, e o tema foi debatido durante a mesa redonda "Políticas Públicas para o Patrimônio Imagético e Sonoro do Maranhão", por professores da UFMA. Anos depois o projeto foi entregue à Secretaria de Cultura do Estado e o MIS recebeu uma sala no Forte Santo Antônio da Barra, no bairro da Ponta D'areia, onde divide o espaço com o Museu das Embarcações (Silva, 2024).

Segundo[54] Tatiana Maia, chefe[55] do MIS Maranhão até setembro de 2023, houve uma reforma no espaço em 2015, e em 2017 o museu abriu como

---

[51] Nagib Haickel foi um político de origem libanesa nascido no Maranhão e que atuou como Deputado Estadual (1967-1971, 1971-1975 e 1975-1979) pelo partido ARENA e como Deputado Federal (1979-1983 e 1983-1987) pelo Partido Democrático Social (PDS) e Partido da Frente Liberal (PFL).

[52] Entrevista concedida à autora no dia 14 de julho de 2023.

[53] A matéria completa sobre o evento pode ser lida no site da UFMA: https://portais.ufma.br/PortalUfma/paginas/noticias/noticia.jsf?id=41028.

[54] Entrevista concedida à autora em 7 de julho de 2023.

[55] Atualmente o chefe da instituição é Mauro Eneas Frazão.

casa de Cultura. No acervo permanente há câmeras fotográficas cedidas por freis Capuchinhos – que ficam em exibição num pequeno armário – e CDs e LPs cedidos por artistas, guardados num espaço fora da visitação, além de um acervo digital com entrevistas realizadas com fazedores de cultura do Maranhão. Trata-se, portanto, de um espaço pequeno sem a infraestrutura que requer um museu desta natureza, já que não dispõe[56] de equipamentos sonoros e imagéticos para interação com o público. Com isso, para manter a funcionalidade do ambiente, há exposições temporárias, promovidas por professores da universidade ou artistas locais, realização de palestras e visitas escolares, mas a maior parte do acervo é virtual e está hospedada no canal do YouTube[57] e no Instagram[58]. A proposta é que, futuramente, seja disponibilizado um site com a história da música e do audiovisual do Maranhão (Silva, 2024).

Percebe-se, portanto, que as duas instituições não atuam de forma que se possibilite uma infraestrutura adequada para catalogação, conservação e amostragem do material de seu acervo.

5.5 Eventos de mercado

No Maranhão não há uma quantidade significativa de eventos voltados para o mercado cinematográfico local, como feiras de negócios e laboratórios. Alguns desses eventos surgiram associados aos festivais de cinema que acontecem no estado. Um caso exemplar tem sido o Festival Maranhão na Tela. Quando a 1ª edição do festival surgiu, em 2007, havia uma proposta clara naquele novo projeto: fomentar a cadeia produtiva do audiovisual do estado e dar visibilidade às produções locais. O evento passou a atuar como um dos principais espaços de formação profissional no estado, já que o festival, que acontecia anualmente, promovia fóruns de produção audiovisual, oficinas, cursos, *pitchings*, *master classes* e mostras itinerantes em bairros periféricos da capital São Luís e no interior do estado.

> Ao revermos a trajetória do festival, encontramos várias edições em que foram realizados fóruns, envolvendo gestores da cultura e agentes culturais, para discussões acerca da produção audiovisual do estado. Na 4ª edição

---

[56] Um dos funcionários do museu explicou durante a nossa visita em 7 de julho de 2023 que no início havia equipamentos, tais como fones, televisores e óculos de visão tridimensional, entretanto, devido à salinidade provocada pela proximidade com o mar, os equipamentos foram danificados e nunca repostos.

[57] Para consultar o material, pode acessar o canal: https://www.youtube.com/channel/UCY06PmjWgwJNA9sZY_q1Gog.

[58] O@ do canal do Instagram MIS Maranhão é @museudaimagemedosomma.

do Maranhão na Tela foram oferecidas 1.370 vagas em diversos cursos gratuitos na área de cinema. Na 6ª edição houve uma maratona de capacitação em que foram disponibilizadas mil vagas para a população. A 11ª edição promoveu uma rodada de negócios com inúmeros *players*, tais como: Band, Box Brasil, Canal Brasil, Curta!, Elo Company, GNT/Mais Globosat e Universal. (Silva, 2024, p. 58-59)

Para a idealizadora do festival, Mavi Simão, o "Maranhão na Tela surgiu com a proposta de buscar o desenvolvimento do mercado do Maranhão de uma forma estruturante[59]". Dessa forma, o festival se apresenta não apenas como espaço para exibição de filmes, mas, também, para conectar e formar os produtores locais.

Em 2024, houve a 4ª edição do movimento *Mobiliza São Luís*, promovido pelo Serviço Brasileiro de Apoio às Micro e Pequenas Empresas (Sebrae). A proposta do evento é incentivar o empreendedorismo nas áreas do turismo, cultura e economia criativa, incluindo aí o audiovisual, conectando empresas e pessoas que atuam nessas áreas.

5.6 Crítica de Cinema

No quesito crítica cinematográfica, temos no Estado do Maranhão alguns veículos de comunicação e redes sociais que mantiveram (ou mantêm) colunas fixas para elaboração de críticas cinematográficas. Não tivemos conhecimento de produtos lançados e exibidos de forma regular na programação local dos canais de TV, entretanto, encontramos nessa pesquisa atividades voltadas para este segmento em rádio, jornais impressos e internet.

Em 2003, foi criado o programa *Estação Cinema*, na Rádio Universidade FM (106,9). Com duração de 10 minutos, o programa semanal acontece às quintas (17h50), com reapresentação sexta (9h), e novo programa exibidos aos sábados (9h), com reapresentação às 18h. A idealização do programa foi do então estudante de Rádio e TV da UFMA, Ricardo Balata. Depois passou pelas mãos do cineasta Francisco Colombo. E, ao longo dos seguintes anos, vários estudantes do curso de Comunicação Social da UFMA compuseram a equipe do programa, tais como: Carlos Benalves, Nicolau Leitão, Raiza Carvalho, Jéssica Wernz, Rayssa Oliveira, Martha Jackson e Jorge Martins. Em 2012 o programa foi incorporado ao Núcleo de Jornalismo da Rádio Universidade sob coordenação do jornalista Adalberto Melo. O conteúdo do

---

[59] Mavi Simão, cineasta e produtora. Entrevista concedida à pesquisadora em 30 de agosto de 2022.

programa é pautado na programação semanal das salas de cinema da capital maranhense, abordando pontualmente o cinema local[60].

Houve, até meados do ano de 2009, uma coluna fixa sobre cinema no Jornal impresso *O Estado do Maranhão*. A coluna "Cine comentário" foi publicada semanalmente em um suplemento voltado para o público jovem chamado "Galera". Nos demais jornais as críticas cinematográficas eram escritas e publicadas pontualmente por jornalistas e/ou profissionais interessados pela temática.

Uma rede social que tem abrigado críticos de cinema no Maranhão é o Instagram. Em 2015 Márcio Sallem criou a página *@cinemacomcrítica*. A conta possui[61] 282 mil seguidores. Márcio Sallem é um dos três[62] críticos do Maranhão registrados na Associação Brasileira de Críticos de Cinema (Abraccine) e é credenciado, também, no *Critics Choice Awards*. O seu registro na associação data do ano de 2017. Contudo, desde 2019, o crítico e, também, professor de Cinema, reside na cidade de Fortaleza (CE).

Em 2019, a criadora de conteúdo digital Fabiana Lima criou a página no Instagram *@cinemafilia*. A conta possui[63] 17 mil seguidores. Fabiana é, também, uma das associadas do Maranhão na Abraccine, além de ser credenciada ao *Critics Choice Awards* e colunista da página *Cinem (ação)*.

Outra conta associada a conteúdo de cinema no Maranhão no Instagram é a página *@artecom.lar* da arquiteta Melissa Almeida. "Exploro arte, fotografia e arquitetura através do cinema", é o que consta na descrição da página de Melissa que possui[64] 10 mil seguidores. A proposta é explorar os filmes a partir de uma visão crítica da direção de arte.

Cabe destacar que o conteúdo de todas essas páginas e/ou programas exploram, essencialmente, a produção cinematográfica fora do Maranhão. Alguns novos festivais maranhenses, contudo, têm incorporado jornalistas e/ou críticos locais para avaliação das obras que estão sendo exibidas durante a realização do evento. É o caso da *Mostra Novo Cinema Maranhense*,[65] que

---

60 Informações fornecidas à pesquisadora, em 5 de dezembro de 2024, pelo Coordenador de Núcleos da Rádio Universidade, Paulo Pellegrini.

61 Os dados foram consultados em 02 de fevereiro de 2025.

62 São três os associados do Maranhão na Abraccine: Márcio Sallem, Maria Fabiana Lima Rocha e Maria Costin Fuser.

63 Os dados foram consultados em 02 de fevereiro de 2025.

64 Os dados foram consultados em 02 de fevereiro de 2025.

65 A Mostra Novo Cinema Maranhense foi criada em 2015 com o objetivo de apresentar a nova produção cinematográfica e os novos realizadores que estavam despontando no estado.

exibiu no site do evento avaliação dos filmes em exibição na mostra realizada por jornalistas e críticos da cidade.

5.7 Pesquisa/Observatório

O Estado do Maranhão não dispõe de um Observatório do Audiovisual que monitore os dados do mercado cinematográfico local como acontece, por exemplo, nos estados da Bahia e Rio Grande do Norte.

Em nível de pós-graduação, não há cursos na área de Cinema e/ou Audiovisual nem linhas de pesquisa que contemplem a temática. Contudo, há alguns trabalhos acadêmicos desenvolvidos nessa área dentro destes Programas, tanto no Maranhão quanto em outros estados. Destacaremos aqui algumas dessas pesquisas voltadas especificamente para o estudo do cinema maranhense. Temos, assim: Matos (2010), sobre o cinema ambulante no estado no início do século XX; Costa (2015), que abordou de forma interdisciplinar o cinema e a filosofia a partir de filmes maranhenses do final dos anos 1970 e dos anos 1980; Caldas (2016), sobre o movimento Super-8 na década de 1970 no estado; Silva (2018), que analisou a primeira obra da saga *Muleque té doido!* (2014), a partir do imaginário e identidade maranhenses, e Silva (2024), que mapeou o mercado cinematográfico do Estado no século XXI; Bogéa (2023) analisou, a partir de uma perspectiva etnográfica, o filme *Tambor de Mina* (1979), de Euclides Moreira Neto; Dantas (2023) produziu uma pesquisa sobre experiências fílmicas em Super-8 no Maranhão; e Santos (2017), que produziu pesquisas sobre o cinema engajado no Maranhão.

Entre os projetos de pesquisas cadastrados[66] nas plataformas das universidades públicas que têm como tema o cinema e ou/audiovisual de um modo geral ou o cinema maranhense, especificamente, há duas[67] pesquisas registradas na UFMA[68], dez na UEMA[69] e 19 pesquisas no IFMA[70]. A Uni-

---

66 Utilizamos as palavras-chave "Cinema" e/ou "Audiovisual" para pesquisar nos títulos dos projetos registrados nos sites das universidades.

67 As pesquisas estão registradas nos nomes dos professores Patrícia Azambuja e Miguel Angel Lomillos Garcia.

68 O site da UFMA traz dados de pesquisas entre os anos 2022 e 2024. Para conhecer os projetos, acesse: https://portalpadrao.ufma.br/ageufma/pesquisa/projetos-de-pesquisa-e-inovacao.

69 O site da UEMA traz dados de pesquisa entre os anos de 2013 e 2025. Para conhecer os projetos, acesse: https://www.ppg.uema.br/pesquisa-2/projetos-de-pesquisa/.

70 Os dados sobre os projetos foram disponibilizados pela Pró-reitoria de Pesquisa, Pós-graduação e Inovação da instituição. Foram enviados 28 projetos que teriam essa temática (Cinema

versidade Estadual do Maranhão é que mais apresenta projetos cadastrados que tematizam o cinema do Maranhão[71].

6 Considerações finais

Na Região Nordeste, o Estado do Maranhão tem cada vez mais ocupado um papel de destaque no campo cinematográfico. Os dados relacionados ao cinema do Maranhão geralmente estão atrás dos três estados mais produtivos neste setor que são, também, os estados que possuem dados socioeconômicos mais pujantes na Região.

Entre os pontos positivos do mercado cinematográfico do Maranhão, temos: a criação de novos festivais que fortalece o setor promovendo, muitas vezes, o protagonismo para as obras produzidas no estado; a criação e a expansão da Lume Filmes, empresa que nasceu como produtora, se estendeu para atuar na distribuição – sendo hoje uma das principais do país na área de cinema independente –, e, por fim, começou a atuar como sala de exibição, com salas na capital, São Luís, e na cidade de Goiânia; o estado é um dos três da Região Nordeste que abriga uma produtora nível 5; a produção local de comédia levou milhares de pessoas às salas de cinema; houve a inserção de distribuidoras de circulação nacional no mercado local; e o papel da crítica tem ganhado destaque, principalmente nas redes sociais.

Entre os pontos negativos relacionados aos dados do mercado cinematográfico do estado, temos: o número de salas de cinema é desproporcional e ínfimo quando levamos em consideração a população estadual e o número de municípios[72]; embora tenha melhorado, ainda é grande a informalidade no setor, já que muitos filmes sequer são registrados na Ancine; ainda há uma dificuldade de distribuir os filmes maranhenses fora do estado; o mercado está concentrado na capital, São Luís; não há políticas públicas estaduais nem municipais voltadas para o setor audiovisual do estado, cabendo às políticas federais atender às demandas regionais; as instituições de preservação audiovisual do estado são pouco eficientes e eficazes.

Em virtude da limitação de tempo e equipe, não conseguimos desenvolver alguns pontos importantes dos indicadores do mercado cinematográfico do estado, tais como o detalhamento outras mostras de cinema realizadas

---

e/ou Audivisual), contudo selecionamos apenas aqueles em que essas palavras-chave estavam destacadas no título dos projetos.

71 São cinco projetos orientados pelos professores Rose Panet (2 projetos), Thaís Trovão dos Santos, Márcia Milena Galdez e Lucas Evangelista Araújo.

72 Segundo o IBGE (2022) o Maranhão possui 6.776.699 de habitantes em 217 municípios.

por instituições que atuam no estado e o mapeamento dos canais de televisão locais. Não conseguimos, também, maiores informações sobre a Associação Brasileira de Documentaristas (ABD) – seção Maranhão, já que o responsável pela associação no estado não atendeu ao nosso chamado.

Referências

BOGÉA, Denis Carlos Rodrigues. *"Tambor de Mina":* A Casa de Nagô sob a perspectiva da etnografia de tela em um filme Super 8. Dissertação (Mestrado em Cinema) – Universidade Federal de Sergipe. São Cristóvão, 2023.

CALDAS, Leide Ana Oliveira. *Superoitismo no Maranhão:* os modos de fazer, temas e formas de falar e a invenção do cinema local como prática de micro resistência 1970/1980. Dissertação (Mestrado em História). Universidade Federal do Maranhão – Centro de Ciências Humanas. São Luís, 2016.

COSTA, Alexandre Bruno Gouveia. *Cinema e filosofia:* Um estudo da narrativa cinematográfica maranhense das Jornadas por meio da tríplice mimesis. Dissertação (Mestrado em Cultura e Sociedade) – Universidade Federal do Maranhão. São Luís, 2015.

DANTAS, Joseane Aranha. *São Luís fora dos trilhos:* experiências fílmicas em super 8 no Maranhão. Dissertação (Mestrado em Arte e Cultura Visual) – Universidade Federal de Goiás. Goiânia, 2023.

MATOS, Marcos Fábio Belo. *Ecos da modernidade:* uma análise do discurso sobre o cinema ambulante em São Luís. Tese (Doutorado em Linguística e Língua Portuguesa) - Universidade Estadual Paulista, Faculdade de Ciências e Letras, Campus de Araraquara. Araraquara, 2010.

SANTOS, José Murilo Moraes dos. *Cinema engajado no Maranhão:* interfaces com a educação popular. Dissertação (Mestrado em Educação) - Universidade Federal do Maranhão. São Luís, 2017.

SILVA, Andréia de Lima. *Configuração do Mercado Cinematográfico do Maranhão no Século XXI:* a entrada do longa ficcional e os novos agentes. Tese (Doutorado em Cinema e Audiovisual) - Universidade Federal Fluminense. Niterói, 2024.

_______. *Essência local em molde "global":* Recursos cinematográficos e identidade urbana no filme Muleque té doido! (2014). Dissertação (Mestrado em História) - Universidade Federal do Maranhão. São Luís, 2018.

Mercado audiovisual paraibano

Arthur Lins
Carlos Dowling
Kenia Kalyne Gomes de Almeida
Kleyton Jorge Canuto

1 Empresas audiovisuais

1.1 Formalização e interiorização no estado

Na Paraíba, 274 empresas estavam registradas na Ancine em 01/07/2024. Dessas, 153 estavam sediadas no município de João Pessoa, 57 em Campina Grande e 64 se dividiam por 36 municípios do interior do estado, com destaque para Sousa, Cajazeiras, Cuité, Guarabira, Pocinhos, São Bento, Cabedelo e Bayeux, por cada uma ter no mínimo 3 empresas cadastradas.

Dessa forma, 77% das empresas paraibanas estavam concentradas em João Pessoa e Campina Grande, o que revela uma grande concentração do setor formalizado na capital do estado e na principal cidade do interior. Porém é possível perceber um processo crescente de interiorização e formalização do setor, levando em conta uma análise dos últimos dez anos.

Em 31/12/2013 havia apenas 20 empresas registradas na Ancine e apenas 3 com sede em outros municípios que não seja João Pessoa e Campina Grande. Cinco anos depois, em 31/12/2018 havia 49 empresas, sendo 7 localizadas em outros municípios fora desse eixo central de produção no estado. Já em 31/12/2023, haviam 265 empresas registradas, sendo que 61 empresas foram formalizadas em 36 municípios do interior do estado, incluindo 29 municípios que tiveram sua primeira empresa registrada na Ancine neste período de cinco anos.

Também vale destacar que, das 274 empresas que constam registradas e regulares na Ancine em 01/07/2024, 139 delas foram registradas no decorrer do ano de 2023, com uma concentração notável nos meses de setembro e outubro, quando foram registradas 83 empresas. Esse período coincide com o lançamento dos 13 editais da Lei Paulo Gustavo (LPG) que foram geridos pela Secretaria do Estado da Paraíba (Secult-PB), além do lançamento de diversos outros editais municipais vinculados à LPG.

Fica evidente o impacto da LPG na formalização do setor audiovisual no estado. Podemos inferir que a maioria dessas empresas foram registradas na Ancine no intuito de acessar os recursos destinados ao setor através deste mecanismo de incentivo.

Tabela 1 - Empresas paraibanas registradas na Ancine por Cidade e por Ano

Cidade/Ano	2013	2018	2024 (julho)
João Pessoa	11	36	153
Campina Grande	6	6	57
Outros municípios	3	7	64
TOTAL	**20**	**49**	**274**

Fonte: OCA/Ancine.

Dessa forma, faremos algumas considerações acerca do perfil dessas empresas no que se refere às suas atividades principais e secundárias (CNAEs), e como podemos destacar as empresas que possuem uma atuação mais notável dentro do mercado audiovisual paraibano levando em conta o período de dez anos.

1.2 Perfil e produtividade das empresas audiovisuais

Em relação à natureza jurídica das empresas, mais de 90% se enquadram em duas categorias: 88 como Sociedade Empresária LTDA (32%) e 166 como Empresário Individual (61%). Essa maior parcela de empresários individuais sugere que uma grande quantidade dessas empresas foram formalizadas por profissionais autônomos (que antes seriam MEIs). Esse dado é importante, pois aponta que o funcionamento da maioria dessas empresas tem como intuito a prestação individual de um serviço ou empresas que são formalizadas apenas para a captação de projetos próprios, e não um funcionamento regular através da captação de recursos e gerenciamento de projetos.

No que se refere à classificação de nível da Ancine, 98 empresas são cadastradas como produtoras independentes, e todas estão no nível 1 (em um total de 5)[73]. Esse dado é importante, pois revela quais empresas estão aptas a concorrer na maioria dos editais lançados pelo FSA/Ancine e também o nível de competitividade do estado em relação à região Nordeste e ao cenário de produção nacional.

---

[73] Essa informação se refere à julho de 2024. Em fevereiro de 2025, já havia duas empresas paraibanas como nível 2, a 'Vermelho Profundo Produções Audiovisuais' e a 'Stairs Produções Audiovisuais', ambas sediadas em Campina Grande.

A Paraíba ainda passa por um período de formalização em grande parte do setor, o que faz com que a maioria das empresas paraibanas só possa acessar recursos mais robustos através de mecanismos federais que garantam o fortalecimento de investimentos estaduais. Neste sentido, os editais de Arranjos Regionais (parceria entre o FSA/Ancine e os entes locais estaduais e municipais) e a mais recente LPG foram os mecanismos fundamentais para inserir a produção paraibana nos formatos de longa-metragem e produção seriada.

Olhar para esse indicador é importante, pois são as únicas modalidades que concedem a uma empresa de audiovisual acumular pontos para subir de nível e ter acesso a investimentos mais altos em seus projetos, fortalecendo toda a cadeia produtiva. No que se refere aos editais federais lançados pelo FSA/Ancine, com a garantia de cotas para a CONNE, é notável a concentração em 3 estados da região: Pernambuco, Bahia e Ceará.

No intuito de evidenciar quais empresas paraibanas são mais atuantes no mercado local, propomos uma análise cruzada entre as 274 empresas paraibanas cadastradas na Ancine e as obras não publicitárias que possuem o registro de Certificado de Produto Brasileiro (CPB) como produção paraibana[74].

No cadastro da Ancine no mês de agosto de 2024, havia 249 obras paraibanas registradas com o CPB, sendo que 113 foram registradas por pessoa física e 136 por pessoa jurídica. No total, 48 empresas fizeram registro de obras, o que compreende apenas 18% das empresas paraibanas registradas. Esse dado não é surpreendente, pois, como mencionamos acima, o setor audiovisual paraibano recebeu um grande impulso de formalização a partir da LPG, ou seja, muitas empresas devem ter captado recursos apenas a partir de 2023, o que deve gerar uma maior diversidade de empresas realizando e cadastrando obras a partir de 2025.

Das 136 obras com CPB, 129 delas foram registradas por empresas sediadas em João Pessoa e Campina Grande. Levando em conta a produção de filmes de longa-metragem, vale destacar que são 24 obras cadastradas nesse formato, sendo que 20 delas foram produzidas após 2013, o que coincide com os editais lançados dentro da linha de financiamento dos Arranjos Regionais

---

[74] Utilizamos o indicador do CPB como forma de evidenciar a parte do mercado audiovisual paraibano que se encontra formalizada e atuante nas políticas públicas e editais geridos pela Ancine. Porém, sabemos que esse indicador não reflete a produção de curta-metragem no estado e nem a produção realizada mais informalmente, o que acaba por ocultar algumas empresas que são muito atuantes no estado, mas que não produziram obras em formatos mais comerciais, como longa-metragem e produção seriada.

do FSA/Ancine. As empresas Cyclopea Produções, Extrato de Cinema, Minerva Filmes, Stairs Produções e a Vermelho Profundo se destacam por terem registrado mais de uma obra neste formato.

Em relação à produção de séries, ainda são poucas as empresas e as empreitadas no contexto audiovisual paraibano. Foram registradas apenas duas séries de ficção - realizadas pelas empresas Vermelho Profundo e a Cabradabra produção de filmes - três séries documentais - realizadas pela Mills Estúdios cinematográficos, Orbe Produções Audiovisuais e a empresa Edilberto Cipriano de Brito EPP - e mais quatro obras seriadas em outros formatos, entre conteúdos jornalísticos, de variedades e programas de auditórios, produzidas por canais de televisão e programadoras locais.

1.3 Principais atividades e formas de organização do setor

Ao analisarmos a Classificação Nacional de Atividades Econômicas (CNAE), podemos levantar as principais atividades realizadas pelas empresas do setor. Para isso, vamos levar em conta a classificação existente que distingue o CNAE principal e os CNAEs secundários.

Das 274 empresas, mais da metade (58%) se enquadram em 5 CNAEs principais: Atividade de pós-produção (42); Atividade de produção cinematográfica (41); Filmagem de festas e eventos (34); produção musical (24) e Estúdios cinematográficos (17). O que esse dado evidencia é que grande parte das empresas atua como produtoras de conteúdo audiovisual. Acreditamos que, mesmo quando se destaca "produção musical" ou "atividades de pós-produção", esse indicativo sugere também a produção de conteúdo, como videoclipes, ou outras peças de audiovisual que não se enquadram na linguagem cinematográfica como fator determinante, como, por exemplo, programas de entrevistas e programa auditório.

Ainda em relação a esse conjunto de atividades, destacamos as empresas de "Filmagem de Festas e Eventos", por possuírem um circuito próprio de atividades que não se encaixam nos parâmetros da Ancine. São empresas que se sustentam em um mercado mais ágil e localizado, sem grandes investimentos ou projetos audiovisuais mais duradouros.

Gráfico 1 – Empresas paraibanas registradas na Ancine – Principais Classes CNAEs

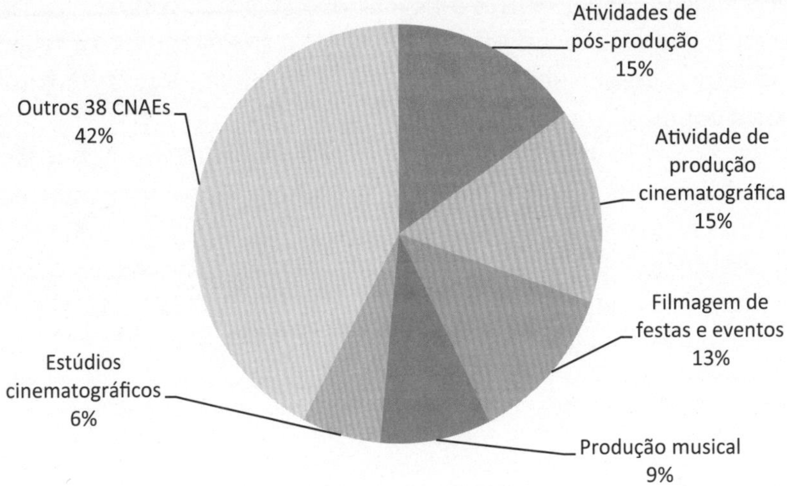

Fonte: OCA/Ancine.

Em relação a outras atividades principais mencionadas, destacamos também "Serviços de organização de feiras" (13), "Produção de filmes para publicidade" (12) e "Ensino de Artes e Cultura"(11). Com exceção do setor audiovisual publicitário, acreditamos que as outras duas atividades apontam para um crescimento do setor, no que se refere à produção de Mostras e Festivais que ocorrem em diversos municípios do estado, e aos projetos de formação em audiovisual, que agregam recursos e iniciativas ligadas ao setor de educação.

Em relação aos CNAEs secundários, estes mesmos nomes citados anteriormente se destacam, porém, outras atividades surgem e nos impõem novas considerações. A atividade de "Distribuição" consta no registro de 44 empresas, "Serviços de Mixagem Sonora em produção audiovisual" em 35 empresas, e "Aluguel de outras máquinas" consta no cadastro de 35 empresas.

Mais do que atividades secundárias, são campos de atuação no setor que ainda não foram desenvolvidas de forma regular no estado, pois não há nenhuma empresa paraibana com foco em "Distribuição", nem tampouco nenhum estúdio dedicado exclusivamente a mixagem de som para audiovisual ou pós-produção e finalização de filmes. Geralmente, as produtoras recorrem a parcerias com empresas de outros estados ou acabam desenvolvendo essas atividades de forma ainda incipiente.

Talvez a exceção seja a questão da "Locação de Equipamentos", que, mesmo não tendo nenhum grande destaque se levarmos em conta os dez anos pesquisados, há uma prática cada vez mais formalizada em que as produtoras de conteúdo também atuam na locação de seus próprios equipamentos. Dessa forma, 35 empresas incluem em seus CNAEs a atividade de "Aluguel de outras máquinas". Porém, na rotina da produção, é comum que os equipamentos sejam alugados dos próprios técnicos, de outras produtoras do estado ou de fora da Paraíba, além de contar com alguns equipamentos da própria produtora da obra, formando arranjos diversos para garantir a infraestrutura da produção.

Mais recentemente, existe um impulso de formalização maior com empresas se firmando nesse mercado a partir de locação de equipamentos com perfis distintos, a exemplo da Lúmina, Filmes Urgentes, Infra de produção e a Extrato de Cinema, todas localizadas em João Pessoa.

2 Exibição/Difusão

2.1 Salas comerciais de cinema (PB)

Segundo os dados do OCA/Ancine, em 31/12/2024 a Paraíba possui 43 salas comerciais de cinema, com um crescimento de 60,4% em relação aos números de 2014 (26 salas). Este número total representa 1,23% das salas de cinema do Brasil. No ano de 2024, a Paraíba teve um público de cerca de 1,35 milhão de pessoas em seus cinemas, gerando uma renda de R$26,9 milhões para o seu circuito exibidor.

Gráfico 2 - Número de salas comerciais de cinema na Paraíba – 2014/2024

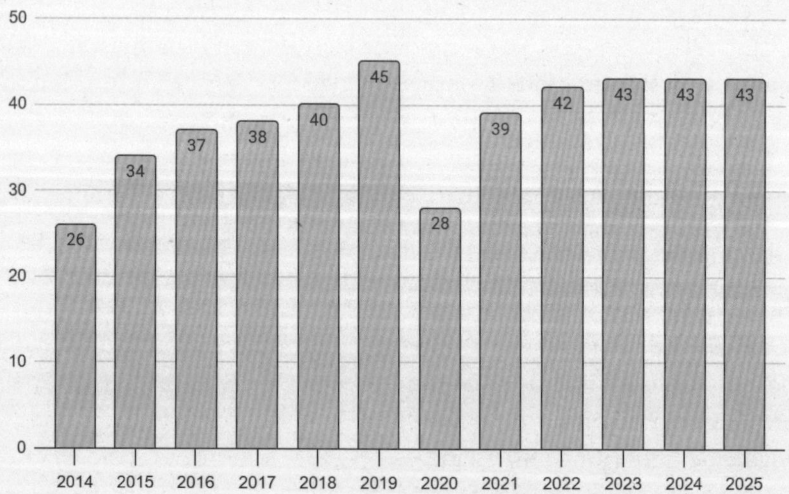

Fonte: OCA/Ancine.

Tais salas estão situadas em apenas 7 municípios. Considerando que a Paraíba possui 223 municípios, apenas 3,14% possui salas comerciais de cinema, uma cobertura bastante tímida, geograficamente. A capital João Pessoa concentra mais da metade dessas salas (28 salas ou 65,12%). Em seguida, Patos (7 salas), Guarabira (5) e Campina Grande (5) – que, apesar de ser a segunda maior cidade e sendo centro econômico, cultural e educativo da região, possui uma baixa cobertura de salas de cinema[75]. São Bento, Remígio e Solânea possuem 1 sala de exibição cada, sendo que a sala situada em Solânea (Cinemaxxi da Serra) se encontra inativa. Cabe um destaque para a cidade de Patos, a única cidade do interior com mais de um complexo cinematográfico (CineGuedes, com 3 salas, e Multicine Patos, 4 salas).

Gráfico 3 - Salas comerciais de cinema na Paraíba por município

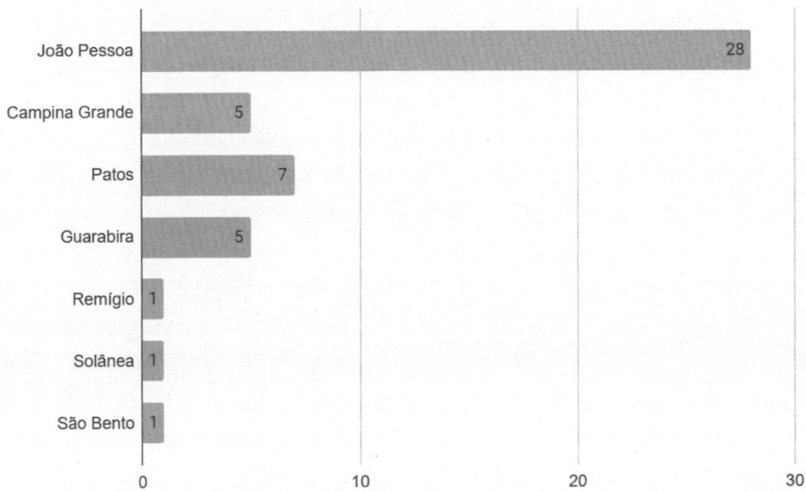

Fonte: OCA/Ancine.

O principal complexo cinematográfico do estado é o cinema de 11 salas do Shopping Center Manaíra, controlado pelo grupo Cinépolis. Apesar de o Cinépolis ser o grupo exibidor com maior número de salas no estado, com 16 salas, localizados nos dois maiores shoppings de João Pessoa (Cinépolis Manaíra Shopping e Cinépolis Mangabeira Shopping), a preponderância é de grupos exibidores nacionais ou locais. Quanto aos grupos nacionais, o Centerplex possui 4 salas (no Mag Shopping, em João Pessoa), e o Cine Sercla, 11

[75] A cidade ainda possui o Cine São José, gerenciado pela Funesc e que nunca teve um projetor de cinema fixo, sendo subutilizado.

salas (sendo 6 em João Pessoa, e 5 em Campina Grande). Já o Grupo Multicine possui 1 complexo no interior, com 5 salas em Patos. O grupo Cinemaxxi possui 1 complexo[76] em Guarabira (3 salas).

Outros cinemas que operam de forma independente são o Cine RT (Remígio, com 1 sala) e o Cine Vieira (em São Bento, 1 sala). Cabe destacar o Cine RT, localizado na cidade Remígio, agreste paraibano, e é único cinema de rua do estado da Paraíba. Administrado por Regilson Cavalcante, que divide a atividade de exibidor de cinema com a de mecânico automotivo, em uma iniciativa que se tornou emblemática na Paraíba por sua dedicação. Em 2018, Regilson foi homenageado na Expocine, maior convenção da indústria cinematográfica da América do Sul. Atualmente, o Cine RT tem parceria com a prefeitura de Remígio para a realização das suas atividades. Por sua vez, localizado em São Bento, sertão do estado, temos o Cine Vieira, sendo administrado pelos empresários Brenda Vieira e Francisco da Costa, oriundos do ramo da construção civil e que foi inaugurado em 2021, em pleno período pandêmico.

Em João Pessoa, temos o Cine Banguê, cinema administrado pela Fundação Espaço Cultural José Lins do Rêgo, com 1 sala (além da administração do inativo Cine São José, em Campina Grande). Sendo o principal responsável pela programação de filmes brasileiros e internacionais de perfil independente de forma contínua, o Banguê também abriga programações de mostras especiais realizadas pela Funesc e foi sede de alguns cineclubes como o Tin Tin Cineclube. Mesmo enfrentando dificuldades de manutenção técnica e oscilações oriundas dos ciclos de gestão pública, o Banguê é um espaço significativo para o circuito independente e exibição do cinema paraibano, sendo acompanhado de perto pela categoria do audiovisual no estado.

2.2 Circuito não comercial

Além das salas comerciais de cinema, outras salas possuem eventual programação de filmes. A Universidade Federal da Paraíba (UFPB) possui uma sala de cinema (Cine Aruanda), que realiza exibições eventuais e manutenção de atividade audiovisual de mostras e cineclubismo. O Sesc Campina Grande e Sesc João Pessoa também possuem uma programação não comercial ao longo do ano, ocupando seus cineteatros com exibições

[76] Além de Guarabira, o grupo Cinemaxxi também possuía uma sala de cinema na cidade de Solânea, encerrando suas atividades no período de pandemia (2020-2022), não conseguindo retornar. O grupo Cinemaxxi é vinculado a indústria Guaraves, do ramo frigorífico e sediada em Guarabira e com forte impacto econômico no brejo paraibano.

de curtas e longas-metragens, tendo destaque a Mostra Sesc Paraíba De Cinema. Além disso, o Centro Cultural Banco do Nordeste (com sede em Sousa, sertão do estado), também promove exibições de filmes no circuito não comercial (cineclubes, mostras ou festivais de cinema), tendo destaque a Mostra CCBNB de cinema paraibano.

A atividade cineclubista na Paraíba remete a uma tradição oriunda dos anos 1960, e que, na atual configuração, atua para além dos circuitos do chamado "cinema de arte", participando da circulação de curtas e longas paraibanos e outras obras nacionais. Nos últimos anos, esta prática na Paraíba se encontra vinculada ou em parceria com as universidades e fundações, na grande maioria dos casos, e apesar de sua importância no papel formador e difusor, é acometida por uma temporalidade intermitente, com frequência irregular e ainda muito restrita ao ambiente acadêmico ou consumida por uma elite cultural.

Atualmente (2024) temos sete cineclubes com operação regular no estado: Tin Tin Cineclube (João Pessoa) – em parceria com a Funesc; Barravento (João Pessoa) – vinculado à UFPB; Machado Bittencourt (Campina Grande) – vinculado à UEPB; Cineclube Timbu (Campina Grande, vinculado à UFCG; Marcélia Cartaxo (Cajazeiras) – vinculado à UFPB; Vladmir Carvalho (Sousa) – vinculado ao CCBNB; e o Cine Entorno (Cabedelo), vinculado ao IFPB.

2.3 Televisão e Streaming

No estado da Paraíba, as emissoras de televisão aberta, historicamente, sempre foram equidistantes da produção audiovisual do estado. Este cenário começa a ser modificado no final dos anos 2010, com o projeto Revista do Cinema Paraibano, realizado pela TV Câmara da cidade de João Pessoa, com exibições de curtas, obras seriadas e com produção própria sobre realizadores paraibanos e desde 2017 figura em sua programação.

No ano de 2022, o Sistema Paraíba de Comunicação (TV Cabo Branco e TV Paraíba) implantou o projeto Cine Paraíba, realizando exibições sazonais de longas paraibanos. Com relativo sucesso entre o público, em desdobramento dessa iniciativa, surgiu em 2024 o Especial Cine PB, agregado ao programa Paraíba Comunidade, e que contempla curtas-metragens locais. Já em Campina Grande, a TV Itararé (afiliada da TV Cultura) também conta com iniciativas de exibição de produtos audiovisuais como videoclipes e programas especiais, além de contar com um programa diário intitulado *Diver-*

sidade, que desde 2004 aborda as linguagens artísticas do estado, dentre elas, o audiovisual.

Nos últimos anos, a Paraíba produziu uma iniciativa de exibição online inspirada em modelos de streamings, com o objetivo de ampliar a difusão do audiovisual local. Elaborado através de uma parceria entre a Secretaria de Estado da Educação, Ciência e Tecnologia, a Fapesq e o Fest Aruanda, o Aruanda Play é uma plataforma audiovisual com um catálogo composto por obras selecionadas e exibidas pelo Fest Aruanda, principal janela de audiovisual do estado. A ferramenta tem o objetivo para além da exibição de obras, cumprindo função pedagógica orientada para uso em rede pública de ensino. Em dezembro de 2024, o Aruanda Play contava com 44 obras paraibanas em seu catálogo.

2.4 Festivais e mostras

Em um cenário de pouca cobertura do modelo comercial de cinema dentro do território do estado e com um circuito não comercial relegado a poucas cidades, uma alternativa de difusão audiovisual no estado se encontra nos modelos de exibição sazonais de mostras e festivais. Os festivais e mostras na Paraíba só tiveram uma realização plena a partir de 2005 (Canuto, 2019). Em meio à euforia da retomada do cinema brasileiro e dos processos digitais que permitiram uma efetiva produção local, estes impulsionados por estímulos provocados pelas atividades de formação (vide eixo 4), e logo surgiram eventos de exibição visando integrar o público com o segmento audiovisual local e as produções nacionais – que ainda não possuíam uma inserção efetiva nas janelas de exibição locais. Sobre essa conjuntura, observamos que:

> Alocados nas quatro mesorregiões do estado (Mata Paraibana, Agreste, Borborema/Cariri e Sertão), tem por seu destaque esta descentralização em relação à capital João Pessoa, alcançando municípios de tamanhos, geografias e realidades socioeconômicas distintas, o que acaba por formar características peculiares a cada um dos festivais, tanto no seu formato, dinâmica de atividades de formação e cidadania, periodicidade, captação de patrocínio, e, sobretudo, o público presente. (Canuto, 2014, p.51).

Nesse contexto, a Paraíba possui uma boa cobertura de cidades em seu território geográfico, e, por meio de uma articulação entre seus produtores, temos um calendário anual com 39 mostras e festivais com alcance em todas as 4 mesorregiões do estado. Algumas cidades possuem mais de uma atividade de mostra/festival de audiovisual, a exemplo de João Pessoa (5 eventos), Bananeiras (3 eventos), Campina Grande e Sousa (ambas com 2 eventos).

Figura 1 – Mapa de Mostras e Festivais de Cinema na PB por concentração em municípios

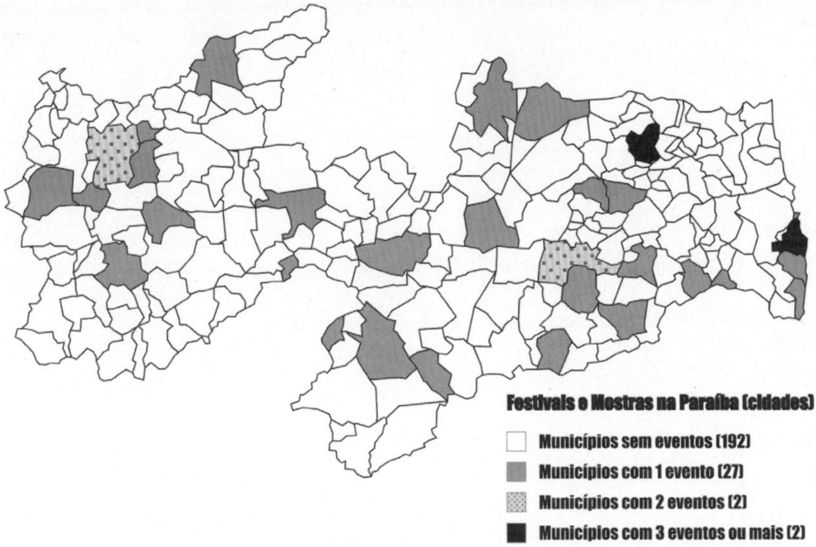

Fonte: autoria própria com J. P. Lima (2025).

Distribuídos por mesorregião, temos o seguinte contexto (2024):

- **Litoral/ Zona da Mata** (10 eventos): Fest Aruanda (João Pessoa), Mostra Cine Embarcação / Acaú (Pitimbu), 7º CineForte (Cabedelo), FestincineJP (João Pessoa), Djaniras Mostra de Cinema Feminino (João Pessoa), Cine das Almas (Itabaiana), Cine Paraíso (Juripiranga), Mostra Paraíba na Tela[77] (Conde), Aurora Festival de Cinema Fantástico (João Pessoa), Festival de Cinema no Meio do Mundo (João Pessoa e itinerâncias);
- **Agreste/Brejo** (9 eventos): Comunicurtas (Campina Grande), Muído: Festival de Cinema de Campina Grande (Campina Grande), Febancine (Bananeiras), Festival de Cinema do Nordeste Brasileiro - FECINE (Areia), Mostra Cine Kupaiwa Cinema em Bananeiras (Bananeiras), Mostra Bananeiras do Audiovisual (Bananeiras), Mostra Mistérios e Encantos de Ingá (Ingá), Festival de Cinema de Rua de Remígio (Remígio), TataguaCine (Queimadas);

[77] A Mostra Paraíba da Tela é uma iniciativa de mostra itinerante organizada pelo Coletivo Atuador, o qual circula entre cidades paraibanas de diferentes mesorregiões, levando uma mostra predefinida por meio de curadoria.

- **Borborema/Cariri** (9 eventos): Festcine Taperoá (Taperoá), Cine-Congo (Congo), Curta Picuí (Picuí), Curta Cuité (Cuité), Mostra Sumé de Cinema (Sumé), Mostra de cinema Ouro Velho (Ouro Velho), Festival de Cinema de Soledade (Soledade), Curta Alcantil (Alcantil), Mostra Paraíba na Tela (Aroeiras);
- **Sertão** (11 eventos): Cine Sítio (Nazarezinho), Curta Catolé (Catolé do Rocha), Aracati Fest Cine (São Francisco), Festissauro (Sousa), Cine Açude Grande (Cajazeiras), Festival de Cinema do Jabre (Maturéia), Cinema com Farinha (Patos), Mostra Acauã (Aparecida), Curta Coremas (Coremas), Mostra BNB do Cinema Paraibano (Sousa), FestCine Itaporanga (Itaporanga).

Considera-se que os festivais de cinema na Paraíba são resultados de um movimento complexo, amplo e recente, possuem características heterogêneas, apresentando formatos diversos, aproximados com a realidade de cada lugar. Contudo, é inegável a existência de elementos que os unem, a exemplo das atividades oferecidas, que seguem um padrão de contato com o público em geral, através de exibições, mesas redondas, oficinas e cursos, que objetivam o público local e a formação de plateia, e com isso traços de cidadania cultural e comunicativa são evidenciados nestas ações (Canuto, 2019). Os festivais e mostras cumprem um papel importante no arranjo produtivo do audiovisual paraibano.

3 Obras audiovisuais produzidas na Paraíba (2000-2024)

3.1 Obras paraibanas produzidas (CPBs)

A partir da análise dos dados disponibilizados pela Ancine através da plataforma OCA, no período compreendido entre os anos de 2002 a 2024 foram emitidos 244 Certificados de Produto Brasileiro (CPB) de obras audiovisuais registradas por pessoas físicas ou jurídicas, registradas como produtoras audiovisuais da Paraíba junto à Agência.

Como o Gráfico 4 ilustra, temos uma notável curva ascendente na produção de obras audiovisuais que emitiram o CPB na Paraíba na primeira década do século XXI, com um gradativo e constante acréscimo acelerado a partir do final dessa década, e uma aceleração maior na segunda metade da terceira década do século XXI, com dois picos de produção similares, com o mesmo número de obras produzidas e cadastradas, em dois anos *sui generis* (2011 e 2023), com a produção só nesses dois anos de cerca de 28%, totalizando só nesse dois anos 70 obras produzidas com CPB emitido) da totalidade de obras produzidas nos 24 anos analisados.

O caso do salto de produção mais recente do ano de 2023 pode ser explicado pela hipótese quase certeira da indução pelos editais emergenciais da Lei Aldir Blanc – LAB (2020-2022), com algum reflexo orbital também da Lei Paulo Gustavo – LPG (2023), cujos editais foram publicados e executados posteriormente naquele ano.

O caso do pico anterior de produções verificado no ano de 2011 necessita de estudo e análises criteriosas, que não serão aqui feitas, por limitações de tempo e espaço. Mas é importante destacarmos a hipótese da importante indução causada pelos Arranjos Regionais do Fundo Setorial Audiovisual – FSA/Ancine no período compreendido entre os anos de 2013 e 2016.

Gráfico 4 – Obras paraibanas produzidas (CPB): 2000-2024

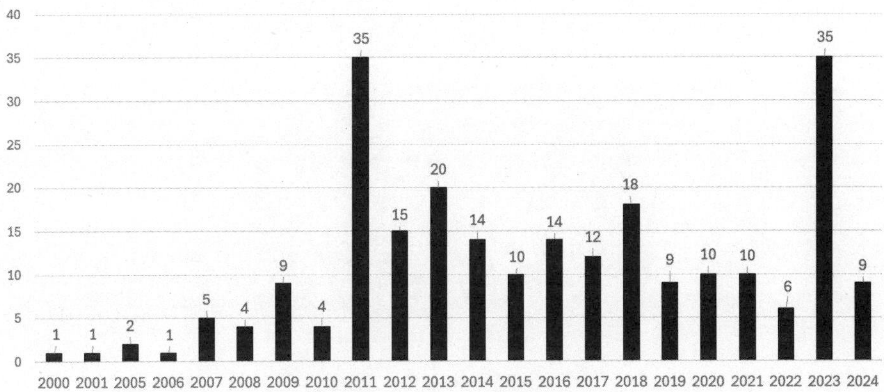

Fonte: elaboração própria a partir da Ancine (2025).

A grande maioria do universo analisado em tela é composto por obras de curta e média-metragem, num total de 199 obras, que representam 81,55%. Assim como em outros estados da região Nordeste, e também do Brasil, é fundamental destacar que a quantidade de filmes em curta e média-metragem aqui levantados está muito provavelmente subdimensionada, pelo reconhecido caso do não requerimento pelas proponentes de cadastro de tais obras nos sistemas e plataformas de controle e classificação da Ancine.

As obras cadastradas com duração declarada a partir de 70 minutos dividem-se de grosso modo em duas categorias principais: não seriadas, e assim convencionadas de longas-metragens, e seriadas. Entre tais obras classificadas como longas-metragens a partir da emissão de CPBs pela Ancine na Paraíba no período compreendido entre os anos de 2000 a 2024, temos um universo composto por 34 obras, sendo divididas entre a tipologia de obras Ficcionais, com a destacado número de 25 filmes, com um relativo reduzido número de 6[78] filmes Documentários, e ainda com o caso de 2 filmes em longa-metragem de Animação e 1 único filme classificado como Videomusical.

Na tipologia de obras seriadas levantadas a partir dos cadastros solicitados à Ancine, temos um número total de 11 obras seriadas, constatação que reforça a hipótese da quase inexistência de um mercado estadual formalizado e registrado junto aos mecanismos de regulação. Nessa tipologia vale o destaque, quase de exceção, das duas únicas obras ficcionais, que representam notável esforço de produtoras independentes no processo de profissionalização e formalização, respectivamente o caso de *O Nó do Diabo* (2016, produtora: Vermelho Profundo) e *Davissauro* (2024, produtora: Cabradabra).

Gráfico 5 – Obras paraibanas seriadas (2000 - 2024)

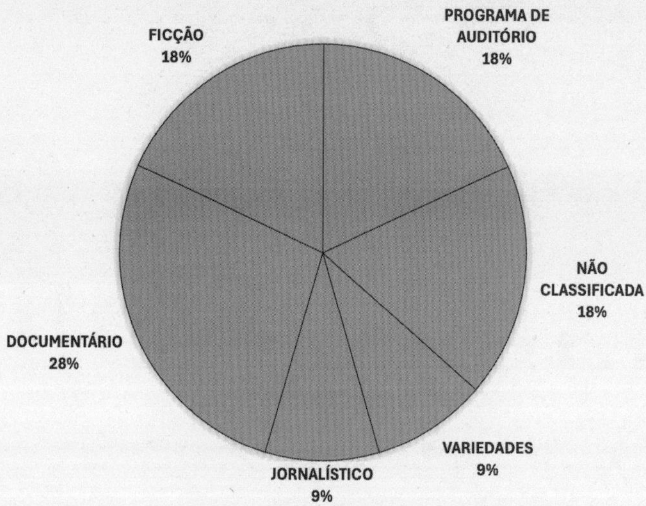

Fonte: elaboração própria a partir da Ancine (2025).

78 Existe o caso do filme *O Rebeliado* (Bertrand Lira, 2009), que, apesar de estar sem classificação de gênero/tipo de obra na lista da Ancine, consta como documentário em rápida busca em banco de dados da internet.

Gráfico 6 – Obras paraibanas em longa-metragem (2000 - 2024)

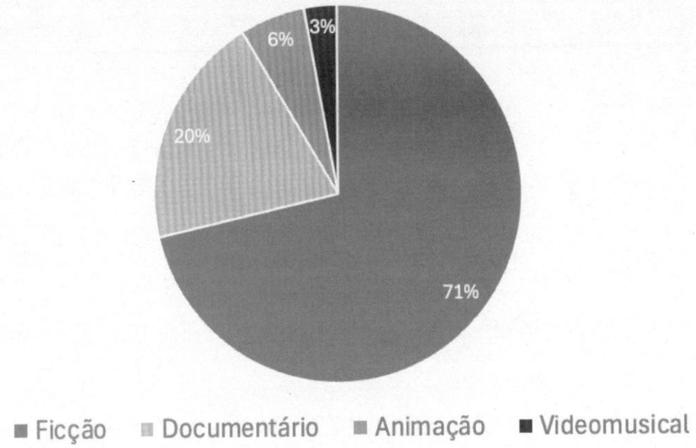

Fonte: elaboração própria a partir da Ancine (2025).

3.2 Longas paraibanos lançados comercialmente

A boa e notável surpresa ao nos depararmos com o número de obras paraibanas produzidas em longa-metragem no período analisado dos últimos 25 anos (2000-2024) pode ser justificada com a falta de exibições e lançamentos no circuito comercial de exibição como indicado pelos mecanismos parametrizados pela Ancine[79], o que acaba sendo reconhecido como o cinema comercial, na falta evidente de uma indústria de cinema e do audiovisual independente no estado da Paraíba.

Entre os 34 filmes em longa-metragem produzidos no período analisado na Paraíba, apenas 8 foram lançados comercialmente, apresentando baixos números de público e bilheteria, e apenas a partir do ano de 2015:

---

79 Respectivamente, Ancine - SALIC (Sistema de Apoio às Leis de Incentivo à Cultura) e Ancine - SADIS (Sistema de Acompanhamento da Distribuição em Salas de Exibição), Filme B e Apuração Ancine, SCB (Sistema de Controle de Bilheteria).

Tabela 1 – Longas paraibanos lançados comercialmente (2000-2023)

Ano de Lançamento	Título	Direção	Gênero	Empresa Produtora Brasileira Majoritária	Empresa Produtora Minoritária Brasileira	Distribuidora	Máximo de Salas	Público	Renda (R$)
2015	Batguano	Tavinho Teixeira	Ficção	Vermelho Profundo/Tavinho Teixeira	-	Vermelho Profundo	2	294	2.804,00
2018	O Nó Do Diabo	Gabriel Martins/ Ian Abé/ Jhésus Tribuzi/ Ramon Porto Mota	Ficção	Vermelho Profundo	Elna Design	Elo Company	25	2.068	18.800,00
2019	A Noite Amarela	Ramon Porto Mota	Ficção	Vermelho Profundo	Narrativa	Vitrine Filmes	17	1.824	13.055,00
2019	Ambiente Familiar	Torquato Joel	Ficção	Extrato De Cinema	-	Elo Company	24	728	6.111,00
2020	Beiço De Estrada	Eliézer Rolim	Ficção	Cyclopea Produções	-	Livres Filmes	1	21	186,00
2021	Desvio	Arthur Lins	Ficção	Canário Produtora De Vídeo Ltda / Carambola Produções Artísticas	-	Vitrine Filmes	3	209	1.522,07
2022	Rebento	Andre Morais	Ficção	Luz E Misterio Producoes Artisticas Ltda	Fundação Cultural De João Pessoa /Pigmento Cinematografico Ltda	Luz E Mistério Filmes	1	490	3.305,00
2023	Seu Amor De Volta (Mesmo Que Ele Não Queira)	Bertrand De Souza Lira	Documentário	Extrato De Cinema Produções E Serviços Cinematográficos Ltda	-	Extrato De Cinema	1	406	2.830,00

Fonte: elaboração própria a partir da Ancine (2024).

Vale analisarmos alguns dados que se depreendem da lista acima apresentada, mesmo que num universo tão diminuto, que não alcança a escala de dezenas, mas de oito unidades, e assim aponta para tendências não estabelecidas e consolidadas. A primeira que destacamos é a confirmação da tendência prenunciada desde o que se convencionou chamar de "cinema da retomada", na passagem do século XX para o século XXI, a respeito de uma diversificação temática e de formas e modelos de produção na filmografia paraibana, em comparação com a tradição do cinema paraibano estabelecida a partir do cinema documental produzido com o marco fundacional representado por *Aruanda* (Linduarte Noronha, 1960). Se utilizarmos apenas os dados formais de comercialização como no quadro acima apresentado, teremos o cinema documentário com apenas um representante, onde podemos fazer uma blague com o título *Seu Amor de Volta (Mesmo que Ele Não Queira)*[80], como um aceno do forte vínculo do cinema paraibano com o cinema documental, sendo paulatinamente substituído por outros gêneros e formatos de filmes, em especial na tipologia de filmes comerciais/comercializados.

Gráfico 4 – Filmes Paraibanos Longa-metragem
Comercializados em Salas de Exibição 2000-2024

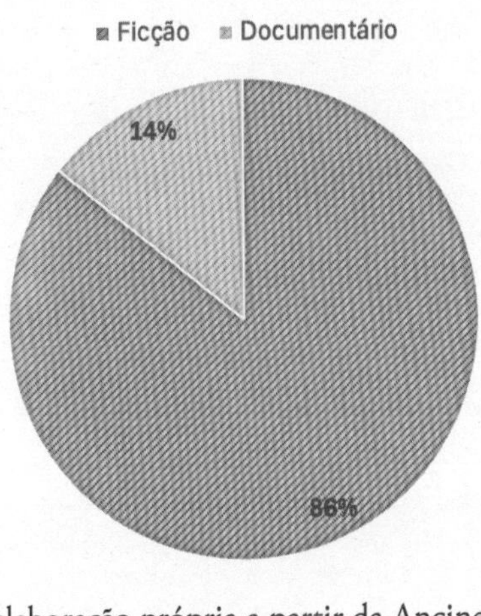

Fonte: elaboração própria a partir da Ancine (2025).

Vale destacarmos que apenas 5 empresas produtoras detêm participação no mercado do cinema paraibano para produções locais e independentes, com relevante destaque para a produtora *Vermelho Profundo*, que responde por mais de um terço do total de obras comercializadas, seguida pela produto-

80 Filme dirigido por Bertrand Lira (2019).

ra *Extrato de Cinema*, que responde por um quarto das produções no universo de filmes em longa-metragem paraibanos comercializados, logo com mais três empresas que respondem cada uma pela comercialização de um longa-metragem paraibano.

Gráfico 5 – Longas paraibanos lançados por empresa produtora (2000-2024)

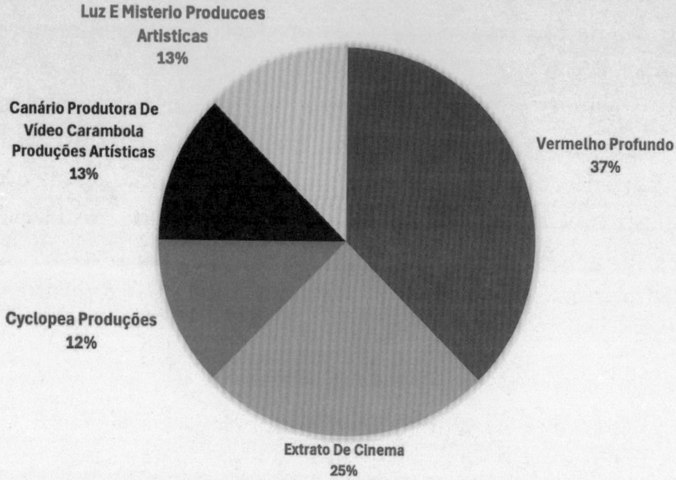

Fonte: elaboração própria a partir da Ancine (2025).

No campo da distribuição, temos uma relação de quase um terço de obras com distribuição própria e dois terços de filmes com distribuição de empresas distribuidoras especializadas, representadas por 3 empresas, sendo duas sediadas em São Paulo (Elo Company e Vitrine Filmes) e uma no Rio de Janeiro (Livres Filmes). Tal dado reforça a hipótese da ausência de empresas distribuidoras locais-regionais como uma das causas de processos de lançamento e distribuição comercial dos filmes produzidos na Paraíba, e especificamente das obras em tela, serem tão escassos e em escala tão diminuta.

Gráfico 6 – Longas paraibanos lançados comercialmente por empresa distribuidora (2000-2024)

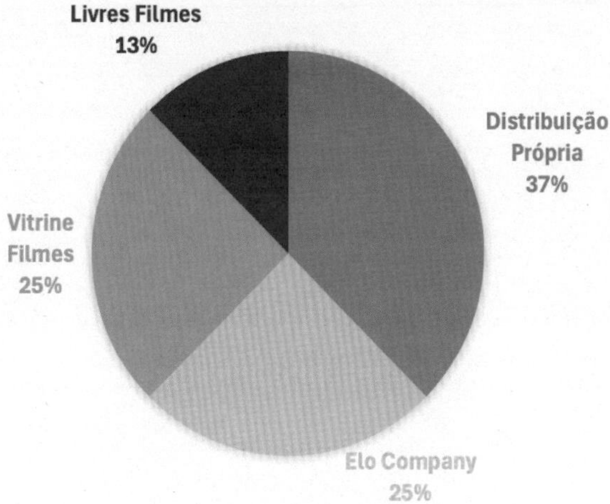

Fonte: elaboração própria a partir da Ancine (2025).

4 Outros Eixos

4.1 Políticas Públicas (Estruturas)

4.1.1 Editais e investimentos estaduais e municipais no setor

Em 01/07/2024, foram identificados alguns órgãos públicos voltados ao desenvolvimento de políticas públicas culturais no Estado da Paraíba, destacando-se a Secretaria de Estado da Cultura da Paraíba (Secult-PB) e a Fundação Espaço Cultural (Funesc). Essas duas entidades estão diretamente ligadas à gestão governamental do estado e são as de maior representatividade em todo o território paraibano. Na capital, João Pessoa, a Fundação Cultural de João Pessoa (Funjope), vinculada à prefeitura municipal, também atua na formulação de políticas públicas culturais. Apesar de ser uma instituição municipal, a Funjope desempenha um papel relevante, pois João Pessoa, como capital do estado, concentra 833.932 habitantes, ou seja, quase ¼ da população de todo o estado[81].

[81] Segundo dados do IBGE encontrados em https://cidades.ibge.gov.br/brasil/pb/panorama. A população do estado da Paraíba é de 3.974.687 pessoas.

4.1.1.1 De 2005 até 2015

A) Funjope

A pesquisa de Cristhine Rolim (2017) traz um panorama a partir de uma sistematização dos investimentos públicos no audiovisual. Segundo a autora, o Fundo Municipal de Cultura de João Pessoa destinou, no total, R$ 500.350,98 ao setor, de 2006 a 2010. O Prêmio Walfredo Rodrigues, por sua vez, foi de R$ 1 milhão em sua primeira edição (2012). Já na segunda (2014/2015), devido à parceria com o Edital de Arranjos Regionais do FSA/Ancine, o valor do aporte subiu para R$ 3,375 milhões, sendo R$ 1,125 milhões provenientes da prefeitura e R$ 2,250 milhões do FSA/Ancine. Essa parceria foi um marco importante para o setor, e pode ser visto como consequência tanto da política do Fundo Municipal quanto da organização da sociedade civil. Essa parceria entre Ancine/MinC e a suplementação de recursos via FSA fomentou a produção de dois longas-metragens de ficção, um longa-metragem documentário, dois telefilmes e nove curtas-metragens.

Desses, podemos destacar como relevante para a presente pesquisa, que visa fazer um panorama mercadológico do setor audiovisual do Nordeste, os longas *Sol Alegria* (Tavinho Teixeira, 2018), *Ambiente Familiar* (Torquato Joel, 2018), o telefilme[82] *O Seu Amor de Volta - Mesmo que Ele Não Queira* (de Bertrand Lira, 2018) e o longa-metragem de ficção *Beiço de Estrada* (Eliézer Rolim, 2018), que alcançaram projeção e circulação nacional em festivais.

B) Secult-PB

Já o Fundo de Incentivo à Cultura – Lei Augusto dos Anjos - vinculado ao estado da Paraíba - contou com três edições de investimento, sendo R$ 402.297,86 na primeira (2005-2008), R$ 300 mil na segunda (2012) e R$ 400 mil na terceira (2014).

O Prêmio Linduarte Noronha, também vinculado ao estado da Paraíba, passou por três edições, com valores de R$ 150 mil (2009) e R$ 375 mil. (2012). Na terceira edição (2014/2015), foi investido R$ 500 mil pelo Estado e R$ 1 milhão pelo FSA, totalizando R$1,5 milhão. O fomento estadual para longa-metragens só ocorreu após diálogos entre produtores da sociedade civil e a Secretaria de Cultura, resultando na alocação de recursos estaduais, possibilitando, assim, um aporte do Fundo Setorial do Audiovisual (FSA) ao Prêmio Linduarte Noronha, lançado em 2014 e executado nos anos seguintes. Apenas duas obras de longa-metragem de ficção foram contempladas, cada

82 O projeto foi aprovado como telefilme, mas ganhou uma versão de longa cinematográfico.

uma recebendo R$ 750 mil: *Desvio* (Arthur Lins, 2019) e *A noite amarela* (Ramon Porto Mota, 2019).

C) UEPB

Vale ressaltar que a Universidade Estadual da Paraíba lançou em 2012 um edital para produção de curtas-metragens paraibanos. O valor total do edital foi de R$ 170 mil.

Segundo Rolim (2017), os investimentos em audiovisual a partir de editais vinculados ao Estado da Paraíba e à Prefeitura Municipal de João Pessoa, entre os anos de 2005 até 2015, foi de R$ 8.172.648,84.

D) Cooperativa Filmes a Granel

Alguns arranjos produtivos foram criados para viabilizar filmes antes dos editais mais robustos e até mesmo no intervalo entre um edital e outro. Um exemplo disso é a Cooperativa Filmes a Granel. Rolim (2017) insere a cooperativa no que ela chama de Fase Digital do cinema paraibano, destacando sua produção colaborativa. A tecnologia digital possibilitou que grupos de amigos e profissionais realizassem projetos cinematográficos. Esse modelo colaborativo permitiu a ampliação da diversidade na produção e provocou pluralidade de olhares.

> A Filmes a Granel, de acordo com informações obtidas dos cooperados, já foi criada com um tempo determinado de funcionamento, foram estabelecidos dois anos para a realização de vinte filmes de curta-metragem através de autofinanciamento. (...) O start de criação da cooperativa aconteceu em 2009 e a Filmes a Granel surge oficialmente em 2010 (Rolim, 2017, p. 93-94).

Dentro da cooperativa, os integrantes trabalhavam em um sistema de permuta, sem remuneração fixa. O apoio financeiro para esses projetos vinha de diversas fontes, incluindo recursos da própria cooperativa, do Sebrae e de investimentos dos próprios diretores. Pelo levantamento feito a partir da pesquisa de Rolim, percebe-se que os valores eram abaixo de R$5 mil por produção.

4.1.1.2 Anos seguintes (2016 até 2021)

A terceira edição do Prêmio Walfredo Rodriguez, vinculado à prefeitura de João Pessoa - 2016/2017, contou com um aporte de R$1,2 milhão da FUNJOPE para telefilmes e curtas, e R$ 2,4 milhões do FSA/Ancine para longas-metragens. Foram financiados três longas-metragens, com valores de até R$ 800 mil cada, um telefilme no valor de R$ 350 mil e dez curtas-metragens. O valor total do edital foi de R$ 3,6 milhões, o maior destinado para o setor em um único edital.

Em 2020 o valor teve uma queda significativa, pois já não contava com o aporte do FSA. Assim, a quarta edição do Prêmio Walfredo Rodriguez de Produção Audiovisual contou apenas com recursos financeiros do Fundo Municipal de Cultura (FMC). O aporte foi destinado para produções de projetos realizados no estado da Paraíba, sendo um projeto de longa-metragem, no valor de R$ 800 mil, e seis projetos de curtas-metragens divididos em duas categorias. No total, o valor destinado foi de R$ 1,2 milhão.

Com a pandemia da Covid-19, surgiram no Brasil alguns mecanismos de incentivos emergenciais. Na Paraíba, a Secretaria de Cultura lançou, no segundo semestre de 2020, o Edital Margarida Cardoso, em consonância com a Lei Aldir Blanc. O edital tinha como objetivo a seleção e fomento de 71 projetos de produção audiovisual, como curtas-metragens e videoclipes. O valor total foi de R$ 2,520 milhões. Além do edital para o audiovisual, as demais áreas da cultura também tiveram editais específicos. Ao todo, foram 12 editais culturais[83]. O valor não foi totalmente destinado à classe artística, forçando a SECULT-PB a lançar a segunda fase com recursos remanescentes. Na segunda fase do Edital Aldir Blanc, lançado em 2021, foram criados cinco editais, sendo que pelo menos três deles contemplavam o audiovisual entre suas áreas de fomento, totalizando R$ 8,67 milhões[84]. Além desse valor, foram destinadas, para o trabalhador do setor cultural, cinco parcelas mensais de pagamento por beneficiário, no valor de R$ 600,00 cada. O valor total destinado para a SECULT-PB foi de R$ 36.164.540,30.

O valor total destinado aos 140 municípios do estado que aderiram ao programa foi de R$ 32.363.457,13, incluindo a capital, que recebeu o montante de R$ 5.651.190,46.

A Secretaria de Estado da Cultura (Secult-PB), criada em 2011[85], é responsável pelo planejamento e gerenciamento de ações culturais no âmbito estadual. Em janeiro de 2024, foram iniciados os repasses das verbas da Lei Paulo Gustavo para os proponentes que tiveram seus projetos aprovados. O Governo Federal destinou R$ 48 milhões ao estado sendo R$ 8 milhões alo-

---

83 https://sites.google.com/view/leialdirblancpb

84 https://funesc.pb.gov.br/noticias/joao-azevedo-anuncia-segunda-fase-da-lei-aldir-blanc-que-contemplara-dois-mil-artistas-da-paraiba-1

85 A lei nº 9.332, de 25 de janeiro de 2011, transforma a então Secretaria de Estado do Acompanhamento da Ação Governamental na Secretaria de Estado da Cultura.

cados para a produção audiovisual de longas-metragens, distribuídos entre as categorias e gêneros conforme descrito: três produções de longa-metragem do gênero ficção – até R$ 1,5 milhão cada; duas produções de longa-metragem do gênero ficção – até R$ 750 mil cada; três produções de longa-metragem do gênero documentário – até R$ 500 mil cada; duas produções de longa-metragem do gênero documentário – até R$ 250 mil cada. A Lei Paulo Gustavo no estado da Paraíba também destinou verba para produção audiovisual em outros formatos, projetos de reforma, restauro, manutenção e financiamento de salas de cinema; para formação e qualificação em audiovisual; para criação, ampliação ou manutenção de cineclubes; para realização de festivais e mostras de produções audiovisuais; para projetos de memória, preservação e digitalização de obras ou acervos audiovisuais; para criação, manutenção ou ampliação de observatórios; para apoio a publicações especializadas e pesquisas sobre audiovisual; para projetos de licenciamento de produções audiovisuais paraibanas para exibição em redes de televisão públicas; e para distribuição de produções audiovisuais paraibanas. A partir do processo de regionalização e descentralização, 12 regionais de cultura foram contempladas com valores diferentes. Essa métrica foi elaborada a partir do número de habitantes de cada regional.

A Fundação Cultural de João Pessoa (Funjope) desempenha um papel relevante no cenário estadual, sobretudo devido à influência que a capital exerce sobre o restante do Estado. Em 2024, a iniciativa de maior destaque foi o edital audiovisual "O Novíssimo Cinema Parahybano", que impulsionou novos projetos e fortaleceu a produção cinematográfica local. Finalizado no ano anterior, os recursos, que somaram R$ 4.224.900,00, foram destinados a produtores audiovisuais com CNPJ ou pessoas físicas – dependendo das categorias. A ideia, segundo a página da Funjope, era selecionar propostas nas linhas de desenvolvimento, produção, difusão, formação e pesquisa do audiovisual paraibano, além da participação em ambientes de mercado nacionais e/ou internacionais[86].

De acordo com o edital[87], ao todo foram destinados R$ 4.024.900,00. Os projetos começaram a ser desenvolvidos no ano de 2024.

86 https://www.joaopessoa.pb.gov.br/destaque/lei-paulo-gustavo/

87 https://transparencia.joaopessoa.pb.gov.br:8080/licitacoes/visualizar-arquivo?id=73612

4.1.2 João Pessoa Film Commission e a Agência de Cinema e Audiovisual de João Pessoa (Acap)

A João Pessoa Film Commission, institucionalizada em 2022, oferece auxílio a realizadores que necessitam de autorizações e outras ações logísticas para filmar na capital. Os serviços ainda estão em fase de implementação, apresentando uma estrutura ainda embrionária, com demandas como autorização de filmagem, cadastros de produtoras, profissionais e fornecedores. Pelo material pesquisado, trata-se, até o momento, de um portal que atua como um elo entre a gestão pública e a sociedade.

Em agosto de 2024, foi sancionada a lei que institui a Agência de Cinema e Audiovisual de João Pessoa (Acap). A lei autorizou a constituição da Agência, contudo, houve veto ao ponto que discutia o Fundo Municipal de Audiovisual (FMA). A agência encontra-se em estágio de implementação, ainda sem funcionamento. É importante ressaltar que a agência é fruto de reivindicação da sociedade civil, elaborada em conjunto com grupos de trabalho (GTs) e por meio do diálogo com o setor público. Trata-se de uma sociedade anônima de economia mista que visa impulsionar o setor a partir de mecanismos de estímulo às produções, eventos, formação profissional e infraestrutura.

4.2 Formação (Universidades, Cursos livres, Regulares etc,)

Até 1º de julho de 2024, diversas instituições na Paraíba oferecem cursos voltados para o cinema, audiovisual e comunicação. Focando no ensino superior, a Universidade Federal da Paraíba (UFPB) dispõe dos cursos de Jornalismo, Radialismo, Cinema e Audiovisual, e Mídias Digitais. Criado em 2012, o curso superior em Cinema e Audiovisual da Universidade Federal da Paraíba (UFPB) tem como objetivo a formação de profissionais e artistas-realizadores na cinematografia e nas diversas mídias e suportes audiovisuais. Com ingresso anual de 15 estudantes, o curso prioriza a experimentação e a criação de novas linguagens audiovisuais. A Universidade Estadual da Paraíba (UEPB) oferece o curso de Jornalismo em Campina Grande, além de atuar na difusão do audiovisual por meio do festival Comunicurtas, que, em 2024, realizou sua 18ª edição[88]. Já a Universidade Federal de Campina Grande (UFCG) disponibiliza os cursos de Educomunicação e de Arte e Mídia. Este último, criado em 1998, é um curso superior de Bacharelado, oferecido

---

[88] As edições acontecem, geralmente, no final do ano. Em novembro de 2024 foi realizada a 19ª edição.

no Campus Campina Grande, no turno diurno e de forma presencial. O curso tem como foco a formação de diretores de Arte e Mídia, capacitando-os para a produção artístico-cultural de maneira interdisciplinar. Sua estrutura contempla diversas áreas artísticas, abrangendo não apenas o audiovisual, mas também áudio, fotografia e teatro. Outro curso superior é o tecnólogo em Design Gráfico, ofertado pelo Instituto Federal de Educação – Campus Cabedelo, região metropolitana da capital. O curso foca em competências das artes, comunicação e design. Além da produção e programação visual para sites, revistas e jornais, o curso desenvolve linguagens e mecanismos técnicos para animações em meio digital. Além do ensino superior, a Paraíba conta com o Centro Estadual de Arte (Cearte), que oferece cursos regulares e livres em seis áreas, sendo o audiovisual e a fotografia uma delas.

Vale ressaltar que a UFPB desempenha um papel fundamental na formação de profissionais do audiovisual no estado, através de diversas ações acadêmicas e de extensão. Historicamente, o curso de Jornalismo foi a principal formação voltada para a atuação no audiovisual independente. Contudo, esse panorama começou a se transformar com a criação do curso de Radialismo na UFPB, do curso de Arte e Mídia — inicialmente vinculado à UFPB e, posteriormente, incorporado à UFCG — e, em 2012, com a implantação do curso de Cinema e Audiovisual da UFPB, que representou um marco na formação específica voltada para a área audiovisual. Além das ofertas acadêmicas, o estado também abriga iniciativas independentes, como os projetos Viação Paraíba e Jabre, bem como a criação do Festival Aruanda, o maior festival de cinema da Paraíba.

Em 2012 a Universidade Federal de Campina Grande (UFCG) lançou o curso de especialização em Produção e Gestão Cultural, sem continuidade. Ainda na cidade de Campina Grande, entre 2018 e 2021, o grupo privado Unicorp ofereceu cursos de Especialização em Cinema.

Além dos cursos universitários, outras iniciativas de formação merecem ser citadas.

A Fundação Espaço Cultural (FUNESC) foi criada em 1981, com foco em áreas diversas da arte, cultura e educação. O Espaço Cultural José Lins do Rego, inaugurado em 1982, é administrado pela Funesc e está localizado na cidade de João Pessoa. No local, encontram-se uma galeria de arte, museu, teatros, escolas de circo, música e dança, planetário, estação de ciências, mezaninos para exposições, uma biblioteca e uma sala de cinema – o Cine Bangüê. Além disso, a Funesc administra outros equipamentos culturais no estado, como três teatros e o Cine Teatro São José, localizado na cidade de Campina

Grande, o segundo maior município da Paraíba. É importante citar os cursos oferecidos pela Funesc para o setor: Curso Avançado de Cinematografia eletrônica digital em 2011, roteiro, direção de atores em 2012 e figurino para cinema em 2014. Um marco importante para o processo de profissionalização do audiovisual, tendo em vista a incursão dos agentes nos editais da Ancine, foi o Curso de Produção Executiva, oferecido pela Funesc em parceria com o Centro de Audiovisual Norte-Nordeste (Canne)[89].

Em 2022, a Fundação Espaço Cultural (Funesc) e a Secretaria da Mulher e Diversidade Humana (SEMDH) ofereceram ações em várias áreas culturais, incluindo o audiovisual, com a exibição de filmes e cinco ações formativas em João Pessoa, Campina Grande, Patos e Cajazeiras.

Em 2012, o Centro Audiovisual Norte Nordeste (CANNE) realizou, em João Pessoa, em parceria com o Núcleo de Produção Digital da Paraíba (NPD-PB), o curso de Roteiro Cinematográfico.

Outras iniciativas também colaboram e colaboraram para o fortalecimento do audiovisual na Paraíba por meio de oficinas e projetos de extensão voltados à interiorização do cinema. Um exemplo é o extinto Cinema Adentro, projeto da ABD-PB que promovia a difusão do audiovisual no estado.

O Para'iwa, Organização Não Governamental, situa o audiovisual como atividade de educação, informação e comunicação, desde 1994. Ações de capacitação multimídia junto aos Pontos de Cultura Multivisualnet, Multivisualnet Brejo - ambos articulados pelo Pontão da Caatinga e o Multivisualnet UFPB e Multivisualnet Águas.

Outra importante iniciativa que transformou o cenário audiovisual paraibano foi o Viação Paraíba, encabeçado por Torquato Joel. O projeto teve início em 2006 e se tornou uma ação pedagógica extensionista da UFPB com apoio do BNB Cultural, levando oficinas de cinema a mais de 20 cidades do interior da Paraíba. A última edição do Viação Paraíba aconteceu na cidade de Araçagi, Paraíba, em 2023. Segundo Canuto (2019), "o ViAção alcançou 43 cidades paraibanas, espalhadas pelas quatro mesorregiões do estado, sendo sua maioria cidades com menos de 25 mil habitantes"(p. 104). Ainda segundo o autor, o projeto abrangeu 25% do estado da Paraíba.

Torquato Joel também esteve à frente do Jabre – Laboratório Paraibano para Jovens Roteiristas, realizado desde 2011. Inicialmente, o Jabre foi um projeto oficial da Universidade Federal da Paraíba (UFPB). Em algumas edições, contou com a participação da professora Virgínia Oliveira (também conhecida como Virgínia Gualberto), coordenadora do *Projeto Cinestésico* –

---

89 https://antigo.paraiba.pb.gov.br/index-34947.html

iniciativa da UFPB, desenvolvida desde 2008, que promove ações intersec-cionadas entre cinema e educação. Virgínia colaborou, a convite de Torquato Joel, com o primeiro Laboratório Jabre, em 2011, até a sua décima edição, em 2019. Atualmente Torquato mantém o laboratório Jabre a partir de recursos próprios e em parcerias com outras instituições. O laboratório adota como modelo pedagógico a imersão em processos colaborativos de de roteirização.

É importante ressaltar que as oficinas e atividades realizadas em festivais pelo interior têm forte impacto histórico no processo de descentralização do setor e na formação de jovens profissionais do audiovisual. Na pesquisa de Josimary Araújo (2021), a professora Virgínia Gualberto afirma que o marco temporal para esse processo de interiorização do cinema paraibano foi no ano de 2007, a partir de ações como o ViAção Paraíba (2006-2007), Paraíba Cine Senhor (2007), Paraíba Cinema Adentro (2007), Projeto Cinestésico (2008), Laboratório Paraibano para Jovens Roteiristas – Jabre (2011). Citando Canuto (2019), Araújo complementa essa lista com a inclusão dos projetos: Janela do Mundo (2011), Semente Cinematográfica (2014) e o Comunicurtas Itinerante (2014).

Em 2022, ocorreu a primeira edição do Festival Internacional de Cinema de João Pessoa (FestincineJP), organizado pela Fundação Cultural de João Pessoa (Funjope), que incluiu o Laboratório de Produção Executiva. Em 2024, foi realizada sua segunda edição do festival, com abertura de vagas para o laboratório de produção executiva.

É importante ressaltar que o Fest Aruanda do Audiovisual Brasileiro, o mais antigo festival de audiovisual da Paraíba, promove, anualmente, laboratórios audiovisuais, como o Laboratório de Narrativas com Susanna Lira, atualmente em sua 5ª edição, além de oficinas, como a de Crítica Cinematográfica, que ocorreu em 2020.

4.3 Associações e Entidades de Classe: da ABD aos Fóruns

As associações e entidades de classe desempenham papéis importantes na articulação e no fortalecimento do setor audiovisual paraibano. Podemos citar a Associação Brasileira de Documentarista, Seção Paraíba (ABD-PB), que, apesar de atualmente estar inativa, foi a associação com maior representatividade para o setor desde os anos 1980. A ABD-PB foi reativada em 2005, com a criação do ponto de cultura Urbe Audiovisual (Canuto, 2019, *apud* Rolim, 2015). Atualmente, a classe dos produtores de audiovisual do estado está em processo de desenvolvimento de uma minuta para a criação da Associação das Produtoras de Cinema da Paraíba (APCine-PB). A proposta é que a nova associação represente exclusivamente empresas sediadas no estado da Paraíba, vinculadas à Ancine, diferentemente da ABD-PB, que abrangia pessoas físicas.

Em 2008, surge o Núcleo de Produção Digital (NPD), parte do programa federal Olhar Brasil. Na Paraíba, o NPD foi instalado no Polo Multimídia da UFPB (Canuto, 2019). O núcleo funciona até os dias atuais e tem como base o fornecimento de equipamentos de filmagem como regime de coprodução.

Pode-se afirmar que os fóruns organizados e geridos de forma autônoma pela sociedade civil são fenômenos relevantes do setor audiovisual paraibano. De maneira independente e sem lideranças ou liderados, em 2011, iniciou-se o Fórum Setorial do Audiovisual Paraibano, com a Carta Coremas, articulando a sociedade civil e criando o movimento A Paraíba Precisa Ser Assistida, que visava mobilizar agentes da sociedade civil e gestores públicos para o desenvolvimento do audiovisual. Tendo o Festival Curta Coremas como marco inicial, após a divulgação da Carta Coremas, um texto redigido após debates durante o festival foi publicado nas redes sociais, apontando caminhos possíveis indicando diretrizes para a efetivação de políticas públicas pelos gestores. A carta foi, de fato, um diagnóstico da classe, produzido pela sociedade civil. Foi a partir da articulação do Fórum que a classe conseguiu eleger representantes para o Conselho Estadual de Cultura da Paraíba — que, à época, já tinha como regra a ocupação de um ente vinculado à ABD-PB, podendo, em seguida, ser um representante do setor, independentemente de ser ou não associado. Também foi possível eleger conselheiros de cultura para ocupar uma cadeira no conselho cultural da capital da Paraíba.

Essa representação e articulação política fizeram com que o Fórum de Audiovisual se tornasse referência para os demais fóruns culturais, principalmente diante das conquistas alcançadas para o setor. Podemos afirmar que a construção do atual equipamento do Cine Banguê foi, em parte, um dos resultados da luta do Fórum, assim como a reforma do Cine São José, atualmente Cine Teatro São José. Destacam-se também a criação e a continuidade de editais, bem como a parceria com o FSA/Ancine para a suplementação dos editais de audiovisual, entre outras ações.

Como uma demanda natural e coerente com o tempo e com as reflexões sociais, percebe-se a necessidade de avançar em políticas públicas de gênero. Assim, o Fórum União das Mulheres no Audiovisual (UMA) surgiu para fortalecer a produção audiovisual a partir da perspectiva feminina na Paraíba.

Como o processo de interiorização do cinema paraibano é algo marcante, surge a necessidade de os debates serem voltados para as demandas do interior. Isso ocorre porque a capital já estava recebendo um olhar mais presente para as políticas públicas, sobretudo após os mecanismos via FSA/Ancine, que possibilitaram maiores recursos para estados e municípios. A prefeitura de João Pessoa teve uma participação considerável, lançando três editais com suplementação via FSA, enquanto o restante do estado permaneceu carente dessa política.

O Fórum de Festivais e Mostras de Cinema da Paraíba, criado em 2019, surgiu a partir da mobilização da sociedade civil, composta por realizadores de eventos dessa natureza (festivais e mostras), com o intuito de estabelecer um diálogo com a Companhia de Água e Esgotos da Paraíba (Cagepa) para o pagamento do edital lançado no mesmo ano. O objetivo principal do fórum é promover a articulação entre os diversos festivais e mostras de cinema no estado, fortalecendo o setor audiovisual e buscando soluções para as questões financeiras e estruturais da área.

4.4 Laboratórios/Feiras de Negócios/Eventos de Mercado

A Fundação Cultural de João Pessoa (Funjope) criou o W.R_Lab - Laboratório de Desenvolvimento de Projetos Audiovisuais, que contou com duas edições. Os laboratórios tiveram como objetivo a formação na escrita de roteiros cinematográficos de longa-metragem, do gênero ficção, e seus respectivos projetos de comercialização. A primeira, realizada entre 2019/2020, teve como objetivo a seleção de três projetos de longa-metragem, oferecendo consultoria com profissionais do setor. Já a segunda edição, em 2021, teve foco no desenvolvimento de roteiros para longas-metragens de ficção, prevendo, além da escrita dos roteiros, a elaboração de projetos de comercialização. Nas duas etapas, os participantes receberam um auxílio/bolsa.

O Festival Internacional de Cinema de João Pessoa (FestincineJP), também organizado pela Funjope, teve duas edições, em 2022 e 2024. Além de exibir filmes de curta e longa-metragem brasileiros e internacionais, tem como característica a criação de um ambiente de mercado para o audiovisual paraibano, com rodadas de negócios.

4.5 Crítica de Cinema

O Jornal A União tem sido um espaço relevante para o jornalismo cultural, destacando-se pelo jornalismo opinativo, que inclui resenhas críticas de arte. O cineasta Linduarte Noronha, por exemplo, publicou críticas no jornal durante as décadas de 1950 e 1960. Até os dias atuais, o jornal segue como uma plataforma para a reflexão e a difusão da arte e da cultura paraibana.

Entre os críticos associados à Abraccine (Associação Brasileira de Críticos de Cinema), destacam-se: Regina Behar, Renato Félix, Lúcio Vilar e Fernando Trevas. Além desses, outros críticos destacam-se pela publicação em portais digitais. Nesse contexto, esteve ativo, entre 2015 a 2023, o site Janela7.com — que teve como editor-chefe Sandro Alves e editora adjunta Kalyne Almeida —, sendo um espaço para críticas cinematográficas de filmes nacionais, internacionais e paraibanos, além de cobrir eventos relacionados ao universo cinematográfico. Já o cineasta e crítico Bertrand Lira publica atualmente suas críticas no portal Parlamento PB. O blog Imagens Amadas, do longevo crítico literário e cinematográfico João Batista de Brito, também se destaca como um espaço de reflexão e crítica.

O crítico Renato Félix, associado à Abraccine, colaborou com diversos veículos ao longo de sua trajetória, incluindo o Correio da Paraíba (1996-2000, esporadicamente, e de 2010 a 2020), o Jornal A União (2000-2003 e desde 2024), o Jornal da Paraíba (2003-2010) e a Revista Preview, de circulação nacional, além de manter um blog pessoal.

Na mídia radiofônica, Ribamildo Bezerra, na CBN, foi pioneiro em abordar temas relacionados ao cinema. Atualmente, Mariah Araújo participa da rádio como colunista, discutindo assuntos relacionados ao cinema nacional e internacional.

4.6 Pesquisa/observatórios

Em sua grande maioria, as pesquisas sobre o audiovisual paraibano estão concentradas nos cursos das universidades, especialmente no mestrado em Comunicação da Universidade Federal da Paraíba (UFPB) e em programas de mestrado e doutorado de outras instituições brasileiras, desenvolvidas por pesquisadores paraibanos ou por aqueles que demonstram interesse no cinema do estado.

O Observatório do Audiovisual Paraibano (OAP), liderado por Carlos Dowling — docente vinculado ao curso de Cinema e Audiovisual da UFPB —, encontra-se em fase de implementação, com pesquisas já iniciadas. A iniciativa tem como objetivo realizar levantamentos e difundir dados e informações sobre o audiovisual paraibano.

Referências

ARAÚJO, Josemary Macedo da Silva. *Projeto Viação Paraíba e a interiorização do cinema paraibano:* uma análise dos processos de produção dos filmes de seus egressos. Dissertação (Mestrado em Comunicação) – Centro de Ciências Humanas, Letras e Artes, Universidade Federal da Paraíba, João Pessoa, 2021.

CANUTO, Kleyton Jorge. *O audiovisual paraibano:* uma proposta de cartografia espacial, social e midiática. Tese (Doutorado em Estudos da Mídia) – Centro de Ciências Humanas, Letras e Artes, Universidade Federal do Rio Grande do Norte, Natal, 2019.

CANUTO, Kleyton Jorge. *Luz, câmera, redes e ação!*: os usos e apropriações das redes sociais pelo audiovisual paraibano e suas práticas sociais cidadãs. 2014. 110f. Dissertação (Mestrado em Estudos da Mídia) - Centro de Ciências Humanas, Letras e Artes, Universidade Federal do Rio Grande do Norte, Natal, 2014.

CIRINO, Nathan; CANUTO, Kleyton Jorge. Festivais de cinema pós-Covid-19: impactos e perspectivas. *Significação*: Revista de Cultura Audiovisual, [S. l.], v. 48, n. 56, p. 268- 284, 2021.

IKEDA, Marcelo Gil. O papel da Ancine nas políticas públicas para o audiovisual brasileiro. *Extraprensa*, São Paulo, Brasil, v. 14, n. 2, p. 122–142, 2021.

ORICCHIO, Luiz Zanin. Aruanda 2018: a primavera do cinema paraibano. *Jornal o Estado de São Paulo*, Blog Opinião, 10 dez. 2018. São Paulo, Brasil.

ROLIM, Cristhine Lucena. *Estratégias alternativas de produção no cinema brasileiro contemporâneo:* o caso da cooperativa Filmes a Granel. Dissertação (Mestrado em Comunicação) – Universidade Federal da Paraíba, João Pessoa, 2017.

Mercado audiovisual pernambucano

Amanda Barros Gomes
Bernardo Lessa
Mannuela Costa

1 Entre a tradição e contemporaneidade, uma história cinematográfica

Não é exatamente uma novidade na área de pesquisa que o estado de Pernambuco apresenta uma tradição histórica no segmento do Cinema e do Audiovisual. Esse histórico, datado do início do século 20, seguido pelos ciclos experimentais e de super-8 na segunda metade do mesmo período, ganhou outros contornos nos últimos trinta anos. Outros realizadores ganharam notoriedade, com um novo ciclo de produção (re)iniciado com *Baile Perfumado* (1997, Direção de Lírio Ferreira e Paulo Caldas, Saci Filmes), seguido da pujança das produções digitais, majoritariamente realizada por jovens ainda universitários ou recém-saídos dos cursos de Comunicação, Artes e afins.

Em pesquisa anterior, Costa (2017) descreve esse processo como resultado de um conjunto de condições sociohistóricas, obras audiovisuais e da ação dos legitimadores do campo cinematográfico, sejam institucionais (com a criação da Ancine e o estabelecimentos de políticas de fomento regionais), midiáticos (a crítica e a programação dos festivais, por exemplo), ou tecnológicos (com a democratização dos meios de produção e circulação das obras audiovisuais).

Nos últimos anos, o mercado audiovisual em Pernambuco passou por um crescimento expressivo, refletido no aumento significativo de empresas produtoras independentes registradas na Ancine. Em 2013, existiam 146 produtoras independentes operando no estado, número que mais do que dobrou no decorrer dos anos, atingindo 325 empresas em 2023, em situação regular, uma distribuição de cerca de 27,8 mil habitantes por empresa (ME, LTDA, EIRELI). Esse crescimento de 123% é indicativo de um dinamismo que pode ser atribuído a uma série de fatores, incluindo o fortalecimento das políticas públicas de incentivo, a expansão das tecnologias digitais, e o aumento da visibilidade das produções locais tanto em âmbito nacional quanto internacional. Do ponto de vista formal dos CNPJs, das 325 produtoras independentes, 214 têm como atividades principais aquelas definidas pela Ancine como aptas à captação de recursos, sendo elas: 158 (48,61%) apresentam CNAEs como atividade principal de "Atividades de produção cinematográfica, de vídeos e de programas de televisão não especificadas anteriormente", enquanto 34 (10,46%) estão classificadas como "Produção de filmes para publicidade"; já com o CNAE "estúdios cinematográficos", há 22 produtoras (6,77%). Juntas, essas categorias representam 65,8% do total de produtoras independentes, evidenciando a importância dessas atividades para o mercado audiovisual pernambucano, com obras que se enquadram como "brasileira independente". Há ainda um número grande de agentes econômicos cadastrados de maneira regular na Ancine, correspondendo a pessoas físicas e MEI, microempreendedores individuais, com atividades econômicas relacionadas ao audiovisual (aí se incluem agentes com atividades de publicidade, artísticas ou culturais, que de alguma maneira são fiscalizadas e reguladas pela agência).

É importante considerar que nem todos os CNPJs registrados na Ancine refletem uma atividade contínua no mercado audiovisual pernambucano. Muitas vezes, esses registros são realizados como mera formalidade para a obtenção do Certificado de Produto Brasileiro (CPB) ou para a realização de um projeto único, sem que a empresa mantenha uma atuação prolongada no setor. Para uma análise mais precisa do tamanho real do mercado, seria essencial concentrar-se nas produtoras que demonstraram atividade consistente, como aquelas que aprovaram projetos para captação nos últimos cinco anos. Essa abordagem permitiria distinguir entre as empresas que estão verdadeiramente inseridas e operantes no campo audiovisual e aquelas que apenas possuem um registro formal.

Como último ponto a ser destacado, indicamos que há 120 empresas com o CNAE "Distribuição cinematográfica, de vídeo e de programas de televisão" como atividade secundária e apenas uma, fundada em 2024, como atividade principal. Na prática, identificamos apenas uma distribuidora de longas, a Inquieta Filmes (que não consta nos dados que usamos de base da Ancine), que também atua como produtora. Há algumas iniciativas de empresas e pessoas físicas que distribuem curtas-metragens.

A distribuição geográfica das produtoras reflete, em grande medida, a concentração populacional e de renda na localidade, com mais de 80,9% das produtoras concentradas na Região Metropolitana do Recife, que engloba quase 3,707 milhões de pessoas, isto é, 41,71% da população pernambucana.

Entre as 10 cidades com maior concentração de PIB per capita no estado, existem 04 pertencentes à RMR, que são: Recife (R$ 33.094,37); Cabo de Santo Agostinho (R$ 65.022,05); Itapissuma (R$ 87.814,64); e Ipojuca (R$ 150.647,79)[90]. Tomados em seu conjunto, os 14 municípios da RMR participam com 56,14% do Produto Interno Bruto (total) estadual (CONDEPE/FIDEM, 2024, p. 44)[91] , com o setor de serviços (onde está o setor audiovisual) sendo responsável por 75,17% do Valor Adicionado Bruto.

Gráfico 1 - Produtoras de Pernambuco registradas na Ancine por município (2024).

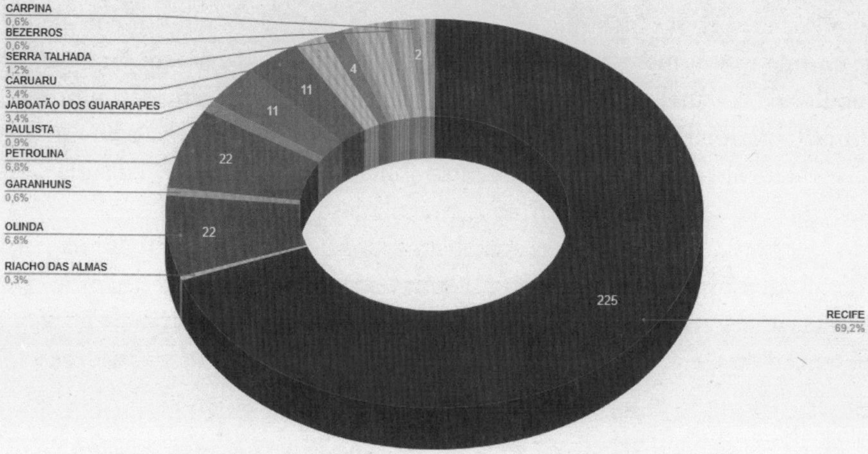

Fonte: Dados compilados pelos autores, a partir do OCA/ Ancine. Atualizado em 01/07/2024.

Das 325 produtoras brasileiras regulares e com classificação de nível na Ancine, apenas uma ocupa o Nível 5, a Viu Cine, responsável por obras como o longa *Recife Assombrado* (2019, Dir.: Adriano Portela) e a série de animação *Além da Lenda* (Dir.: Alisson Ricardo, 2018), que também virou longa-metragem e livro infantil. No nível 2, estão 12 agentes econômicos, correspondentes

90 O alto valor de renda per capita nas cidades da RMR, Zona da Mata, Agreste e Sertão se relaciona à presença de indústrias (polos industriais como o da Stellantis, em Goiânia e várias empresas no Cabo de Santo Agostinho; Porto de Suape, em Ipojuca; fábrica de álcool e açúcar em Camutanga, por exemplo), à forte atuação da agricultura e fabricação de produtos alimentícios (como Petrolândia e Belo Jardim); e, sem dúvidas, ao setor de turismo e hotelaria, que se relaciona a alguns desses municípios já citados, bem como à ilha de Fernando de Noronha.

91 Produto Interno Bruto dos Municípios - Pernambuco. 2021. Disponível em: http://www.condepefidem.pe.gov.br/web/condepe-fidem/produto-interno-bruto-pib. Acesso: 18 ago.2024.

a 3,7%. Apenas 3 (0,9%) delas são de nível 3, enquanto 8 (2,5%) produtoras estão alocadas no nível 4, a saber: Aroma Filmes, Ateliê Produções, Carnaval Filmes, Cinemascópio, Desvia, Pacto Audiovisual, Plano 9 Produções e Rec Produtores Associados. A esmagadora maioria está ainda no nível 1, ou seja, 92,6% são consideradas produtoras iniciantes, sem obras de longa-metragem e séries de TV com minutagem suficiente para solicitarem a mudança de nível. Há que se ressaltar, entretanto, que a classificação de nível não é automática, sendo realizada por demanda do agente econômico, através dos CPBs das obras aptas a serem contabilizadas, conforme IN 119/2015.

Gráfico 2 - Classificação de Nível das produtoras de Pernambuco na Ancine (2024)

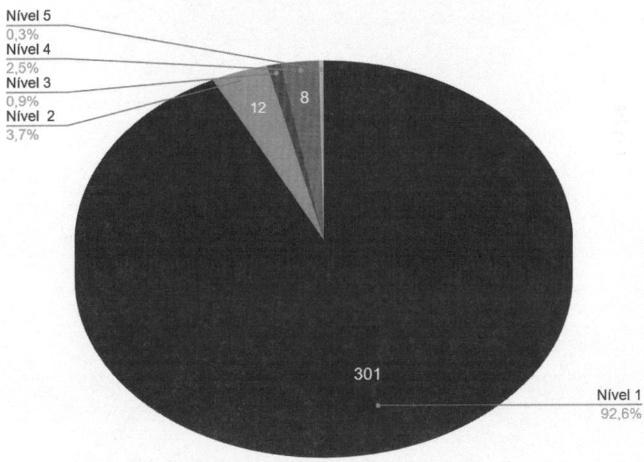

Fonte: Dados compilados pelos autores, a partir do OCA/ Ancine. Atualizado em 01/07/2024.

2 Circuito Exibidor: salas de cinema, TV e outras janelas.

2.1 Salas de cinema

Dados sistematizados do mercado cinematográfico brasileiro, disponíveis no OCA/Ancine (2025), apontam que existem 31 complexos e/ou salas isoladas registradas oficialmente e em funcionamento no estado de Pernambuco, totalizando 114 salas regulares e ativas. O acúmulo de salas na capital Recife perfazendo um total de 46,5% (53) confirma a tendência nacional de concentração geográfica nas capitais e região litorânea, aumentando ainda mais quando verificamos que 34,2% (39) das salas restantes estão situadas nas demais cidades da Região Metropolitana do Recife, restando apenas 19,3% (22) nas cidades do interior.

Gráfico 3 - Salas de exibição comerciais por município de Pernambuco

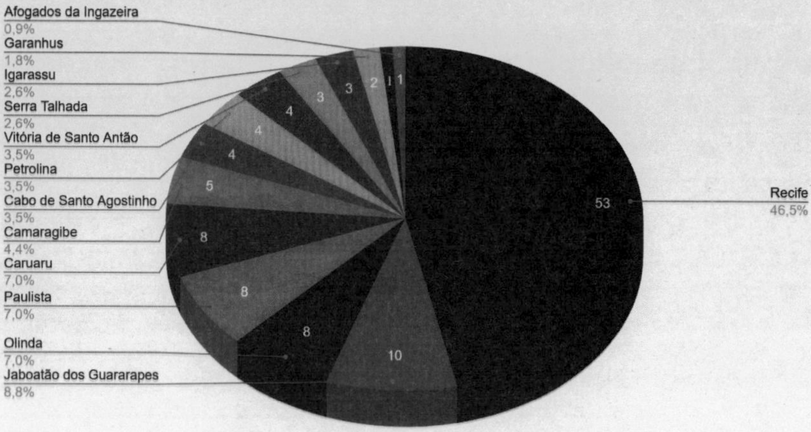

Fonte: OCA/Ancine[92]

Gráfico 4 - Salas em funcionamento em Pernambuco (2013-2023)

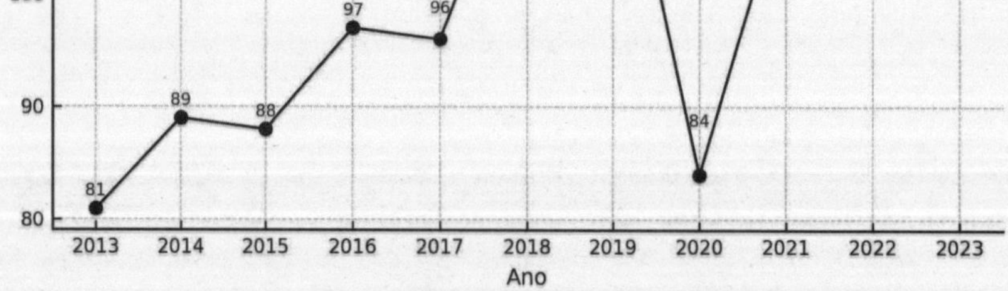

Fonte: Dados compilados pelos autores, a partir do OCA/ Ancine. Atualizado em 01/07/2024.[93]

---

92 Não foi contabilizado no gráfico o município de Carpina, pois consta "em funcionamento" porém "Irregular", segundo a base de dados da Ancine (01/2025). Dessa forma, não atende à metodologia desta pesquisa, que considerou salas "em funcionamento" e "regulares".

93 A metodologia da Ancine para a elaboração do gráfico considera "apenas salas em funcionamento, que se enquadram como comerciais e não itinerantes, assim definidas na Instrução

As salas são majoritariamente comerciais, havendo a existência de 2 salas não comerciais, pertencentes à UFPE (Cinema da UFPE) e à Prefeitura do Recife (Cinema do Teatro do Parque), sendo esta última situada no Centro da cidade e a primeira, no Campus Recife da Universidade. Ambas abrigam eventos especiais, pré-estreias, cineclubes, festivais e mostras culturais. Não gozam, ainda, de programação regular, inclusive porque o cinema do Teatro do Parque é um espaço multiuso, que recebe shows musicais, peças teatrais e espetáculos de dança, por exemplo.

Os complexos (considerando agrupamentos de 2 ou mais salas no mesmo endereço, com o mesmo proprietário) constituem 87,9% da oferta de salas, seguindo a tendência que encontramos no mercado nacional exibidor, no qual dominam complexos de salas pertencentes a grupos nacionais ou internacionais. Detectamos a presença de 3 complexos exibidores de empresas internacionais, Cinépolis, Cinemark, UCI Ribeiro (*joint venture* entre uma empresa nacional - Ribeiro - e uma estrangeira - UCI), que juntos detêm 54 (45,4%) salas do estado. Os grupos exibidores brasileiros Centerplex, Cine A, Cinesystem, Grupo Cine, Kinoplex, Moviemax, Orient, Planet Cinemas, somam 52 salas. Juntos, os complexos nacionais e internacionais detêm 93,0% de todos os assentos (comuns e especiais) ofertados no estado.

Segundo o OCA/Ancine, no estado de Pernambuco, foram realizadas 148.963 sessões de cinema em 2024, sendo que apenas 15,7% de filmes nacionais brasileiros, com a venda de pouco mais de 4,9 milhões de ingressos. Com 11,7% de participação de mercado, consideradas as sessões de cinema exclusivas de filmes brasileiros, teve o público médio de 25 pessoas por sessão, enquanto o filme estrangeiro registrou a média de 35 pessoas por sessão.[94]

Entre as salas operadas por grupos ou organizações nacionais, há 3 pertencentes à Fundação Joaquim Nabuco (Fundaj), uma fundação pública de direito privado vinculada ao Ministério da Educação, criada em 1949[95]. Além de cinemas, a Fundaj conta com outros equipamentos, como salas de exposição de artes visuais, o Museu do Homem do Nordeste e com a Cinemateca Pernambucana (abordada mais à frente). Essas três salas têm programação

---

Normativa nº 123, de 22 de dezembro de 2015". Algumas salas presentes no estado não fazem parte deste critério, mas foram consideradas no gráfico por sua importância estratégica para o mercado exibidor e recepção cinematográfica regional.

94 Fonte: Painel de Indicadores do Mercado de Exibição - Ancine/OCA. Acesso: 16 jan.2025. Filtrado por UF, ano de 2024.

95 No momento da escrita deste texto (fevereiro/2025), estas salas de cinema aparecem em situação irregular, em função de causas que as pessoas autoras desconhecem.

regular, com filmes nacionais e internacionais, privilegiando uma filmografia de origem diversificada, atendendo às distribuidoras nacionais de pequeno e médio porte, com filmes nacionais e internacionais. Os cinemas da Fundação, como são chamados, estão localizados em três bairros: Casa Forte (Cinema do Museu), Derby (Cinema do Derby) e no Recife Antigo (Cinema do Porto). Juntos, eles desempenham um papel de formação de público e de espaço para uma filmografia menos hegemônica, além de abrigar mostras, festivais e exibições educativas.

Não constam na lista da Ancine o Cinema São Luiz, no centro do Recife, e o Cine Theatro Guarany, localizado em Triunfo, sertão de Pernambuco. As salas de exibição são remanescentes da tradição de cineteatros do início do século 20, ambos tombados pela Fundarpe[96], e são operados pelo Governo de Pernambuco, cabendo a ressalva de que, apenas no final de 2024, o cinema triunfense voltou a abrir as portas, após um período longo de reforma, sendo atualmente gerido conjuntamente pelo estado e pelo governo municipal. O mesmo aconteceu com o Cinema São Luiz, que vinha operando com filmes nacionais e internacionais, com cobrança de ingressos, além de receber mostras e festivais. Após dois anos em reforma, reabriu nos últimos meses de 2024 e atualmente leva a cabo uma programação cultural, ainda sem exibições comerciais.

No interior de Pernambuco, tanto o SESC[97] quanto a Fundação Cultural Senhor Bom Jesus dos Remédios - ligada à Igreja Católica - atuam em salas locais em Garanhuns e Afogados da Ingazeira, respectivamente, com uma programação que alterna lançamentos e filmes de maior público, quanto filmes de menor porte, festivais, mostras e ações educativas.

2.2 Mostras, festivais e cineclubes

O circuito de exibição não comercial em Pernambuco é amplamente potencializado pelos inúmeros festivais e cineclubes, formais ou informais, que existem nos diversos municípios do estado. No estudo realizado por Corrêa (2024), em 2016 foram catalogados 19 festivais, aumentando para 25 no ano de 2023. Os festivais são, em sua maioria, realizados por produtores culturais, ou seja, iniciativa privada, ainda que mormente financiados por recursos públicos e alguns deles têm mais de 10 edições de realização (Tabela 1), gozando de prestígio nacional entre realizadores e crítica. Há outros rea-

---

[96] Fundarpe - Fundação do Patrimônio Histórico e Artístico de Pernambuco, ligada à Secretaria de Cultura de Pernambuco.

[97] SESC - Serviço Social do Comércio.

lizados pelo poder público estadual, como parte das atividades regulares de fomento à circulação de obras audiovisuais, como o Festcine (em Recife, com 21 edições realizadas) e o Festival de Cinema de Triunfo, que ocorre na cidade de Triunfo, sertão pernambucano, que realizou, em 2024, sua 15ª edição. Os festivais realizados pela iniciativa governamental ocorrem majoritariamente em salas de cinema igualmente públicas, geridas pelas municipalidades ou pelo estado (podendo ser em regime de cooperação), como o Cinema São Luiz e o Cine Theatro Guarany.

Tabela 1 - Festivais de Pernambuco com pelo menos dez edições (2024)

NOME	EDIÇÃO	MUNICÍPIO	TEMÁTICA/ PERFIL	ABRANGÊNCIA	METRAGEM	INSCRIÇÃO
Cine PE	27ª	Recife	Geral	Nacional	Curta e Longa	Formulário Próprio
Festival Osga de Vídeos Universitários	17ª	Recife	Universitário	Nacional	Curta	Formulário Próprio
Curta Taquary – Festival Internacional de Curta-Metragem	16ª	Taquaritinga do Norte	Geral	Nacional	Curta	Formulário Google
CineCreed	15ª	Abreu e Lima	Geral	Nacional	Curta	Formulário Próprio
Janela Internacional de Cinema do Recife	15°	Recife	Geral	Nacional	Curta e Longa	Formulário Google
Festival de Cinema de Triunfo	13ª	Triunfo	Geral	Internacional	Curta e Longa	Formulário Próprio
ANIMAGE – Festival Internacional de Animação de Pernambuco	13ª	Recife	Animação	Internacional	Curta	Plataforma Virtual
Festival de Cinema de Caruaru - Festcine CRU	11ª	Caruaru	Geral	Internacional	Curta	Plataforma Virtual
RECIFEST – Festival de Cinema da Diversidade Sexual e de Gênero	10ª	Recife; Vicência	LGBTQIAP+	Nacional	Curta	Formulário Google

Fonte: Dados compilados pelos autores, a partir de pesquisa exploratória e Panorama dos Festivais/mostras audiovisuais Brasileiros de 2023. Atualizado em 20/12/2024.

Pernambuco tem um histórico cineclubista bastante relevante, sendo a maioria originalmente ligada às instituições de ensino de artes e comunicação. Casanova da Silva (2021) resgata a trajetória do cineclubismo no Brasil, com especial destaque para o estado de Pernambuco, observando-o como instrumento de acesso aos direitos culturais. Os cineclubes sempre tiveram um papel relevante, pois dão a ver não apenas os filmes não comerciais, que não acham espaço nas salas de cinema ainda em funcionamento nas cidades, mas também promovem a formação do gosto e do olhar, através dos debates pós-sessão, característica da atividade.

Na primeira década dos anos 2000, o movimento cineclubista pernambucano ganha novo fôlego, inclusive com a formação da FEPEC (Federação Pernambucana de Cineclubes), em 2008, por ocasião do Festival de Cinema de Triunfo. Como resultado dessa mobilização, os editais públicos de fomento publicados no estado passaram a incluir linhas de fomento e apoio à formação e manutenção de cineclubes. Atualmente, existem 10 cineclubes registrados no Conselho Nacional de cineclubes (CNC), mas este número não reflete a realidade, pois, no 18° edital do Funcultura Audiovisual de 2023/2024, foram contempladas 12 iniciativas cineclubistas no estado, cuja lista diverge daquela registrada no CNC. Já no edital da Lei Paulo Gustavo (LPG-PE), foram contempladas 20 iniciativas[98], presentes nas diversas regiões do estado.

2.3 Televisão e Streaming

O campo televisivo pernambucano é igualmente pioneiro, pois as primeiras duas emissoras a funcionar no Nordeste, TV Rádio Clube (ligada ao grupo Diários Associados, de Assis Chateaubriand, associada à TV Tupi, à época) e à TV Jornal do Commercio (do empresário F. Pessoa de Queiroz, proprietário do Jornal do Commercio e da Rádio Jornal), entraram em funcionamento em junho de 1960. Já a atual Globo Nordeste (que é uma emissora própria da TV Globo, e não uma afiliada) iniciou suas atividades em 1972, permanecendo propriedade do Grupo Globo (TV Globo) até os dias atuais.

Na iniciativa pública e educativa, temos a primeira emissora educativa do Brasil, a TV Universitária (TVU), ligada à Universidade Federal de Pernambuco (UFPE), inaugurada em 1968, ainda em funcionamento. Atualmente é afiliada da TV Brasil e compõe o Núcleo de Rádio e Televisão Universitárias da UFPE, com uma programação própria bastante limitada

[98] Disponível em: https://www.mapacultural.pe.gov.br/files/opportunity/1048/resultado-final-001-acoes-criativas-audiovisual.pdf . Acesso em: 16 jan. 2025. Ver também relação constante no site do CNC.

a programas em formato de revista, interprogramas e programas especiais. Durante muitos anos, a TVU exibiu um programa semanal dedicado aos curtas-metragens, "Agora Curta", que foi escola e vitrine para inúmeras pessoas do mercado local.

Existe também a Empresa Pernambuco de Comunicação (EPC), criada pela Lei 14.404/2011, passando a funcionar em 2013, resultado da articulação de um grupo de trabalho formado por representantes da sociedade civil e do Governo, para repensar o papel da TV Pernambuco (TVPE), que estava em funcionamento desde 1983, com sede em Caruaru, no agreste do estado. Inicialmente intitulada TV Tropical, chegou a ser afiliada ao SBT, depois à TV Record e às Bandeirantes, e já no final da década é que assumiu o nome de TVPE. Na década seguinte, alternou a programação entre Bandeirantes, Rede 21 e CNT, conforme as cabeças de rede na capital iam modificando sua programação e filiação. Passou a exibir a programação do Canal Futura, já nos anos 2000, e depois a da TV Brasil, após a criação da EBC (Empresa Brasileira de Comunicação). Em 2021, voltou a exibir a programação da TV Cultura e é ainda afiliada da TV Brasil.

Ambas as emissoras públicas eventualmente abrem espaço (através de chamadas públicas ou demanda direta de espaço de exibição por parte dos produtores locais) para a produção audiovisual regional. Em geral, essa produção é originada de fomento público nacional, regional ou local, que prevê o contrato de exibição com um canal e/ou emissora de TV. No que tange à produção original, a TVPE atua mais diretamente cobrindo eventos públicos do estado de Pernambuco (os grandes festivais, ciclos festivos - como Carnaval e São João), além de programas especiais sobre o estado, enquanto a TVU volta-se para uma programação mais atemporal (revista, programas especiais). Outro aspecto que garante a presença da produção audiovisual independente na TV Pernambuco é a previsão do direito de exibição das obras fomentadas pelos editais do Funcultura Audiovisual (curtas, médias e longas, bem como séries e interprogramas), a título não oneroso, dois anos após o lançamento comercial dessas obras. A ação constitui uma contrapartida institucional ao Governo de Pernambuco, financiador do Funcultura.

Os demais canais de TV aberta estão mormente presentes na capital do estado e são majoritariamente comerciais, afiliadas das redes nacionais, como SBT, Record, Band, com abrangência limitada ao Grande Recife e, em alguns casos, com retransmissoras presentes em municípios de maior porte no interior do estado (Caruaru e Petrolina, por exemplo). A maioria tem faixas de 3h a 6h de programação local, que variam entre entretenimento e notícias, retransmitindo a programação nacional das respectivas emissoras a que são ligadas, com pouco ou nenhum espaço para a produção independente regional. A Globo Nordeste, eventualmente, cria espaços para longas-metragens, através de licenciamento oneroso, mas fora da faixa de horário nobre. Há alguns anos, a Globo Filmes criou uma chamada pública, escolhendo algumas praças da região Nordeste para que produtores locais enviem projetos de telefilmes regionais[99]. Além de um financiamento pela Lei do Audiovisual, a Globo garante a exibição em horário diurno e promoção para a obra.

Há também canais legislativos (TV Câmara, TV Alepe, por exemplo) e espaços ocupados com programação educativa, com exibição de atividades educativas de prefeituras ou de fundações e institutos de ensino superior, como o Instituto Federal de Educação, Ciência e Tecnologia do Sertão Pernambucano.

Até o fechamento deste texto (fevereiro/2025), não havia registros de plataformas de streaming de caráter local ou regional. Os produtores locais circulam suas obras em plataformas nacionais e internacionais, por meio de contratos diretos com tais serviços ou por meio de intermediários (vendedores, empacotadores, distribuidores e agentes de venda).

3 Obras Audiovisuais (Produzidas/Lançadas)

3.1 Longas lançados em salas de cinema e o público

Segundo dados da Ancine, entre 2013 e 2023 foram lançados 1.549 filmes brasileiros, sendo 1.120 cuja produtora majoritária está sediada em São Paulo ou Rio de Janeiro, ou seja, 72,3% de toda a produção nacional. No caso de Pernambuco, neste mesmo período foram lançados 77 filmes cuja produtora majoritária está sediada no estado (doravante, Obras Pernambucanas).

Do total de filmes brasileiros lançados neste período, 1.175 (75,9%) não chegaram a 10 mil de público em salas de cinema, 302 (19,6%) alcançaram até 500 mil espectadores, 27 (1,8%) ficaram entre 500 mil e 1 milhão espectadores e apenas 41 (2,7%) ultrapassaram a marca de 1 milhão. Quando falamos de Obras Pernambucanas, do total de 77 lançadas no período, 61 (79,2%) não chegaram a 10 mil espectadores, 15 (19,5%) alcançaram até 500 mil espectadores e apenas 1 (1,3%) ultrapassou este patamar, chegando

---

99 Em Pernambuco, o telefilme contemplado e exibido foi *Eu quero ir* (2024, Dir.Pablo Polo, REC Produtores Associados), que, além do horário local, foi também exibido no Tela Quente, horário nobre nacional da emissora.

a 741.977 ingressos vendidos em todo Brasil: *Bacurau* (2019), dirigido por Kleber Mendonça Filho e Juliano Dornelles.

Gráfico 5 - Longas-metragens lançados comercialmente por ano e UF da empresa produtora

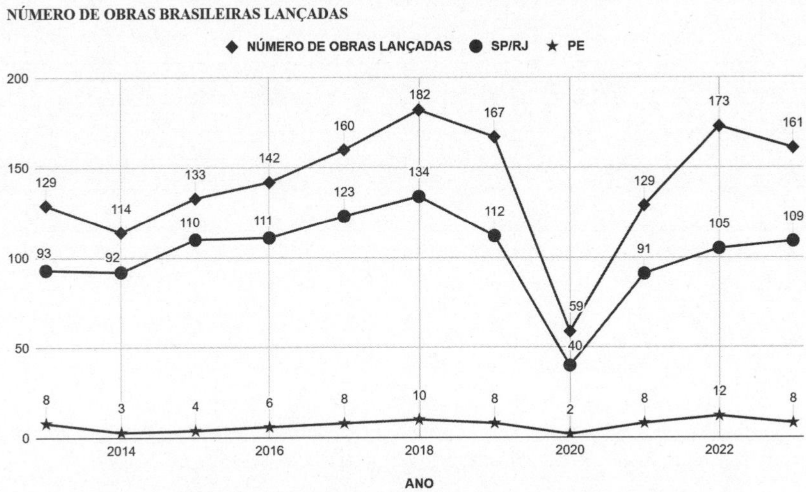

Fonte: Dados compilados pelos autores, a partir do OCA/ Ancine. Atualizado em 01/07/2024.

Por mais assustadores que estes números pareçam, não estão longe da realidade nacional, em que a participação de público do cinema brasileiro varia em torno de 10 a 15% há décadas, ainda que o número de obras brasileiras lançadas em salas de cinema esteja num nível competitivo alto de modo que, para cada 3 obras lançadas, ao menos 1 é brasileira.

3.2 Longas com CPB (2013/2023)

Entre 2013 e 2023, foram emitidos 159 CPBs para longas-metragens por produtoras sediadas em Pernambuco, com uma média anual de aproximadamente 14 filmes. Ao longo dessa década, observa-se uma trajetória marcada por oscilações moderadas, com anos de crescimento gradual até o pico de 22 CPBs registrados em 2019. O período posterior à pandemia também demonstra resiliência do setor, com a retomada das emissões e estabilidade nos últimos anos. Esses números refletem a consolidação de núcleos produtivos no estado, e o impacto direto das políticas públicas de fomento, como o Funcultura e os mecanismos federais de incentivo, que permitiram a diversificação de gêneros, formatos e perfis de realizadores.

Tabela 2: Longas pernambucanos com CPB por ano e por tipo de obra (2013-2023)

ANO	ANIMAÇÃO	DOCUMENTÁRIO	FICÇÃO	RELIGIOSO	VIDEOCLIPE	TOTAL
2013	-	3	6	1	1	11
2014	-	6	3	-	1	10
2015	-	6	7	-	2	15
2016	-	5	4	-	4	13
2017	-	11	3	-	2	16
2018	-	6	6	-	3	15
2019	-	15	6	-	1	22
2020	5	11	6	-	1	23
2021	-	4	5	-	3	12
2022	-	4	4	-	-	8
2023	-	10	3	-	1	14
Total	**5**	**81**	**53**	**1**	**19**	**159**

Fonte: dados compilados pelo autor a partir do OCA/ Ancine. Atualizado em 01/07/2024.

Ademais, é possível observar uma forte concentração produtiva em poucas empresas. Apenas 15 produtoras foram responsáveis por 42,7% de todos os CPBs emitidos para longas no período, o que revela um mercado em que a produção regular ainda está centralizada em atores mais estruturados. Entre os destaques estão nomes como Desvia, Cinemascópio, Rec Produtores e Ponte Produtoras, que figuram de maneira recorrente na emissão de CPBs ao longo dos anos. A presença contínua dessas empresas sugere que elas desempenham um papel importante na consolidação de uma cadeia produtiva mais profissionalizada e estável dentro do estado.

Tabela 3: CPBs emitidos por produtora de Pernambuco

PRODUTORA	ANIMAÇÃO	DOCUMENTÁRIO	FICÇÃO	RELIGIOSO	VIDEOCLIPE	TOTAL
DESVIA	-	2	7	-	-	9
REC PRODUTORES	-	2	4	-	-	6
CINEMASCÓPIO	-	2	3	-	-	5
PONTE PRODUTORAS	-	3	2	-	-	5
VIU CINE	1	3	1	-	-	5
AC CAVALCANTE	-	2	2	-	-	4
ALDIVAN TEIXEIRA	4	-	-	-	-	4
AROMA FILMES	-	1	3	-	-	4
ATELIE PRODUÇÕES	-	3	-	-	1	4
CEREJA PRODUÇÃO	-	3	1	-	-	4
LUAN PROMOÇÕES	-	-	-	-	4	4
ORQUESTRA CINEMA	-	1	3	-	-	4
PLANO 9	-	1	3	-	-	4
99 PRODUÇÕES	-	3	-	-	-	3
CABRA QUENTE	-	2	-	-	1	3
OUTRAS	-	53	24	1	13	91
TOTAL	**5**	**81**	**53**	**1**	**19**	**159**

Fonte: Dados compilados pelos autores, a partir do OCA/ Ancine. Atualizado em 01/07/2024.

Ademais, o cinema pernambucano tem se destacado nos cenários nacional e internacional, com várias produções alcançando reconhecimento em prestigiados festivais ao redor do mundo. *Bacurau* (Kleber Mendonça Filho e Juliano Dornelles, 2019), produzido pela Cinemascópio, conquistou o Prêmio do Júri no Festival de Cannes. Além disso, *Azougue Nazaré* (Tiago Melo, 2018), da Urânio Filmes, venceu o prêmio de Melhor Filme na mostra *Bright Future* no Festival de Roterdã, enquanto *Sem Coração* (Nara Normande e Tião, 2024), foi exibido no 80º Festival de Veneza (Itália) e, no Brasil, recebeu dois prêmios no Festival do Rio e mais um na Mostra Internacional de São Paulo, em 2023.

3.3 Obras audiovisuais produzidas

Quando tratamos da produção de obras audiovisuais, podemos usar como referência o número de CPBs emitidos pela Ancine, que formaliza cada produção no país. Entre 2013 e 2023, foram emitidos mais de 35 mil CPBs, abrangendo curtas, médias, longas-metragens e séries. Dentre elas, as obras brasileiras independentes se destacam, representando pouco mais de 63% do total. Essas produções são fundamentais não apenas para a comercialização de conteúdos nacionais, mas também para garantir a sustentabilidade do mercado audiovisual. Com a predominância dos direitos patrimoniais nas mãos de produtoras brasileiras independentes, essas obras possuem um potencial de comercialização robusto e duradouro. Este modelo fortalece o mercado interno, estimula a diversidade e permite a ampliação do público dessas narrativas.

Tabela 4: Número de CPBs emitidos no Brasil

ANO/ FORMATO	CURTA		LONGA		MÉDIA		SÉRIE		TOTAL		
	BR INDEP.	OUTROS	BR INDEP.	OUTROS	BR INDEP.	OUTROS	BR INDEP.	OUTROS	BR INDEP.	OUTROS	SUBTOTAL
2013	872	671	249	218	111	132	306	599	**1.538**	**1.620**	**3.158**
2014	1020	485	352	176	111	93	330	462	**1.813**	**1.216**	**3.029**
2015	1386	441	328	150	120	173	349	347	**2.183**	**1.111**	**3.294**
2016	1350	306	408	133	120	78	365	389	**2.243**	**906**	**3.149**
2017	1477	272	405	68	121	86	452	381	**2.455**	**807**	**3.262**
2018	1350	332	408	80	133	75	383	357	**2.274**	**844**	**3.118**
2019	1489	460	417	56	116	52	405	366	**2.427**	**934**	**3.361**
2020	867	704	325	110	76	83	295	366	**1.563**	**1.263**	**2.826**
2021	1005	886	297	103	93	88	293	435	**1.688**	**1.512**	**3.200**
2022	914	655	288	93	93	101	327	445	**1.622**	**1.294**	**2.916**
2023	1295	728	455	143	151	98	396	474	**2.297**	**1.443**	**3.740**
SUBTOTAL	13.025	5.940	3.932	1.330	1.245	1.059	3.901	4.621	22.103	12.950	35.053
TOTAL	**18.965**		**5.262**		**2.304**		**8.522**		**35.053**		

Fonte: Dados compilados pelos autores, a partir do OCA/ Ancine. Atualizado em 01/07/2024.

Durante o período analisado, houve um comportamento cíclico na produção audiovisual. Em 2019, ano pré-pandemia, foram registrados 2.427 CPBs para obras brasileiras independentes, um pico impulsionado por incentivos e pelo crescimento das plataformas de streaming. Contudo, em 2020, a pandemia causou uma queda de mais de 35% no registro de CPBs, afetando especialmente curtas e séries, que dependem de ambientes colaborativos e eventos presenciais.

Em 2023, a produção se recuperou, com 2.297 CPBs emitidos. Os curtas lideraram essa retomada, representando 56,4% do total, provavelmente pelo menor custo de produção e maior flexibilidade, beneficiando jovens cineastas e produtoras independentes. As séries também cresceram, refletindo uma potencial maior demanda por parte do streaming e o retorno de chamadas públicas para obras televisivas.

Para analisar as Obras Pernambucanas, esta pesquisa considera exclusivamente os CPBs requeridos por produtoras com sede no estado de Pernambuco. Contudo, é essencial destacar que muitas dessas produções podem ser realizadas em regime de coprodução com outros estados, e, nesses casos, a produtora pernambucana nem sempre detém a maior participação patrimonial. O CPB é solicitado pela produtora que possui a maior cota dos direitos patrimoniais da obra, o que pode influenciar a representação dos números locais, especialmente em produções de caráter colaborativo.

Tabela 5: Número de CPBs emitidos por produtoras sediadas em Pernambuco

ANO/ FORMATO	CURTA		LONGA		MÉDIA		SÉRIE		TOTAL		
	BR INDEP.	OUTROS	BR INDEP.	OUTROS	BR INDEP.	OUTROS	BR INDEP.	OUTROS	BR INDEP.	OUTROS	SUBTOTAL
2013	15	16	8	3	0	1	2	2	**25**	**22**	**47**
2014	22	5	8	2	4	2	9	0	**43**	**9**	**52**
2015	30	2	14	1	2	0	9	1	**55**	**4**	**59**
2016	31	7	12	1	4	2	7	1	**54**	**11**	**65**
2017	26	2	16	0	1	1	11	0	**54**	**3**	**57**
2018	46	2	14	1	6	0	14	2	**80**	**5**	**85**
2019	25	1	22	0	6	1	11	0	**64**	**2**	**66**
2020	10	8	19	4	3	6	9	0	**41**	**18**	**59**
2021	16	12	11	1	2	0	11	0	**40**	**13**	**53**
2022	13	8	7	1	2	0	3	0	**25**	**9**	**34**
2023	22	11	13	1	3	0	14	1	**52**	**13**	**65**
SUBTOTAL	256	74	144	15	33	13	100	7	533	109	**642**
TOTAL	**330**		**159**		**46**		**107**		**642**		

Fonte: Dados compilados pelos autores, a partir do OCA/ Ancine. Atualizado em 01/07/2024.

Entre 2013 e 2023, as produtoras sediadas em Pernambuco demonstraram uma contribuição significativa para o cenário audiovisual brasileiro, com a emissão de 642 CPBs, que representam pouco mais de 1,8% de toda a produção brasileira. Tomados em conjunto, os números refletem a constância do setor audiovisual no estado e a diversidade de formatos que marcam a produção local: curtas, longas, médias e séries.

Os curtas-metragens destacam-se como o formato predominante, totalizando 330 CPBs ao longo do período analisado. Esse desempenho está associado ao menor custo de produção, o que facilita sua realização, especialmente para produtoras independentes, atrelados aos editais anuais do Funcultura. O ano de 2018 foi um marco para a produção de curtas, com 48 obras registradas, evidenciando o protagonismo desse formato no desenvolvimento criativo e técnico do setor pernambucano.

Embora os longas-metragens apresentem números de CPBs emitidos inferiores aos curtas, eles desempenham um papel crucial na produção audiovisual local, especialmente quando analisados sob a perspectiva do impacto econômico. Por demandarem orçamentos mais robustos, os longas envolvem estruturas de produção mais complexas, maior número de profissionais e prazos estendidos, o que gera efeitos multiplicadores significativos na cadeia produtiva. No entanto, é fundamental destacar que os curtas-metragens possuem um valor essencial para o ecossistema audiovisual, não apenas como porta de entrada para novos talentos, mas também como modelo de negócio para produtoras focadas neste formato.

Com 159 CPBs emitidos entre 2013 e 2023, os longas-metragens evidenciam a capacidade das produtoras pernambucanas de se dedicarem a projetos mais robustos e tecnicamente desafiadores. Ao longo desse período, o segmento apresentou uma evolução significativa, com destaque para o crescimento consistente entre 2013 e 2019. Em 2013, foram emitidos 11 CPBs para longas, número que dobrou até 2019, quando alcançou 22 CPBs, refletindo um momento de consolidação e fortalecimento desse formato no mercado audiovisual local.

Os médias-metragens, com 46 CPBs ao longo do período, apresentam números mais modestos, mas revelam um espaço importante para experimentação narrativa e estética. Por sua vez, as séries demonstraram crescimento expressivo, com um total de 107 CPBs emitidos, demonstrando a demanda crescente por narrativas seriadas, impulsionada pela popularização das plataformas de streaming. Em 2018, as séries atingiram um pico de 16 CPBs, evidenciando a adaptação das produtoras pernambucanas às novas tendências de consumo audiovisual.

3.4 Comercialização das obras em outros segmentos de mercado

Além do desempenho de público nas salas de cinema, a análise da comercialização das obras audiovisuais em outras janelas, como TV Aberta, TV Fechada e VOD (Video on Demand), é essencial para compreender a sustentabilidade econômica do setor. É importante também incluir as obras seriadas nessa equação, considerando que, para elas, não existe um portal de público tão transparente quanto para os filmes, que contam com dados consolidados de bilheteria. Para isso, utilizaremos os dados de emissão de CRTs (Certificado de Registro de Título), documento emitido pela Ancine que formaliza o registro de uma obra audiovisual para fins de comercialização em qualquer segmento de mercado[100].

Para a análise apresentada a seguir, segmentamos os CRTs emitidos para obras brasileiras entre 2013 e 2023, considerando as diferentes janelas de mercado. Esse tipo de análise, quando realizado por estado, apresenta um desafio metodológico, pois a base de dados da Ancine registra apenas a Unidade Federativa (UF) do requerente do CRT, ou seja, da empresa responsável pela solicitação do certificado, que é aquela que detém os direitos de comercialização da obra. No caso de produções independentes, esses direitos frequentemente pertencem a distribuidoras parceiras ou agentes de vendas. Dessa forma, algumas obras pernambucanas podem ter CRTs emitidos por empresas sediadas em outros estados, como Rio de Janeiro ou São Paulo, onde está localizada a maioria desses agentes. Isso pode resultar em uma sub-representação direta das produções pernambucanas nos dados segmentados por UF do requerente.

Ainda que exista uma clara sub-representação dos longas pernambucanos nos dados acima, dado que – como já explicado – em muitos casos o requerente do CRT não é a produtora majoritária pernambucana, é interessante notar que, embora o número de CPBs para Curtas e Séries seja superior ao de longas, estes últimos se destacam como os mais comercializados em todos os segmentos de mercado. Abaixo, uma breve análise dos dados de cada tipo de obra audiovisual, divididas em: Curta, Média, Longa e Série.

---

100 Cabe destacar que, atualmente, a regulamentação específica para a comercialização de obras audiovisuais em plataformas de Vídeo Sob Demanda (VOD) está em discussão. A Ancine tem incluído em sua agenda regulatória ações voltadas para o VOD, indicando que a obrigatoriedade de emissão de CRT para este segmento ainda está em processo de definição.

Curtas-metragens destacam-se como o formato mais acessível, tanto em termos de produção quanto de comercialização. Nacionalmente, entre 2013 e 2023, os curtas acumulam 15.127 CRTs, com predominância no segmento de TV Fechada (12.349 CRTs, ou 81,6% do total). Pernambuco contribuiu com 149 CRTs nesse período, sendo a maioria também para TV Fechada (116 CRTs, ou 77,9% do total estadual), apesar da pouca presença em janelas como Cinema (2 CRTs) e Outros Mercados (15 CRTs).

Tabela 6: CRTs por segmento de mercado (2013-2023) (PE e Brasil) - CURTAS

	CINEMA (PE)	% PE/BR (CINEMA)	TV ABERTA (PE)	% PE/BR (TV AB)	TV FECHADA (PE)	% PE/BR (TV FECH)	OUTROS MERCADOS (PE)	% PE/BR (OUTR)	TOTAL	% PE/BR (TOTAL)
2013	0	0,0%	1	0,5%	9	0,9%	3	2,3%	13	0,9%
2014	0	0,0%	0	0,0%	7	1,0%	1	1,6%	8	0,8%
2015	1	5,6%	2	0,7%	13	1,0%	6	5,7%	22	1,3%
2016	0	0,0%	5	2,1%	7	0,7%	2	3,8%	14	1,1%
2017	0	0,0%	4	2,3%	8	0,7%	0	0,0%	12	0,8%
2018	1	6,7%	0	0,0%	20	1,8%	0	0,0%	21	1,6%
2019	0	0,0%	2	1,0%	15	1,2%	0	0,0%	17	1,1%
2020	0	0,0%	1	1,0%	14	1,2%	0	0,0%	15	1,2%
2021	0	0,0%	0	0,0%	14	1,0%	0	0,0%	14	0,9%
2022	0	0,0%	0	0,0%	2	0,2%	1	7,7%	3	0,2%
2023	0	0,0%	1	0,6%	7	0,7%	2	11,1%	10	0,8%
TOTAL	**2**	**1,8%**	**16**	**0,8%**	**116**	**0,9%**	**15**	**2,7%**	**149**	**1,0%**

Fonte: Dados compilados pelos autores, a partir do OCA/ Ancine. Atualizado em 01/07/2024.

Já os médias, embora com números nacionais mais modestos – 3.070 CRTs no período analisado –, também têm a TV Fechada como principal destino, com 2.184 CRTs (71% do total nacional). Em Pernambuco, os médias somaram apenas 21 CRTs emitidos, com 11 deles direcionados à TV Fechada.

Tabela 7: CRTs por segmento de mercado (2013-2023) (PE e Brasil) - MÉDIAS

	CINEMA (PE)	% PE/BR (CINEMA)	TV ABERTA (PE)	% PE/BR (TV AB)	TV FECHADA (PE)	% PE/BR (TV FECH)	OUTROS MERCADOS (PE)	% PE/BR (OUTR)	TOTAL	% PE/BR (TOTAL)
2013	0	0,0%	0	0,0%	0	0,0%	0	0,0%	0	0,0%
2014	0	0,0%	0	0,0%	0	0,0%	1	2,4%	1	0,4%
2015	0	0,0%	1	2,1%	0	0,0%	0	0,0%	1	0,2%
2016	1	9,1%	1	2,9%	1	0,6%	1	2,1%	4	1,6%
2017	0	0,0%	2	8,0%	0	0,0%	2	3,4%	4	1,6%
2018	0	0,0%	1	3,6%	0	0,0%	0	0,0%	1	0,4%
2019	0	0,0%	0	0,0%	1	0,6%	0	0,0%	1	0,5%
2020	0	0,0%	0	0,0%	2	1,1%	0	0,0%	2	0,9%
2021	0	-	0	0,0%	5	1,9%	0	0,0%	5	1,5%
2022	0	0,0%	0	0,0%	0	0,0%	0	0,0%	0	0,0%
2023	0	0,0%	0	0,0%	2	1,0%	0	0,0%	2	0,7%
TOTAL	**1**	**2,9%**	**5**	**0,9%**	**11**	**0,5%**	**4**	**1,3%**	**21**	**0,7%**

Fonte: Dados compilados pelos autores, a partir do OCA/ Ancine. Atualizado em 01/07/2024.

No caso dos longas, sua importância no mercado audiovisual brasileiro é evidente. Nacionalmente, foram emitidos 26.112 CRTs entre 2013 e 2023, sendo a TV Fechada novamente a principal janela, com 17.326 CRTs (66,3% do total). Pernambuco registrou 160 CRTs para longas, com destaque também para a TV Fechada (65 CRTs, ou 40,6%) e TV Aberta (54 CRTs, ou 33,7%). A presença dos longas pernambucanos no cinema, apesar de limitada a 33 CRTs, reforça a necessidade de maior inserção nesse segmento. No entanto, seu impacto econômico e cultural é amplificado em comparação a outros formatos, como já mencionado, além da potencial exploração comercial em diversas janelas.

Tabela 8: CRTs por segmento de mercado (2013-2023) (PE e Brasil) - LONGAS

	CINEMA (PE)	% PE/BR (CINEMA)	TV ABERTA (PE)	% PE/BR (TV AB)	TV FECHADA (PE)	% PE/BR (TV FECH)	OUTROS MERCADOS (PE)	% PE/BR (OUTR)	TOTAL	% PE/BR (TOTAL)
2013	4	2,5%	0	0,0%	4	0,4%	2	0,3%	10	0,5%
2014	5	3,4%	1	0,7%	1	0,1%	0	0,0%	7	0,4%
2015	2	1,2%	5	1,9%	3	0,2%	3	0,3%	13	0,4%
2016	2	1,3%	4	1,4%	7	0,4%	1	0,2%	14	0,5%
2017	5	2,8%	2	0,7%	2	0,1%	0	0,0%	9	0,4%
2018	5	2,1%	4	1,1%	11	0,6%	0	0,0%	20	0,8%
2019	4	2,1%	3	0,8%	4	0,2%	0	0,0%	11	0,5%
2020	0	0,0%	29	7,8%	9	0,5%	2	3,8%	40	1,8%
2021	1	0,8%	1	0,2%	12	0,7%	0	0,0%	14	0,6%
2022	2	1,1%	0	0,0%	5	0,3%	0	0,0%	7	0,3%
2023	3	1,7%	5	1,4%	7	0,4%	0	0,0%	15	0,6%
TOTAL	**33**	**1,8%**	**54**	**1,6%**	**65**	**0,4%**	**8**	**0,2%**	**160**	**0,6%**

Fonte: Dados compilados pelos autores, a partir do OCA/ Ancine. Atualizado em 01/07/2024.

Por fim, as séries nacionais contabilizaram 4.070 CRTs emitidos no mesmo período, com a TV Fechada liderando como principal janela (2.847 CRTs, ou 70% do total nacional). Pernambuco teve participação modesta, com apenas 18 CRTs, sendo 11 direcionados à TV Fechada (61%) e 4 à TV Aberta (22%). Embora os números sejam pequenos, a popularidade crescente do formato de séries, impulsionada pelo streaming, aponta para oportunidades de crescimento, desde que haja incentivos que fomentem a produção e a distribuição de séries locais.

Tabela 9: CRTs por segmento de mercado (2013-2023) (PE e Brasil) - SÉRIES

	CINEMA (PE)	% PE/BR (CINEMA)	TV ABERTA (PE)	% PE/BR (TV AB)	TV FECHADA (PE)	% PE/BR (TV FECH)	OUTROS MERCADOS (PE)	% PE/BR (OUTR)	TOTAL	% PE/BR (TOTAL)
2013	0	-	0	0,0%	2	0,2%	1	1,5%	3	0,2%
2014	0	-	2	1,0%	1	0,1%	2	2,5%	5	0,5%
2015	0	-	2	1,1%	4	1,2%	0	0,0%	6	1,0%
2016	0	-	0	0,0%	0	0,0%	0	0,0%	0	0,0%
2017	0	-	0	0,0%	2	1,7%	0	0,0%	2	1,1%
2018	0	-	0	0,0%	0	0,0%	0	0,0%	0	0,0%
2019	0	-	0	0,0%	0	0,0%	0	-	0	0,0%
2020	0	-	0	0,0%	0	0,0%	0	0,0%	0	0,0%
2021	0	-	0	0,0%	2	4,0%	0	0,0%	2	2,6%
2022	0	-	0	0,0%	0	0,0%	0	-	0	0,0%
2023	0	-	0	0,0%	0	0,0%	0	-	0	0,0%
TOTAL	**0**	**-**	**4**	**0,4%**	**11**	**0,4%**	**3**	**1,1%**	**18**	**0,4%**

Fonte: Dados compilados pelos autores, a partir do OCA/ Ancine. Atualizado em 01/07/2024.

Em que pese a dificuldade metodológica apresentada, os dados apontam para uma predominância de longas-metragens na comercialização em todas as janelas, enquanto curtas e médias cumprem um papel estratégico de base para o desenvolvimento técnico e criativo. Já as séries representam um campo com potencial para expansão. Isso reforça a necessidade de políticas públicas voltadas para o fortalecimento das produtoras pernambucanas e sua inserção em circuitos nacionais e internacionais.

3.5 Coproduções internacionais

Nos mercados internacionais, produtores e diretores pernambucanos têm consolidado uma presença significativa, com destaque para a Desvia, com as obras dirigidas por Gabriel Mascaro, como *Divino Amor* (coprodução Uruguai, Dinamarca, Noruega e Suécia), e *Boi Neon* (coproduzido com Uruguai e Holanda). Outra referência é a Cinemascópio, produtora, entre outros, dos filmes dirigidos por Kleber Mendonça Filho, incluindo *Aquarius* e *Bacurau*, ambos realizados em coprodução com países como França e Alemanha. Além dessas produtoras, outras empresas pernambucanas também atuam nesse modelo, como a Trincheira e Rec Produtores, que ampliam as possibilidades de internacionalização por meio de parcerias estratégicas.

Essas coproduções seguem modelos de negócios variados e, assim como os títulos nacionais, podem acessar os principais mecanismos de fomento disponíveis para obras brasileiras — desde que sejam oficialmente reconhecidas como coproduções internacionais. Esse reconhecimento pode ocorrer por meio de acordos bilaterais firmados entre o Brasil e outros países ou, na ausência desses acordos, pelas normas estabelecidas pela Ancine. Nesses casos, as obras tornam-se aptas a captar recursos públicos, como os oferecidos pelo Funcultura e pelo Fundo Setorial do Audiovisual, além de se beneficiarem dos incentivos fiscais previstos na legislação nacional, incluindo os mecanismos dos Artigos 1º, 1º-A, 3º e 3º-A da Lei do Audiovisual. A base de dados de CPBs emitidos demonstra o impacto dessas colaborações, evidenciando que a coprodução internacional diversifica as fontes de financiamento, enquanto expande o alcance das produções pernambucanas para mercados globais. Esse movimento é crucial para inserir o estado no cenário cinematográfico mundial, permitindo a troca de experiências culturais e o fortalecimento do capital simbólico do audiovisual brasileiro no exterior.

Devido aos números pouco expressivos de curtas e médias-metragens, a análise a seguir ficará exclusivamente nas coproduções internacionais de longas-metragens e séries.

Entre 2013 e 2023, Pernambuco registrou um total de 14 CPBs emitidos para coproduções internacionais, todos voltados para longas-metragens, o que demonstra a presença do estado nesse segmento e corresponde a pouco mais de 5% de todos os longas de coproduções internacionais realizados no país. Não foram registradas coproduções internacionais para séries pernambucanas no período analisado, o que reforça a necessidade de incentivo específico para expandir a atuação local nesse formato em ascensão.

Tabela 10: CPBs emitidos para coproduções internacionais (2013-2023) (PE/Brasil)

	LONGA (PE)	% PE/BR (LONGA)	SÉRIE (PE)	% PE/BR (SÉRIE)	TOTAL (PE)	% PE/BR (TOTAL)
2013	0	0,0%	0	0,0%	0	0,0%
2014	0	0,0%	0	0,0%	0	0,0%
2015	1	4,8%	0	0,0%	1	2,9%
2016	1	7,1%	0	0,0%	1	4,2%
2017	1	3,1%	0	0,0%	1	2,9%
2018	2	7,7%	0	0,0%	2	6,9%
2019	2	5,9%	0	0,0%	2	4,9%
2020	2	8,7%	0	0,0%	2	7,7%
2021	3	10,0%	0	0,0%	3	9,4%
2022	0	0,0%	0	0,0%	0	0,0%
2023	2	6,7%	0	0,0%	2	5,4%
TOTAL	**14**	**5,3%**	**0**	**0,0%**	**14**	**4,3%**

Fonte: Dados compilados pelos autores, a partir do OCA/ Ancine. Atualizado em 01/07/2024

A maior concentração de CPBs pernambucanos para longas ocorreu nos anos de 2018, 2019 e 2021, com destaque para 3 CPBs emitidos em 2021, demonstrando um leve crescimento nesse segmento. Apesar de modesta, essa contribuição representa uma oportunidade estratégica para as produtoras pernambucanas fortalecerem sua atuação global. Parcerias com países como França, Alemanha e Portugal têm sido comuns, ampliando o alcance e a visibilidade das produções locais.

Tabela 11: Detalhamento de CPBs de PE de Coprodução Internacional.

PRODUTORA	QTDE CPBS
DESVIA	7
BOI NEON	
CHICO VENTANA	
DIVINO AMOR	
DJON ÁFRICA	
NOITE DE FOGO	
PORNOMELANCOLIA	
VERMELHO SOL	
CINEMASCOPIO	2
AQUARIUS	
BACURAU	
REC PRODUTORES	2
JOAQUIM	
PALOMA	
N FILMES PRODUTORA	1
SALAMANDRA	
PACTO AUDIOVISUAL	1
ONCE UPON A TIME IN VENEZUELA	
TRINCHEIRA FILMES	1
PATERNO	

Fonte: Dados compilados pelos autores, a partir do OCA/Ancine. Atualizado em 01/07/2024.

4 Políticas, ações e agentes. Fomento à preservação e processos formativos.

4.1 Políticas públicas

Reconhecido nacionalmente como um estado pioneiro nos investimentos dedicados ao audiovisual, por meio de uma política sistematizada, Pernambuco conta com uma estrutura de ordenamento dos órgãos, políticas e ações, integrando oficialmente a sociedade civil por meio de conselhos gerais ou setoriais. Tanto a capital Recife quanto o Governo de Pernambuco dispõem de sistemas continuados de política para a cultura, de uma maneira geral e também setoriais, como o audiovisual. Nas cidades do interior, da zona da mata ao sertão, as iniciativas públicas são mais esporádicas e muitas dessas administrações só realizaram, pela primeira vez, ações de fomento à cultura impulsionadas pela Lei Federal nº 14.017/2020, conhecida como Lei Aldir Blanc I, e pela Lei Emergencial Paulo Gustavo (Lei Complementar nº 195/2022). Apesar das críticas necessárias à implementação e operacionalização de ambas, em especial em municípios e estados com menor infraestrutura e pouco histórico em políticas culturais e baixa ou nenhuma possibilidade de participação social nas decisões, é preciso reconhecer que ambas tiveram capilaridade suficiente para permitir a emergência de novos agentes culturais, alguma estruturação daqueles que já existiam e potencialmente a adesão a uma ação continuada, especialmente com a regulamentação da Política Nacional Aldir Blanc de Fomento à Cultura - PNAB (Lei nº 14.399/2022).

Nesse sentido, destacamos que no estado de Pernambuco há uma estrutura razoável de aparelho burocrático para as políticas públicas de cultura, começando pela Secretaria de Cultura do Estado (Secult-PE), que foi instituída no ano de 2011, absorvendo a Fundação do Patrimônio Histórico e Artístico de Pernambuco (Fundarpe), antes ligada à Secretaria de Educação, originalmente responsável pela implementação das ações de cultura no estado. Com a criação da Secult-PE, a Fundarpe firma-se como um braço executivo do planejamento realizado pela Secult-PE, que também define as diretrizes e os eixos de trabalho dentro do planejamento de gestão. Em outras palavras, as ações, projetos e programas são executados parte pela Fundarpe e parte pela Secult-PE, enquanto o planejamento (o conjunto de programas, a estruturação do aparelho burocrático e os objetivos das políticas, isto é, o sistema cultural) é de responsabilidade da Secretaria. Com um organograma de médio porte, a Secretaria absorveu parte da estrutura organizacional da Fundarpe (Costa, 2014) e conta com assessorias setorizadas, responsáveis por eixos de atuação (equipamentos culturais e territórios, por exemplo) e por linguagem artística. Na forma de coordenadorias e assessorias, todas elas estão subordinadas a uma gerência de Políticas Culturais. Entre as coordenações por linguagem artística, está a Coordenadoria do Audiovisual, ponto de interlocução mais direto do segmento do audiovisual do estado com o governo.

O maior fundo de incentivo à cultura no estado é o Fundo Pernambucano de Cultura (Funcultura), cujo embrião é o Sistema de Incentivo à Cultura (SIC), surgido nos anos 1990 como uma lei de incentivo fiscal, isto é, fomento indireto, segundo a tônica nacional do período. É através da Lei nº 12.310/2002 que o Funcultura é regulamentado como fundo de incentivo direto, ou seja, os projetos passam a ser fomentados diretamente pelo estado, decorrente de análises com base em diretrizes definidas em conjunto com a sociedade civil, por meio de editais e chamadas públicas.[101]

Em 2007, por atuação da sociedade civil organizada e um cenário político favorável, o Funcultura passa por mudanças que levam a uma setorização do fomento. Segundo Costa (2014, p. 137), por meio da Lei nº 13.304/2007, houve uma separação da área de audiovisual das demais linguagens do Funcultura. Com isso, foi possível criar um edital específico para o audiovisual, naquele ano, de R$ 2,1 milhões, um aumento de mais de 100% em relação ao valor da edição anterior, quando o audiovisual estava integrado às demais linguagens.

Já naquele momento, houve um desenho de categorias de concorrência no edital que apresentavam-se como uma novidade comparativamente às demais políticas regionais de fomento do Nordeste e que foram se aprofundando com o tempo: separação de montantes por categoria/tipo de obra; tetos de captação; limitação de projetos contemplados por proponente; inclusão de categorias como cineclubismo, preservação, pesquisa e formação. Outro aspecto importante é o investimento na fase de desenvolvimento e em distribuição, também relativamente raros (ainda hoje) nas políticas regionais do país.

Em 2014 registrou-se outro ponto importante na história do Funcultura, quando foi publicada a reformulação e atualização do Funcultura Audiovisual, de maneira a estabilizar as mudanças implementadas no processo de inscrição, avaliação e acompanhamento do fomento. É pela Lei nº 15.307/2014 que entram em vigor e garantem-se algumas conquistas realizadas desde 2007, mas que não estavam formalizadas. Entre os princípios e objetivos, constam aspectos que garantem a acessibilidade, igualdade de gênero, raça e etnia; a garantia de espaço para novos entrantes; o estímulo à cadeia audiovisual como um todo; transparência no processo de seleção e destinação dos recursos; além de algumas diretrizes relacionadas à inovação e diversidade cultural. Vale a inclusão do quarto artigo da Lei, que aponta os elos da cadeia, a serem considerados no edital: "Art. 4º Compreendem a Cadeia Produtiva do Audiovisual a criação, a produção, a finalização, a distribuição, a exibição, a

---

[101] Um resumo em formato de linha do tempo (2003-2013) com destaques da evolução do Funcultura, elaborado pela Secretaria de Cultura, pode ser encontrado em https://www.cultura.pe.gov.br/wp-content/uploads/2014/06/Funcultura_10-anos-.pdf

difusão, a preservação, a conservação, a formação, a pesquisa e o patrimônio audiovisual em qualquer formato" (CULTURA.PE).

Outro aspecto importante da Lei diz respeito aos recursos destinados ao Funcultura, que passam a ser regidos pela seguinte redação, dada pela Lei nº 15.225/2013, que dispõe:

> "§ 3º Na hipótese de as receitas constantes do caput serem inferiores a R$ 33.500.000,00 (trinta e três milhões e quinhentos mil reais), o Governo do Estado providenciará dotações orçamentárias suficientes para garantir este valor mínimo de recursos para o FUNCULTURA, dos quais R$ 11.500.000,00 (onze milhões e quinhentos mil reais) deverão ser destinados ao fomento à produção audiovisual.

Ressalte-se que esse valor é determinado por Decreto, e, desde então, não houve reajuste positivo dos valores (especialmente se compararmos à inflação do período). Ao contrário, desde 2019 o valor destinado ao Audiovisual está estagnado em R$9,8 milhões. Os únicos momentos em que houve efetivamente um diferencial significativo nesse aspecto financeiro se deram nos editais em que houve a suplementação de recursos, através do Edital Arranjos Regionais do Fundo Setorial do Audiovisual/Ancine. Nos certames do 9° Edital (2015/2016), sendo R$ 10 milhões disponibilizados pelo Funcultura e R$ 9,98 milhões, pelo FSA (Gráfico 8); no 10° Edital (2016/2017), com o valor de R$ 10,15 milhões provenientes de Pernambuco e R$ 10 milhões do FSA; 11° edital (2017/2018), com R$ 10,44 milhões disponibilizados pelo Funcultura e R$ 15 milhões disponibilizados pelo FSA; no 14° e 15° editais do ano de 2020/2021, lançados conjuntamente, com o recurso de R$ 9,28 milhões e R$ 3 milhões, respectivamente do Funcultura e do FSA. Nota-se que em 2019 não houve edital em função da espera do estado pela resolução de uma divergência na contratação dos Arranjos Regionais naquele ano, algo que não se resolveu e culminou no lançamento de dois editais juntos, 12° e 13° edital (2019/2020), apenas com recursos estaduais (Gráficos 6).

Gráfico 6A – Fomento Funcultura Audiovisual - PE (2010-2016).

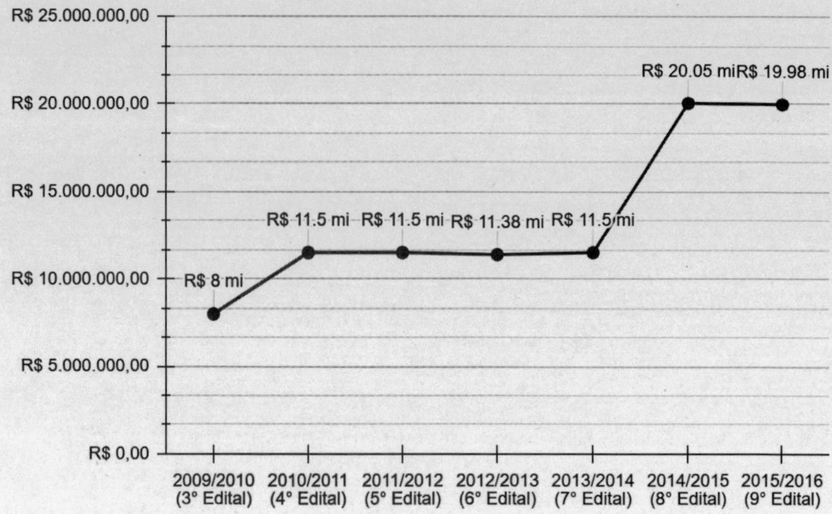

Elaboração própria. Fonte: Secult-PE/Fundarpe/Funcultura.

Gráfico 6B – Fomento Funcultura Audiovisual - PE (2017-2023)

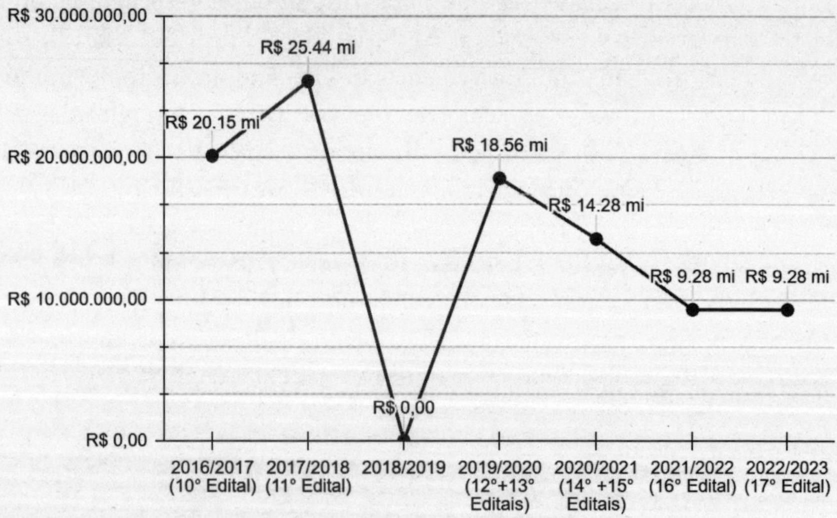

Elaboração própria. Fonte: Secult-PE/Fundarpe/Funcultura.

Em 2016, Pernambuco implementou o sistema de cotas e indutores nos editais, que vão desde a garantia da distribuição dos recursos de forma capilarizada nas regiões do estado; cotas e indutores de gênero; cotas raciais/étnicas; e garantia de incentivo a novas pessoas realizadoras (primeiros filmes). Tal conquista se concretizou em meio ao cenário de crescente debate e práticas de medidas reparatórias de gênero e raça, por meio de políticas públicas tais como as cotas raciais nas universidades (2013), lançamento da pesquisa do GEMAA[102] sobre desigualdades no cinema brasileiro (2014), entre outros.

Tomada como exemplo para outras regiões, a política realizada em Pernambuco é fruto de um trabalho intenso das entidades de representação do segmento e sociedade civil[103] que trabalham pela categoria, ao se debruçar em pesquisas, consultas e reuniões no Conselho Consultivo do Audiovisual de Pernambuco (CCAUPE)[104] que levam suas análises e estudos para o Governo Estadual. Nesse sentido, também há atenção e obrigações específicas para a acessibilidade (todas elas, mas especialmente a comunicacional), além de exigências na formação da equipe, destacando que apenas as funções principais do projeto conseguem essas induções. Como exemplo, em realizações (curtas, séries, longas), valem cargos de direção, roteiro e produção; já nos casos de projetos de formação, coordenação pedagógica e produção; enquanto projetos de festivais precisam considerar as funções de produção, curadoria e programação.

Conforme observamos acima, a participação da sociedade civil na estruturação da política pública de Pernambuco foi capital, estando na gênese dos debates que deram forma ao Funcultura Audiovisual. Boa parte dessas entidades compõem o Conselho Consultivo do Audiovisual de Pernambuco, composto por dezoito membros titulares e igual número de suplentes, que tem a função de, através da participação democrática da sociedade, promover o desenvolvimento de políticas públicas que garantam a promoção, o fomento e o incentivo ao audiovisual no estado.

4.2 Formação e Eventos de mercado

Em termos de formação, Pernambuco conta com a existência de um curso superior específico de Cinema e Audiovisual, na Universidade Federal de Pernambuco (UFPE), iniciado no ano de 2009, por meio do Programa de Apoio a Planos de Reestruturação e Expansão das Universidades Fede-

---

102 Grupo de Estudos Multidisciplinares da Ação Afirmativa, ligado à UERJ.

103 Negritude do Audiovisual de PE, Mulheres no Audiovisual PE (MAPE), Associação Brasileira de Documentaristas e Curta Metragistas de PE / Associação Pernambucana de Cineastas (ABD/Apeci), Federação Pernambucana de Cineclubes (FEPEC), Sindicato Interestadual dos Trabalhadores na Indústria Cinematográfica e do Audiovisual (STIC) e Audiovisual Independente (BRAVI).

104 O CCAUPE foi criado através da Lei nº 15.307, de 4 de junho de 2014, já mencionada.

rais - REUNI. Antes disso, a maioria dos profissionais que desejavam atuar na área realizavam seus estudos universitários nos Cursos de Comunicação Social (nesta e em outras instituições). Na iniciativa privada, há registros de cursos universitários de cinema e audiovisual, que depois passaram a nível técnico, embora universitário, e outro curso, mais antigo, especializado em animação. Por outro lado, havia a oferta, por meio de Escolas Técnicas Federais e do SESC (Serviço Nacional de Ensino Comercial), no nível do ensino médio técnico, cursos de radialismo e televisão, e, desde 2020, o Governo de Pernambuco vem criando ofertas de cursos especializados em vídeo e áudio, na capital e no interior, através de escolas técnicas estaduais.

É preciso ressaltar ainda a existência do Centro Audiovisual Norte e Nordeste (CANNE), criado em 2008, como parte da Massangana Multimídia Produções, que funciona como produtora dedicada da Fundação Joaquim Nabuco (Fundaj). O CANNE, seguindo as diretrizes educativas da Fundação, atendia às regiões Norte e Nordeste do país, que à época apresentavam maior demanda reprimida por formação profissional técnica e de boa qualidade no segmento audiovisual. Funcionou até 2017, de maneira mais regular, e atendeu um sem número de profissionais que hoje ainda atuam no setor.

Também por meio do fomento público, produtores culturais diversos oferecem cursos, oficinas e laboratórios imersivos para as pessoas interessadas. Tendo em vista que os editais preveem a necessidade de contrapartida social e de ações afirmativas nos projetos, vários deles dedicam parte das vagas a pessoas negras, indígenas e PCDs, além de eventualmente direcionarem-se ao atendimento a territórios periféricos ou de povos tradicionais.

Há alguns eventos de mercado realizados no estado, mas poucos apresentam regularidade, tendo um ou duas edições, apenas. Um dos que tem tentado se firmar como um evento de mais potencial é o TELA, Seminário e Mercado, realizado conjuntamente - e pelos mesmos produtores - com o CINE PE - Festival do Audiovisual, que está em sua 28ª edição.

4.3 Preservação

No campo da preservação, infelizmente Pernambuco segue a tendência nacional de pouca ou nenhuma atenção ao setor, registrando-se movimentos mais recentes, liderados por instituições públicas ou pela própria sociedade civil, que cobra ações mais diretas do Governo do Estado. Excetuando-se pelas reformas e gerência (compartilhada ou não) dos Cineteatros São Luiz e Guarany, conforme destacamos acima, há pouco investimento direto do estado na preservação dos prédios, das obras e na sistematização dos saberes e da história cinematográfica do estado. A única instituição pública estadual dedicada é o Museu da Imagem e do Som de Pernambuco (MISPE), fundado em 1970, cuja vocação é ser "o principal espaço voltado à guarda, restauração, manutenção, catalogação, intercâmbio e divulgação da música, cinema, vídeo e fotografia produzidos no estado" (Portal da Secretaria de Cultura de Pernambuco). Entre as peças do acervo, há fotografias, partituras, aparelhos de TV e rádio, além de grande parte do acervo da TVU, fruto de uma doação feita em 2006. O MISPE faz parte da rede de equipamentos culturais da Fundação do Patrimônio Histórico e Artístico de Pernambuco (Fundarpe), e depois de funcionar por alguns anos no seu atual endereço, no centro do Recife, já contabiliza mais de 15 anos de portas fechadas, devido a problemas estruturais no prédio sede. Em conjunto com a sociedade civil, o Governo destinou recursos da Lei Paulo Gustavo para a sua reforma (outra parte dos recursos foi destinada aos cinemas São Luiz e Guarany, em Triunfo). Recentemente, o MISPE divulgou que iniciou a digitalização de parte de seu acervo de fotografias, o que pode ser um indício de que, no futuro, o acervo cinematográfico passará pelo mesmo processo.[105]

Outra iniciativa ligada à Fundaj é a Cinemateca Pernambucana, fundada em 2018 e que, segundo a própria entidade, é destinada à "coleta, catalogação, preservação, formação, pesquisa e difusão das produções do cinema pernambucano". Conta com equipe curatorial e, além de preservar, deseja facilitar o acesso ao acervo, que inclui, além de filmes realizados por pessoas pernambucanas, peças como roteiros, cartazes, fichas de produção e fotografias. Funciona no prédio do bairro de Casa Forte, onde também há a sala de cinema da Fundaj, enquanto no seu site é possível realizar pesquisas gerais ou categorizadas por tipo de acervo e autores. Além disso, a Cinemateca faz atividades pedagógicas mediadas de forma presencial e promove sessões em conjunto com o Cinema da Fundaj, já que está institucionalmente ligada à coordenação da sala de cinema.

---

[105] Fonte: FOLHA DE PERNAMBUCO. Disponível em: https://www.folhape.com.br/cultura/mispe-digitaliza-colecao-de-fotografias-e-disponibiliza-o-material-de/226794/

5 Considerações finais

A situação de Pernambuco, em muitos aspectos, segue a tendência do mercado nacional: grande número de produtoras de pequeno porte, com pouca atuação de distribuidoras prioritariamente dedicadas a este segmento, concentração de salas de produção nas regiões da capital. Também seria interessante, nesse sentido, observar quais produtoras registradas seguem com produção contínua e tiveram acesso a recursos nacionais.

Por outro lado, é notável que a força da produção local está atrelada a uma série de iniciativas públicas e aos processos formativos do estado. O desempenho das produtoras pernambucanas entre 2013 e 2023 revela um setor resiliente e diversificado, que equilibra tradição e inovação. A predominância dos curtas-metragens, o crescimento das séries e a consistência nos longas apontam para a força criativa do estado, que se posiciona como um polo estratégico para o audiovisual brasileiro fora do Sudeste.

Encontramos alguns desafios metodológicos, quando da verificação das obras comercializadas. Uma possibilidade de contornar a dificuldade seria com o cruzamento de CPBs e CRTs, para verificar potenciais obras produzidas no estado, mas comercializadas por distribuidoras e outros agentes situados no Sudeste; outro aspecto importante seria identificar, mais diretamente em pesquisa de campo ou filtro diversificados nos dados, quantas dessas produtoras exercem também a função de distribuição.

Apesar desses contratempos, é possível identificar que a evolução da emissão de CPBs também acompanha as políticas públicas implementadas no estado. Essas iniciativas fortalecem a diversidade de formatos e garantem que produtoras locais possam competir em um mercado nacional e internacional cada vez mais exigente ou ao menos ensejar suas primeiras experiências no setor.

Destacamos ainda que não foi possível identificar observatórios e grupos de pesquisa dedicados ao tema de mercado com atuação formalizada de pelo menos 5 anos e publicações sistemáticas. Finalmente, vale indicar que, ainda de maneira insuficiente, há iniciativas de preservação em Pernambuco que possivelmente não são identificadas em outros estados. Em última análise, parte do trabalho de pesquisadores da economia e política do audiovisual no estado é dificultado pela falta de sistematização, recorrência e coerência na apresentação dos dados do segmento.

Referências

CASANOVA DA SILVA, Juliana Gleymir. *Cinema, educação e direitos humanos*: como o cinema pode contribuir nos processos de justiça restaurativa? Monografia (Graduação em Cinema e Audiovisual) – Universidade Federal de Pernambuco, Recife, 2021.

CORRÊA, Paulo Luz. *Panorama dos Festivais/Mostras Audiovisuais Brasileiros*. Disponível em: https://www.panoramadosfestivais.com. Acesso em: 13 jan. 2025.

COSTA, Mannuela. Cinema, Desenvolvimento e o Papel dos Governos Estaduais no Brasil. *Revista Latinoamericana de Ciencias de la Comunicación*, v. 10, p. 130-139, 2014.

___. *Cinema Brasileiro Independente no Contexto Contemporâneo*: entre a Ficção e a Realidade. Tese (Doutorado em Comunicação) – Universidade Federal do Rio de Janeiro, Rio de Janeiro, 2017.

Mercado audiovisual piauiense

Antonio Augusto de Macedo
Fabricio Campos

1 Introdução

O Piauí é o 18º estado mais populoso do Brasil, com cerca de 3,2 milhões de habitantes distribuídos em 224 municípios (IBGE, 2022). Além da capital, Teresina, que concentra 866.333 mil habitantes, há apenas mais uma cidade com mais de 100 mil habitantes no estado: Parnaíba. Teresina faz divisa com dez municípios piauienses e um maranhense, Timon, e o caráter metropolitano da capital piauiense fez com que, em 2001, ela fizesse parte de uma Região Integrada de Desenvolvimento (RIDE), que é uma rede de cooperação entre dois estados da Federação.

A Região Administrativa Integrada de Desenvolvimento do Polo Grande Teresina foi criada em 19 de setembro de 2001, visando criar uma melhor integração das ações entre União, Estados e Municípios. Tal integração permite uma prioridade no recebimento de recursos públicos para que sejam investidos nos interesses entre as partes envolvidas, promovendo assim o desenvolvimento integrado da região.

A RIDE Grande Teresina (Figura 1) abrange os municípios piauienses de Altos, Beneditinos, Coivaras, Curralinhos, Demerval Lobão, José de Freitas, Lagoa Alegre, Lagoa do Piauí, Miguel Leão, Monsenhor Gil, Pau D'arco, União, Teresina, e também o município maranhense de Timon.

Figura 1 – Região Integrada de Desenvolvimento da Grande Teresina

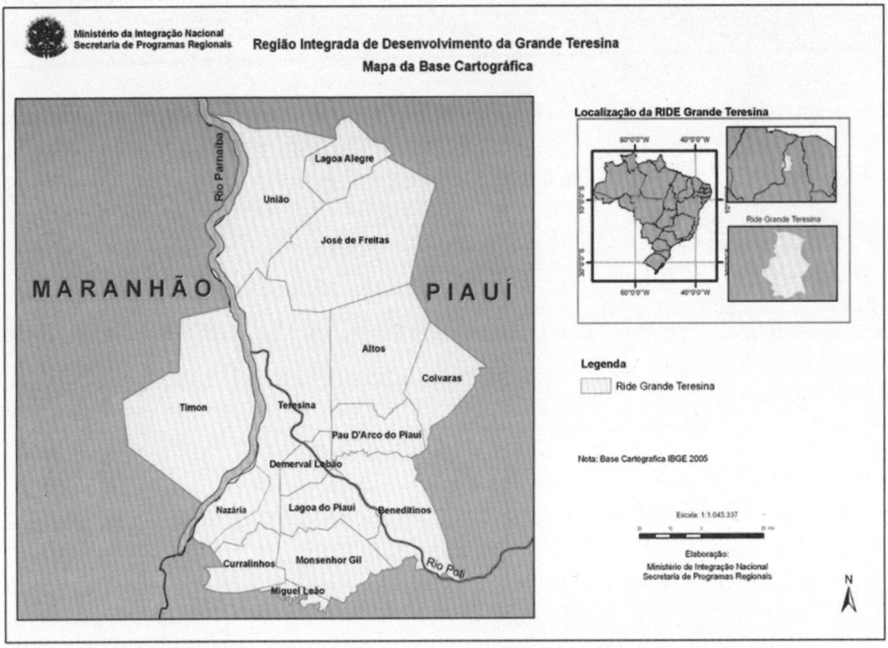

Fonte: Semplan – Secretaria Municipal de planejamento e coordenação.

2 Empresas e Agentes econômicos audiovisuais

Estes dados ajudam a contextualizar também as estatísticas sobre o mercado cinematográfico no estado. De acordo com o Relatório de Agentes Econômicos por Município do OCA - Observatório Brasileiro de Cinema e Audiovisual (Ancine, Julho 2024), o Piauí possui 72 agentes econômicos regulares cadastrados na Ancine, distribuídos em 8 municípios. A capital concentra 60 agentes cadastrados, 84% do total, seguida de Parnaíba, com 5 agentes cadastrados, e Picos, com 2 agentes. Os 5 municípios restantes contam apenas com 1 agente cadastrado: Baixa Grande do Ribeiro, Campo Maior, Floriano, Marcos Parente e São Raimundo Nonato.

Tabela 1 - Agentes econômicos cadastrados na Ancine por município

Município	População	Agentes cadastrados na Ancine	Porcentagem do total de agentes do estado
Teresina	866.300	60	84%
Parnaíba	162.159	5	8%
Picos	83.090	2	3%
Floriano	62.036	1	1%
Campo Maior	46.950	1	1%
São Raimundo Nonato	38.934	1	1%
Baixa Grande do Ribeiro	13.272	1	1%
Marcos Parente	4.724	1	1%

Fonte: IBGE e OCA/Ancine.

Estes dados mostram uma correlação entre a distribuição do número de agentes e da população: Teresina, Parnaíba e Picos, respectivamente, são as cidades mais populosas do Estado, mas há uma concentração de agentes quase 9 vezes maior na capital do que nas outras duas cidades somadas. Os municípios com agentes cadastrados equivalem a 3% do total de 224 municípios do Piauí.

Abordaremos agora a natureza jurídica dos agentes econômicos: 47 agentes são Sociedades Empresárias Limitadas, 18 são Empresários Individuais, 4 são Empresas Individuais de Responsabilidade Limitada (Eireli) e 3 são Associações Privadas (OSC).

Tabela 2 - Natureza jurídica dos Agentes Econômicos

Tipo de agente	Quantidade	%
Sociedades Empresárias Limitadas (Ltda)	47	66%
Empresários Individuais (EI)	18	25%
Empresas Individuais De Responsabilidade Limitada (Eireli)	4	5%
Associações Privadas (Osc)	3	4%

Fonte: OCA/Ancine.

Em termos de Classificação dos Agentes Econômicos (Art. 8º-A da IN 91/2010), tem-se no Piauí 72 agentes regulares cadastrados na Ancine. Os tipos são: 59 agentes econômicos classificados como Brasileiro Independente e 13 classificados como Brasileiros de capital nacional, com algum grau de vinculação com programadoras, empacotadoras, distribuidoras ou concessionárias. Dentre estes 13 agentes com vinculação, temos, por exemplo:

- Radiodifusão:
  - Televisão Pioneira Ltda. (TV Cidade Verde)
  - Rádio e Televisão do Piauí Ltda. (TV Meio Norte)
- Exibidoras cinematográficas:
  - Movieplex Entretenimento Ltda. (Multiplex de shopping em Picos)
  - Cinemas Teresina Ltda. (Multiplex de shopping em Teresina)

Os dois agentes cadastrados mais antigos são do início da década de 1980: a Televisão Pioneira, constituída em 1980 como TV Pioneira e depois renomeada para TV Cidade Verde em 1998, e a Frammelo Produções, uma produtora independente de Nível 3 constituída em 1981. O agente mais recente é a Bunker Publicidade, cadastrada no início de 2023. Uma curiosidade é a de que a Frammelo Produções é uma das duas empresas com classificação de nível mais alto no estado e a produtora independente do Piauí mais antiga cadastrada na Ancine, uma relação proporcional entre o tempo de funcionamento e a experiência no mercado cinematográfico local.

O Piauí possui 23 agentes cuja atividade principal é a 59.11-1/99, Atividade de produção cinematográfica, de vídeos e de programas de televisão não especificadas anteriormente, enquanto 18 agentes possuem o CNAE de Produção Cinematográfica como atividade secundária. Ou seja, 31% dos agentes cadastrados são Empresas Produtoras de fato. Além das 23 empresas com atividade principal de produção, temos 3 empresas de Estúdios Cinematográficos (CNAE 5911-1/01) e 8 empresas de Produção de filmes para publicidade (CNAE 5911-1/02), que são as três atividades elegíveis para concorrer a editais de Produção do FSA.

Em panorama geral sobre as 72 empresas, temos a seguinte tabela quantitativa, onde é possível ver em detalhes as atividades e a quantidade de agentes econômicos.

Tabela 3 - Atividades econômicas dos agentes e classificação em principal e secundária

Atividade Econômica	Agentes Com Atividade Principal	Agentes Com Atividade Secundária
Atividades De Produção Cinematográfica, De Vídeos E De Programas De Televisão Não Especificadas Anteriormente	**23**	**18**
Estúdios Cinematográficos	3	13
Produção De Filmes Para Publicidade	8	32
Atividade De Exibição Cinematografica	**3**	**5**
Distribuição Cinematográfica, De Video E De Programas De Televisão	**0**	**11**
Atividades De Pós-Produção Cinematográfica, De Vídeos E De Programas De Televisão Não Especificadas Anteriormente	4	28
Serviços De Mixagem Sonora Em Produção Audiovisual	0	12
Atividades De Televisão Aberta	2	3
Atividades Relacionadas A Televisão Por Assinatura Exceto Programadoras	0	0
Operadoras De Televisão Por Assinatura Por Cabo	0	1
Operadoras De Televisão Por Assinatura Por Micro-ondas	0	0
Operadoras De Televisão Por Assinatura Por Satélite	0	0
Programadoras	0	1
Empacotamento de Comunicação Eletrônica de Massa por Assinatura	0	1
Outras Atividades Não Relacionadas Ao Segmento Audiovisual.	20	Não se aplica

Fonte: OCA/Ancine.

Na tabela acima, destacamos em negrito as atividades de produção, distribuição e exibição. Uma estatística que chama atenção é o fato de não termos nenhuma empresa que tem a distribuição cinematográfica (CNAE 5913-8/00) como atividade principal. Ou seja: não temos uma distribuidora piauiense. Isso pode nos levar a alguns questionamentos: se no estado não há uma distribuidora, como os filmes piauienses podem circular no mercado local ou concorrer por espaço nas salas de cinemas do país? Qual o nível de maturidade do mercado cinematográfico local? As empresas ainda se preocupam apenas em produzir, mas não pensam em comercializar os seus filmes, ou pelo menos ter uma perspectiva de circulação local e nacional? Ou seja, para que possam circular, as obras audiovisuais piauienses precisam obrigatoriamente de uma parceria com uma distribuidora de outro estado.

Para nós, esta é uma situação preocupante, pois, de fato, os filmes piauienses não chegam às telas dos cinemas locais e nacionais. Mas, ao mesmo tempo que é uma preocupação, esta lacuna também é uma oportunidade econômica: a falta de uma empresa distribuidora no mercado abre a possibilidade para qualquer agente explorar essa atividade e ser pioneiro na distribuição cinematográfica do estado. Apesar de termos 11 empresas com atividade secundária de distribuição, estas empresas priorizam seus trabalhos de produção ou outras atividades, sem terem um foco ou experiência na distribuição. Tal movimentação demonstra o pouco ou nenhum acesso ou conhecimento sobre a atividade de distribuição, que pode ter duas principais formas: a tradicional e a alternativa.

A distribuição tradicional ocorre quando uma empresa distribuidora adquire os direitos de licença de comercialização de uma obra sendo a representante das produtoras diante das negociações de exibição e vendas (Régio, 2015). A distribuição alternativa ocorre quando uma obra busca sair do circuito mercadológico já conhecido – ou seja, a distribuição em cinema e posteriormente em mídias como DVDs e/ou vendas para canais pagos e para o streaming – e passa a buscar exibições que tenham como objetivo o alcance do público e o acesso à obra.

No entanto, os filmes nacionais vêm enfrentando, especialmente após a pandemia em 2020, uma grande dificuldade de se chegar às telas. O dinamismo do mercado e a diminuição das políticas públicas no setor levaram a cadeia exibidora a tentar recuperar todo o prejuízo tido com o fechamento das salas de cinema na aposta em filmes internacionais que supostamente oferecem uma ideia de lucro garantido, ocupando assim a maior parte das salas de exibição do país (Lopes, 2022).

Assim, se os filmes nacionais acabam competindo entre si dentro da cadeia nacional por um espaço junto a filmes estrangeiros, no Piauí é ainda mais difícil uma obra do estado chegar ao circuito, uma vez que chegar à sala de cinema depende de representantes empresariais que de fato pensem na difusão e na abertura de caminhos, sejam eles tradicionais ou alternativos, diante do cenário audiovisual nordestino e brasileiro.

Sobre as empresas de finalização e infraestrutura, decidiu-se combinar três atividades para ilustrar este critério: as empresas com Atividade de pós-produção cinematográfica (CNAE 5912-0/99), Serviços de mixagem em produção audiovisual (CNAE 5912-0/02) e empresa de Aluguel de máquinas e equipamentos (CNAE 7739-0/99). Temos 4 empresas com atividade principal de pós-produção e 28 empresas com esta atividade secundária. As outras atividades aparecem apenas como secundárias: 12 empresas com Serviços de Mixagem para Audiovisual e 14 de Aluguel de máquinas e equipamentos.

Uma análise possível destas atividades secundárias pode ser o fato de empresas produtoras possuírem seus próprios equipamentos de pós-produção de imagem, de som e de produção, como câmeras, lentes, ilhas de edição, iluminação e outros equipamentos necessários para a atividade cinematográfica. Outra possibilidade é o fato de o mercado ainda não ser segmentado o suficiente para viabilizar a existência de empresas que realizam estas atividades de forma mais direcionada, como locadoras de equipamentos ou estúdios de finalização, por exemplo.

Tabela 6 - Empresas de finalização e infraestrutura

ATIVIDADE	PRIMÁRIA	SECUNDÁRIA
Pós-Produção	4	28
Mixagem Para Audiovisual	-	12
Aluguel De Máquinas E Equipamentos	-	14

Fonte: OCA/Ancine.

3 Exibição e difusão

3.1 Salas de cinema

No Piauí temos 3 agentes cadastrados com a atividade principal de Exibição Cinematográfica (CNAE 5914-6/00). Os três agentes cadastrados são complexos de salas de cinema em shoppings: sendo dois em Picos e um em Teresina. Na capital, há dois shoppings com multiplex: o Teresina Shopping, com o Cinemas Teresina, e o Shopping Rio Poty, com a Cinépolis. Apenas o Cinemas Teresina está cadastrado como agente piauiense na Ancine, pois a Cinépolis é uma rede internacional. As salas de cinema dos shoppings são o único acesso a filmes do circuito comercial tanto na capital quanto nos outros municípios com salas de exibição. Não há salas de exibição em cinemas de rua.

Em Picos, temos dois complexos de cinemas: o Cine Picos (brasileiro independente), no shopping Picos Plaza, e o Movieplex Entretenimento (brasileiro de capital nacional). No momento desta pesquisa (março/2025), o Cine Picos encontra-se desativado, e apenas o Movieplex está em funcionamento na cidade. Curiosamente, os dois agentes cadastrados na Ancine na cidade de Picos são de exibidores, e não temos agentes produtores cadastrados.

A terceira cidade com salas de exibição é Parnaíba, também com um cinema de shopping: o Multicine, no Parnaíba Shopping. O grupo Multicine possui complexos de cinema em 9 estados, e por isso não está cadastrado como agente econômico do Piauí.

A título de curiosidade, é possível elencar que a proximidade entre os dois estado, Piauí e Maranhão, através da ligação entre Teresina e o município maranhense Timon, proporciona uma sala de exibição a mais, que é utilizada pela população de ambos os municípios: a do Cine Cocais, localizado no Shopping Cocais em Timon.

Tabela 4 - Complexos de salas de cinema comerciais distribuídas por município

Nome do complexo	Número de salas	Município
Cinépolis Poty	12	Teresina
Cinemas Teresina	7	Teresina
Cine Picos*	3*	Picos
Movieplex Picos	3	Picos
Multicine Parnaíba	4	Parnaíba
Total	**29**	

Fonte: OCA/Ancine.

*O Cine Picos se encontra desativado, apesar do seu status de Ativo nos dados da Ancine.

Uma possível solução para a distribuição alternativa poderia ser o investimento nas salas já existentes que possuem algum tipo de filiação ou apoio do estado, município ou órgãos públicos, e que poderiam dar vazão a estas produções, levando ao público regional ou local as produções cinematográficas. Desta forma, elencou-se aqui uma lista de algumas salas alternativas que poderiam ser utilizadas para tal finalidade. A seguinte não corresponde à totalidade de espaços, mas são alguns exemplos dos mais significativos.

Tabela 5 - Listagem de salas de exibição não comerciais

Sala	Local	Tipo
Cine Teatro Sesc Cajuína	Teresina	Sala de exibição
Sala Torquato Neto	Teresina	Sala de exibição
Theatro 4 de Setembro	Teresina	Teatro com recurso de projeção
Teatro João Paulo II	Teresina	Teatro com recurso de projeção
Cineteatro Assembleia Legislativa	Teresina	Sala mista de teatro, auditório e projeção
Teatro do Boi	Teresina	Teatro com recurso de projeção
Teatro Sulica	Teresina	Auditório com recurso de projeção
Museu Do Piauí	Teresina	Auditório com recurso de projeção
Memorial Esperança Garcia	Teresina	Sala de aula com recurso de Projeção
IFPI	Teresina	Auditório com recurso de projeção
Espaço Cultural Maria Bonita	Floriano	CineTeatro
Sesc Caixeiral	Parnaíba	Sala de Exibição
Centro Cultural Benedito Martins do Rêgo	União	Sala mista de teatro, auditório e projeção
Teatro Alard	Bom Jesus	CineTeatro
Auditório da Associação Comercial de Picos	Picos	Sala mista de teatro, auditório e projeção

Fonte: compilação dos autores.

Esta listagem de salas de exibição foi elaborada com base nas experiências e nas pesquisas dos autores. Os espaços citados na tabela acima já sediaram exibições de filmes de alguma maneira, na forma de festivais, mostras ou sessões pontuais. Não temos uma base de dados completa com uma relação completa de tais salas, e realizamos consultas com produtores e profissionais de outras cidades para levantar os dados de fora da capital.

3.2 Cineclubes e Mostras e Festivais de cinema

Em relação a cineclubes, não há um cineclube constituído juridicamente e cadastrado como exibidor na Ancine. Mais uma vez, esta lacuna é uma oportunidade de atividade econômica, mas a viabilidade deste tipo de empreendimento pode ser questionada pela dependência de editais públicos.

Os cineclubes são importantes atividades de formação de público e democratização do cinema, especialmente quando são realizados de forma gratuita e possuem uma curadoria temática. Podemos elencar algumas experiências cineclubistas na capital Teresina como: Cineclube Tela Sociológica, realizado na Universidade Federal do Piauí; Cineclube Olho Mágico, na Associação dos Docentes da Universidade Federal do Piauí; Cineclube Casa da Cultura, realizado na Casa da Cultura Monsenhor Chaves de Teresina; e o Cineclube Corleone, no edifício privado The Doors.

Na data da escrita deste artigo (fevereiro de 2025), os cineclubes Corleone e Tela Sociológica estão em funcionamento. Um destaque para o Tela Sociológica é a sua longevidade, uma vez que existe desde 2001 e acontece quinzenalmente na Sala de Vídeo do Centro de Ciências Humanas e Letras (CCHL) da Universidade Federal do Piauí, e é coordenado pelo professor Francisco Júnior. Já o cineclube Corleone acontece desde 2014, e realiza exibições temáticas em temporadas, como blocos de cinema japonês ou animação.

Fora de Teresina, temos conhecimento de apenas um outro cineclube, o Cine Livre em Parnaíba. O Cine Livre foi formado em 2020, após ser contemplado no Prêmio Maria da Inglaterra, que foi parte da Lei emergencial Aldir Blanc, e teve suas primeiras sessões em 2021. O cineclube tem a proposta de oferecer filmes de classificação livre e funciona de forma itinerante, seja em diferentes bairros da cidade de Parnaíba, seja em um lugar central e acessível para o público.

As sessões são gratuitas, e têm a inclusão como conceito norteador, com temas próximos da realidade de vidas que são, geralmente, invisibilizadas, como causas e pessoas LGBTQIAP+, negras, originárias, trabalhadoras, estudantes, dentre outras.

Em relação a mostras e festivais de cinema no Piauí, foram registrados, no intervalo de 2013 a 2023, um festival anual e outras mostras sazonais. O Encontro Nacional de Cinema e Vídeo dos Sertões conta com 18 edições realizadas anualmente no município de Floriano, no interior do estado. Este é o maior festival de cinema que acontece no Piauí, devido à sua tradição e sua abertura para produções realizadas no estado, e realiza mostras competitivas em ficção e documentário. Por se tratar de um festival nacional, também são exibidos filmes de outros estados.

Já as mostras mais sazonais são a Parada de Cinema, com 7 edições; Mostra Sesc de Cinema com 7 edições, Mostra Piranhão com 2 edições e a Mostra Cinema e Direitos Humanos, com 14 edições. Todas estas são realizadas na capital Teresina. Ressaltamos que as mostras Sesc e Cinema de Direitos Humanos também são realizadas em outros estados.

No ano de 2024, foram realizadas as edições mais recentes da Mostra Sesc de Cinema (7ª. edição), da Mostra Piranhão (2ª. edição), da mostra Cinema e Direitos Humanos (14ª. edição) e do Encontro Nacional de Cinema e Vídeo dos Sertões (18ª. edição). A Parada de Cinema teve sua edição mais recente realizada em 2022 (7ª. edição).

O Encontro Nacional de Cinema e Vídeo dos Sertões, a Mostra Cinema e Direitos Humanos e a Parada de Cinema selecionam obras de longa-metragem e curta-metragem tanto de ficção quanto de documentário, realizadas em qualquer estado do país. Já a Mostra Sesc de Cinema conta com uma etapa de exibição de filmes locais, onde alguns são selecionados para compor a mostra nacional.

Um caso que merece destaque é a Mostra Piranhão de Cinema. Mesmo tendo apenas duas edições (2023 e 2024), a mostra tem a proposta de exibir e destacar a produção audiovisual dos estados do Piauí, Maranhão e suas fronteiras. A Mostra Piranhão também abre espaço para videoclipes, além de curtas e longas-metragens ficcionais e documentais. A mostra acontece simultaneamente em Teresina, São Luís e outros municípios que variam a cada edição. Na edição de 2024, a Piranhão aconteceu em Teresina, Amarante e Parnaíba (no PI) e em São Luís, Timon e Santa Rita (no MA). A mostra é realizada pela produtora Labcine Filmes. A edição de 2024 foi contemplada na Lei Paulo Gustavo estadual.

3.3 Canais de televisão e plataformas de streaming

Quanto aos canais de televisão registrados na Ancine, temos a TV Cidade Verde (Cadastrada como Televisão Pioneira LTDA) e a TV Meio Norte (Registrada como Rádio e Televisão do Piauí LTDA). Contando com essas duas, tem-se no total 12 empresas de televisão.

Sobre plataformas de Streaming regional, o Piauí não possui nenhuma.

Tabela 7 - Emissoras de TV por município e filiação

Emissora	Cidade	Filiação
TV Antares	Teresina	TV Brasil
TV Antena 10	Teresina	Record
TV Assembleia	Teresina	TV Câmara
TV Cidade Verde	Teresina	SBT
TV Clube	Teresina	TV Globo
TV Jornal	Teresina	TV Cultura
TV Lupa 1	Teresina	TV A Crítica
TV Cidade Verde Picos	Picos	SBT
TV Picos	Picos	TV Brasil
Band Piauí	Parnaíba	Rede Bandeirantes
TV Costa Norte	Parnaíba	TV Cultura
TV Delta	Parnaíba	TV Brasil
TV Alvorada	Floriano	TV Globo

Fonte: Ministério das Comunicações.

As TVs Cidade Verde, Antares e Assembleia possuem uma certa abertura para a produção local. A TV Cidade Verde, por exemplo, licenciou a série *Jenipapo - A fronteira da independência*, realizada pela Framme Produções e lançada em 2022, e foi a primeira janela da série. Já as TVs Assembleia e Antares possuem abertura na sua programação para a exibição de produções locais, incluindo telefilmes e curtas-metragens.

4 Obras Audiovisuais (Produzidas/Lançadas)

No contexto do mercado de cinema ainda em desenvolvimento no Piauí, podemos ter dados que não conseguem transmitir com precisão a realidade, especialmente quando produtoras e realizadores não se cadastram como agentes na Ancine e também seguem sem registrar a totalidade de suas obras.

No estado, temos apenas 1 longa-metragem produzido majoritariamente por um agente piauiense e lançado no circuito de exibição de salas comerciais[106]: o longa-metragem documental *Niède*, finalizado em 2018 e lançado nos cinemas em 2020. O filme foi distribuído pela Elo Studios, e ficou apenas

106 Nossas estatísticas disponíveis abrangem um intervalo de 1995 até outubro de 2024.

1 semana em cartaz, tendo uma venda de 141 ingressos e uma arrecadação de R$1.946,00 no total.

Niède foi produzido pela B&T Audiovisual com a coprodução da paulista Lente Viva Filmes e dirigido por Tiago Tambelli. O filme estreou na 24ª. edição do festival do É Tudo Verdade em 2019, selecionado na Mostra Competitiva e exibido em São Paulo e Rio de Janeiro.

Se contarmos com as coproduções em que uma produtora piauiense entra como detentora minoritária, temos também uma obra apenas: *A Irmandade*, um documentário produzido em 2019. A produtora majoritária é a Globo Filmes, e a minoritária é a Framme Produções.

Tabela 8 - Longas piauienses lançados comercialmente

Título	Niéde	A Irmandade
Produtora majoritária	B&T Audiovisual (PI)	Globo Filmes (RJ)
Tipo	Documentário (136 min)	Documentário (75 min)
Produtora minoritária	Lente Viva Filmes (SP)	Framme Produções (PI)
Ano de lançamento	2020	2019
Distribuidora	Elo Studios	Lume Filmes
Janela inicial	Salas de exibição	Salas de exibição
Público acumulado	141 ingressos	684 ingressos
Renda acumulada	R$1.946,00	R$6.611,00

Fonte: OCA/Ancine.

Podemos enumerar alguns elementos comuns a esses dois filmes: ambos são documentários, ambos são coproduções com produtoras de outros estados e ambos foram distribuídos por empresas de outros estados. Visto que, como vimos, no Piauí não há um agente econômico cuja atividade principal é a distribuição, uma das maneiras dos filmes feitos no estado chegarem até as salas de cinema e outras janelas comerciais é através de distribuidoras de outros estados. Acreditamos que é um desafio acessar estas empresas, sendo necessário participar de eventos, feiras de negócios ou simplesmente estabelecer relações com profissionais de fora, e ressaltamos a oportunidade de negócios resultante dessa lacuna.

Além destes dois filmes citados, não temos outras produções lançadas no circuito de salas de exibição. No entanto, temos a presença de produções piauienses em outras janelas comerciais, como TV por assinatura, radiodifusão (canais de TV aberta), vídeo doméstico ou outros meios.

Em nossa base de dados para esta pesquisa, temos um total de 76 obras com Certificado de Produto Brasileiro (CPB) registrados desde 2003. Se considerarmos o intervalo de 2013 a 2023, temos um total de 60 CPBs emitidos nestes dez anos.

Tabela 9 - Obras piauienses com CPBs registrados (2003 - 2023)

Tipo de produção	Quantidade
Curta-metragem	43
Média-metragem	2
Longa-metragem	18
Séries	9
Outros tipos	4
Total	**76**

Fonte: OCA/Ancine.

A tabela nos mostra uma maior presença de curtas-metragens registrados, com cerca de 56% do total. Em seguida, temos os longas-metragens, em torno de 23%, e séries, médias-metragens e outros formatos, somando os 21% restantes. Consideramos que a grande quantidade de curtas-metragens é um aspecto positivo, pois pode revelar que os agentes valorizam as próprias produções, mesmo que seja em um formato menos comercial do que o longa-metragem. Isso significa uma média de pouco mais de 2 curtas registrados por ano, desde 2003. Por outro lado, temos uma média de 1 longa-metragem a cada 1 ano e 4 meses, considerando a mesma data. Deve-se notar, no entanto, que o número de curtas provavelmente está subnotificado, uma vez que muitos curtas produzidos no estado não estão devidamente registrados na Ancine.

Vale ressaltar que, apesar da existência de 18 obras de longa-metragem com CPBs, apenas duas delas foram lançadas comercialmente (Tabela 8). Este é mais um dado que se relaciona à ausência de agentes econômicos com a atividade principal de distribuição no Piauí, pois os dois projetos foram distribuídos através de empresas de outros estados. Nove destas obras são documentais, duas são ficção, uma é videomusical e as seis restantes constam como Não classificadas.

Temos também cerca de 12% de conteúdos seriados, uma porcentagem que consideramos pouco expressiva. Entre estas séries, 4 são destinadas ao mercado de TV paga e 3 são destinadas ao mercado de TV aberta, enquanto as 2 restantes têm a destinação para outros mercados. Mesmo com esta quantidade pouco expressiva, a destinação da maior parte das produções para as TVs fechada e aberta pode nos mostrar que as séries encontraram adesão no mercado, especialmente em rodadas de negócio que envolvem TV paga.

Apesar de termos uma produção relativamente constante, os filmes produzidos não chegam às salas de cinema pela falta de distribuidoras, mas podem chegar a outras janelas mesmo assim. As duas produtoras de Nível 3 na classificação de nível da Ancine também são os agentes com o maior número de obras com registros de CPB: Framme produções, com 19 obras e Trinca Filmes com 9 obras.

Um dado que se destaca é a grande parcela de obras registradas por agentes da capital Teresina, com 96% do total de CPBs emitidos. No entanto, temos 4 obras de outras cidades: 2 obras de Santa Cruz dos Milagres (3%) e 2 obras de Parnaíba (3%). Ou seja: os agentes registrados nos municípios de Picos, Floriano, Campo Maior, São Raimundo Nonato, Baixa Grande do Ribeiro e Marcos Parente não registraram seus CPBs.

Tabela 10 - Obras registradas por segmento de mercado (2000-2024)

Segmento de mercado	Quantidade	Porcentagem
Salas de exibição	8	10%
TV por assinatura	7	9%
TV Aberta	15	20%
Vídeo doméstico	10	14%
Outros mercados - Vídeo on demand	4	5%
Outros mercados - Circuito restrito	4	5%
Outros mercados - Outros	13	17%
Indefinido	13	17%
Nenhuma das opções	2	3%
Total	**76**	**100%**

Fonte: OCA/Ancine.

Nos segmentos de mercado, temos um relativo equilíbrio entre as destinações para salas de exibição e TV por assinatura. Temos produções em maior quantidade destinadas para a janela de TV aberta. Dentre as 15 obras de TV aberta, temos 1 longa-metragem, 3 séries e 11 curtas-metragens. Curiosamente, não temos nenhum média-metragem destinado à janela de TV aberta, que favorece telefilmes ou conteúdo seriado. Já nas 8 obras destinadas às salas de exibição, temos 4 longas-metragem e 4 curtas-metragem. Destacamos também uma quantidade relativamente baixa de conteúdos para VOD, com apenas 4 obras registradas.

5 Outros eixos

5.1 SECULT-PI e o Sistema de Incentivo Estadual à Cultura (SIEC)

Nas Políticas Públicas culturais do Piauí, temos como principal órgão mediador a Secretaria de Cultura do Estado do Piauí - Secult/PI. A Secretaria vem de uma longa sucessão de formatos desde 1973. As origens da secretaria vieram na forma da Lei Estadual nº 3.262, durante o Governo de Alberto Tavares Silva, com a criação da Secretaria de Cultura, Desportos e Turismo. Até 1975, todas as atividades concentravam-se em uma única Secretaria. A partir daquele ano, as atividades culturais, esportivas e turísticas do estado seriam divididas por Fundações (Fundac ficou responsável pela cultura, por exemplo). Este formato permaneceu até junho de 2015, quando a Lei Estadual nº 6.673 criou a nova Secretaria de Cultura do Piauí - SECULT/PI.

O Piauí não possui até o momento um edital específico para cinema ou audiovisual. O único meio ao qual produtores e artistas têm para realização de seus filmes é através do SIEC - Sistema de Incentivo Estadual à Cultura, onde a Secult/PI opera como um mediador entre os investidores privados e os artistas ou empresas produtoras de cinema.

O Sistema de Incentivo Estadual à Cultura (SIEC) foi instituído pela Lei Nº 4.997, de 30 de dezembro de 1997, com a finalidade de promover e fortalecer a criação, produção e preservação de manifestações culturais, além de proteger o patrimônio cultural do estado. Abrangendo diversas áreas, como música, cinema, fotografia, artes plásticas, literatura, patrimônio histórico e ambiental, folclore e artesanato, o sistema busca atender amplamente o setor cultural.

Anualmente, é estabelecido um orçamento para o SIEC e lançado um edital, no qual projetos são submetidos e avaliados pelo Conselho Deliberativo. Caso aprovados, os projetos recebem um certificado emitido pela Secretaria Estadual de Fazenda, permitindo aos proponentes captar recursos com patrocinadores privados. Como contrapartida, as empresas patrocinadoras obtêm isenção do ICMS (Imposto sobre Circulação de Mercadorias e Serviços), incentivando sua participação no desenvolvimento cultural. O Conselho Deliberativo, que analisa os projetos, é composto por dez integrantes, divididos igualmente entre representantes da sociedade civil e de órgãos do Governo Estadual.

Nota-se que a lógica do SIEC funciona semelhante a outras Leis de Incentivo realizadas no Brasil, operando com certificados de abono fiscal para empresas privadas interessadas em patrocinar atividades culturais. Outro fato é que o SIEC promove uma divisão entre três tipos de projetos aprovados: a cota capital, voltada para projetos da capital Teresina; a cota interior, voltada para projetos fora da capital; e a cota governo, voltada para projetos de interesse do Estado. Esta última cota, em específico, demonstra que o governo se utiliza do próprio sistema para captar recursos junto à iniciativa privada para obras que interessam diretamente ao governo, como restauro de centros culturais, requalificação e manutenção de espaços e/ou projetos culturais julgados como prioridade.

Com isso, podemos concluir que a saída para realizadores cinematográficos é disputar um edital com as demais categorias artísticas, sem que haja alguma destinação específica para obras audiovisuais. Esta é uma realidade que não favorece o setor do cinema no Piauí. Por exemplo: em um determinado ano, o Siec pode contemplar a produção de três curtas-metragens, mas não aprovar nenhum projeto de mostra, festival ou de formação. Já em outro ano, pode contemplar um projeto de mostra, mas não aprovar nenhum projeto de realização ou de formação.

Assim, temos um contexto que não favorece um cenário integrado entre os elos de formação - produção - exibição, que proporcione uma consolidação do mercado e o estabelecimento de uma "cena" local. É importante a existência de projetos de formação que resultem na produção de filmes, documentários e videoclipes, além de projetos de exibição, que seriam janelas para a produção realizada através da formação e de outros filmes locais.

Vamos aos números, tomando como base os aprovados nos anos de 2019 a 2023. Este intervalo foi escolhido pela disponibilidade de dados na página eletrônica da Secult/PI na internet[107].

---

[107] Para todos os editais do Siec aqui analisados, foram considerados como parte do segmento audiovisual todos os projetos que possuem em seu título palavras-chave ligadas ao setor, como audiovisual, mostra audiovisual, vídeo, cine, cinema e podcast, além de projetos cuja natureza jurídica da empresa produtora era ligada a produções audiovisuais ou que o projeto foi divulgado na mídia como projeto audiovisual.

Tabela 11 - Projetos do setor audiovisual aprovados no Siec 2019

Categoria	Aprovados	Total de recursos Aprovados para audiovisual	Total de recursos Disponibilizados Na Categoria	Porcentagem Equivalente De Investimento
Capital	3	R$150.000,00	R$3.418.000,00	4,38%
Interior	1	R$155.000,00	R$2.052.000,00	7,55%
Governo	0	R$0,00	R$1.371.000,00	0%

Os números de 2019 trazem algumas considerações. Para a cota do interior foi aferido que apenas um único projeto, o *14º Encontro Nacional de Cinema e Vídeo dos Sertões,* realizado pela *Escalet Produções Cinema*, que recebeu quase 8% do recurso disponibilizado.

Tabela 12 - Projetos do setor audiovisual aprovados no Siec 2020

Categoria	Aprovados	Total de recursos Aprovados para audiovisual	Total de recursos Disponibilizados Na Categoria	Porcentagem Equivalente De Investimento
Capital	3	R$80.000,00	R$3.469.432,00	2,30%
Interior	2	R$210.000,00	R$ 2.420.000,00	8,67%
Governo	2	R$750.000,00	R$ 2.178.000,00	34,43%

Os anos de 2020 foram marcados pela pandemia de Covid-19. Foram também anos de destaque pelo alto investimento da cota governo e interior para o setor audiovisual, sendo destaque novamente em 2021 o *Encontro Nacional de Cinema e Vídeo dos Sertões* realizado *pela Escalet Produções Cinema* em sua 16ª edição. Destaque em 2020 para duas produções audiovisuais aprovadas pela cota governo com maiores orçamentos: *O último guerreiro,* tendo como proponente a *DV Produções,* com orçamento aprovado de R$350 mil e *Jenipapo - A fronteira da Independência* da *Framme Produções,* com orçamento aprovado de R$400 mil.

A série *Jenipapo* também foi aprovada no edital SIEC 2021 pela cota Governo com orçamento de R$500 mil a serem captados, o que justifica 11,84% de investimento no setor, no entanto, sendo o único projeto aprovado do segmento audiovisual na categoria.

Tabela 13 - Projetos do setor audiovisual aprovados no Siec 2021

Categoria	Aprovados	Total de recursos Aprovados para audiovisual	Total de recursos Disponibilizados Na Categoria	Porcentagem Equivalente De Investimento
Capital	7	R$305.000,00	R$4.221.825,60	7,22%
Interior	3	R$250.000,00	R$4.546.581,42	5,49%
Governo	1	R$500.000,00	R$4.221.825,60	11,84%

Através da tabela 14, é possível perceber que os recursos destinados ao cinema e ao audiovisual em 2022 sofreram uma queda. No mesmo ano, outro fato que é possível perceber é o valor total investido por tipo de projeto. Projetos como *Cine Periferia*, que tem como proponente o *Movimento pela paz na Periferia e 17º Encontro Nacional de Cinema e Vídeo dos Sertões* realizado *pela Escalet Produções Cinema,* orbitam entre as maiores captações, tendo R$ 140 mil e 180 mil, respectivamente. Nenhum longa-metragem foi aprovado.

Tabela 14 - Projetos do setor audiovisual aprovados no Siec 2022

Categoria	Aprovados	Total de recursos Aprovados para audiovisual	Total de recursos Disponibilizados Na Categoria	Porcentagem Equivalente De Investimento
Capital	3	R$175.000,00	R$4.610.276,15	3,79%
Interior	1	R$180.000,00	R$5.010.276,15	3,59%
Governo	7	R$260.000,00	R$4.413.701,52	5,89%

Os dados de 2023 revelam que os investimentos realizados por meio do SIEC foram ainda mais baixos em comparação com 2022, evidenciando uma redução contínua no apoio ao setor audiovisual. A análise dos últimos quatro anos, com base nas informações disponíveis nos portais oficiais do Governo, destaca uma tendência preocupante no estado do Piauí: os desafios enfrentados por realizadores e realizadoras em acessar o Sistema de Incentivo à Cultura como ferramenta viável para a concretização de projetos audiovisuais.

Tabela 15 - Projetos do setor audiovisual aprovados no Siec 2023

Categoria	Aprovados	Total de recursos Aprovados para audiovisual	Total de recursos Disponibilizados Na Categoria	Porcentagem Equivalente De Investimento
Capital	1	R$ 20.000,00	R$ 4.532.082,43	0,44%
Interior	0	0	R$ 5.032.100,86	0
Governo	0	0	R$ 4.032.064,01	0

Essa realidade afeta não apenas produções cinematográficas, mas também a diversidade de mostras, iniciativas voltadas à formação de plateias, ações de difusão como o cineclubismo e ações de formação, como cursos na área.

Tabela 16 – Total de recursos destinados ao audiovisual nos Siec dos anos de 2019 a 2023

Categoria	Aprovados	Total de recursos Aprovados para audiovisual	Total de recursos Disponibilizados Na Categoria	Porcentagem Equivalente De Investimento
Capital	17	R$ 730.000	R$ 20.251.616,18	3,6%
Interior	7	R$ 795.000	R$ 19.060.958,43	4,1%
Governo	10	R$ 835.000	R$ 16.416.591,13	5%
Total	**34**	**R$ 2.360.000**	**R$ 55.729.165,74**	**4,2%**

Os dados expõem disparidades significativas na distribuição dos recursos. Essa desigualdade compromete o incentivo e a democratização de acesso aos editais do Siec e à produção audiovisual. Somados todos os anos de 2019 a 2023 e todas as categorias de Capital, Interior e Governo, temos um montante total de R$ 2.360.000, um recurso equivalente a um longa-metragem de ficção de baixo orçamento. Ou seja, em cinco anos, o estado do Piauí investiu no audiovisual o equivalente a um filme.

5.2 Edital Regional - Edital Piauí de seleção de projetos audiovisuais nº 01/2017

Em 2017, por meio de uma parceria entre Ancine/Fundo Setorial do Audiovisual - FSA e SECULT/PI, foi lançado o Edital Piauí De Seleção De Projetos Audiovisual Nº 01/2017. A chamada tinha como objetivo a seleção de projetos e produção independente de obras audiovisuais brasileiras nos formatos curta e longa-metragem e obras seriadas, todas de gêneros ficção, animação e documentário não publicitários, a fim de difundir como conteúdo a cultura piauiense.

O edital contou com a seguinte disposição orçamentária: **R$ 2 milhões,** oriundos da SECULT-PI, e **R$ 4 milhões** do FSA/Ancine, totalizando para o edital o valor de **R$ 6 milhões.**

Em regulamento, o edital premiaria doze projetos, sendo dois deles ações de capacitação. No entanto, ao todo foram contemplados 20 projetos, sendo:

- **3 (três)** na categoria 1 – financiamento pela Ancine de longa-metragem ficção ou animação;
- **01 (um)** na categoria 2 – financiamento pela Ancine de longa-metragem documentário;
- **02 (dois)** na categoria 3 – financiamento pela Ancine de série documentário;
- **03 (três)** categoria 4 – financiamento pela Secult de longa-metragem documentário histórico;
- **03 (três)** na categoria 5 – financiamento pela Secult de curta-metragem documentário;
- **06 (seis)** na categoria 6 – financiamento pela Secult de curta-metragem ficção, animação;
- **02 (dois)** na categoria 7 – financiamento pela Secult de ações de capacitação.

Apesar de um edital deste porte ter sido um marco importante para o audiovisual do estado do Piauí, uma série de problemas ocorreram, como a demora para a liberação dos recursos, filmes que acabaram não sendo realizados ou lançados em circuito comercial, além das questões políticas que envolveram a Ancine e os recursos do FSA na época.

Até o momento, temos conhecimento de duas produções que foram contempladas neste edital: o longa-metragem documentário *Comigo num se pode*, de 2023, (aprovado como *Cena Gay*), dirigido por Tássia Araújo, e o curta-metragem de ficção *Estalos*, de 2023, dirigido por Monteiro Júnior.

5.3 Leis Emergenciais: Lei Aldir Blanc e Lei Paulo Gustavo

Entre os anos de 2020 e 2023, destacamos a presença de dois importantes editais das leis emergenciais nacionais: Lei Aldir Blanc e Lei Paulo Gustavo, que tinham como objetivo mitigar os impactos da pandemia da Covid-19 no setor cultural brasileiro.

No Piauí, tratando-se das políticas feitas pelo Estado sobre a Lei Aldir Blanc, foram realizados três editais: 1) Prêmio Maria da Inglaterra; 2) Prêmio Seu João Claudino; e 3) Prêmio Afrânio Castelo Branco. O Edital 2 contempla cultura popular e mestres de saberes, sem contemplar propostas de audiovisual.

Uma análise mais detalhada sobre a tipologia dos projetos aprovados dificultou a precisão da pesquisa, uma vez que os dados da tabela dos aprovados não descrevem a natureza dos projetos: se são de natureza audiovisual, musicais, artes integradas, dentre outros. No entanto, alguns destaques podem ser feitos. No prêmio Seu João Claudino na Categoria A - Grupos, foi subdividido três faixas de valores: para grupos com prêmio no valor de R$30.000,00 (trinta mil) por premiado não há nenhum grupo ligado ao audiovisual classificado no resultado. Na faixa dos premiados com o valor de R$20.000,00 (vinte mil) há um premiado. Na faixa dos premiados com valor de R$10.000,00 (dez mil) há um premiado. Ainda na categoria A do mesmo prêmio, mas agora voltado para premiações individuais, não foi possível mapear quais agentes fazem parte da cadeia profissional do audiovisual; por isso não foi possível trazer à esta pesquisa. Na categoria B do mesmo prêmio, voltado para premiar pessoas jurídicas, tem-se um premiado voltado mais especificamente para o audiovisual na faixa de R$100.000,00 (cem mil) com o Projeto "Cinema na escola", promovido pela R10 Comunicação Eirelli.

Na categoria C do mesmo edital foi premiado apenas um projeto, o *Cine Periferia - Espaço Itinerante,* com proponente *Movimento Pela Paz Na Periferia - MP3,* com um valor de R$400 mil. Notamos também a presença de gravações de DVDs ou materiais musicais associados à gravação de um material musical principal.

Outro fato é o de que o Edital Afrânio Castelo Branco, de ocupação de espaços com proposta de programação cultural gratuita com duração de 6 a 12 meses, não contemplou projetos de audiovisual, cineclubismo ou formação como atividades principais. Este edital contemplou em sua maioria propostas de museus e casas de cultura.

Por meio da Lei Paulo Gustavo, o Governo Federal repassou ao Estado do Piauí o valor de R$74,7 milhões, sendo R$42,2 milhões voltados para o estado e R$32,5 milhões para os 224 municípios piauienses. Pela SECULT-PI, responsável pelos repasses do Estado, foram segmentados 07 (sete) editais, dos quais 04 (quatro) interessavam diretamente ao audiovisual e os demais à cultura popular e premiações sobre ocupações ou atividades continuadas ligadas à cultura. Os editais ligados diretamente ao audiovisual foram:

- **EDITAL TORQUATO NETO**: voltado para produção audiovisual. O recurso disponibilizado na categoria foi de R$ 25.069.951,72, dividido em categorias:
  - Até R$ 20.225.443,50 para apoio a produção de obras audiovisuais, de curtas, médias, longas-metragens e demais produções previstas no §2º do Art. 3º do Decreto nº 11.525/23;
  - Até R$1.623.566,20 para apoio à realização de ação de Formação Audiovisual ou de Apoio a Cineclubes; e Pesquisa em Audiovisual;
  - Até R$ 3.220.942,02 para microempresas e pequenas empresas do setor audiovisual; serviços independentes de vídeo por demanda cujo catálogo de obras seja composto de, no mínimo, setenta por cento de produções nacionais; licenciamento de produções audiovisuais nacionais para exibição em redes de televisão públicas; e distribuição de produções.
- **EDITAL JOSÉ MEDEIROS:** voltado para o apoio às salas de cinema privadas, cinemas de rua e itinerante. O edital possuiu valor total de até R$ 1.391.771,48, distribuídos da seguinte forma:
  - Até R$ 91.771,48 para apoio a Salas de Cinema em espaços privados;
  - Até R$ 500.000,00 para apoio a Cinemas de Rua;
  - Até R$800.000,00 para apoio a Cinemas Itinerantes.
- **EDITAL DOGNO IÇAIANO:** com valor total de R$ 435 mil, voltado para a modalidade de bolsas para capacitação, formação e qualificação em audiovisual e pesquisa distribuídos da seguinte forma:
  - Capacitação, formação e qualificação em audiovisual em eventos no estado: 30 bolsas de R$1.500,00 para Pessoa Física;
  - capacitação, formação e qualificação em audiovisual em eventos no Brasil, fora do estado: 25 bolsas de R$ 8.000,00 para Pessoa Física ou Grupos sem CNPJ;
  - Capacitação, formação e qualificação em audiovisual em eventos fora do Brasil: 05 bolsas de R$18.000,00 para Pessoa Física;
  - pesquisa científica em audiovisual: 50 bolsas de R$ 2.000,00 para Pessoa Física;
- **EDITAL JOSÉ ELIAS ARÊA LEÃO:** este edital tinha como objeto a seleção de Entidades - Organizações da Sociedade Civil com

atuação cultural comprovada, para Requalificação/Manutenção do espaço e programação de Salas de Cinema Públicas do estado do Piauí. Foi disponibilizado para o edital a quantia de R$3 milhões,- sendo os espaços estabelecidos como "salas de cinema públicas" 10 (dez) espaços públicos já mantidos ou que receberam recursos do estado do Piauí através da SECULT-PI.

5.4 Formação

O Piauí é carente de ações de formação contínua em audiovisual, como programas, escolas e instituições de ensino públicas ou privadas. A formação nesta área acontece, em sua maioria, na forma de projetos culturais ou sociais. Como a natureza de um projeto é ter início, meio e fim, as ações de formação deixam de ter um caráter continuado.

Com isso, a formação em cinema e audiovisual acaba por depender das necessidades e interesses de cada profissional. Em Teresina, por exemplo, é a própria atuação no mercado de trabalho que forma profissionais, ou a busca por cursos de formação online ou presenciais em outros lugares do Brasil.

Uma das ações de formação mais duradouras do Piauí é o curso Pela Lente, ministrado pelo cineasta, crítico e professor Monteiro Júnior. O curso aconteceu entre 2009 e 2024 em diversos locais da cidade, como Casa da Cultura, Teatro João Paulo II e outros espaços. O curso acontecia com turmas semestrais, e oferecia uma introdução à linguagem, à produção e à narrativa cinematográfica. Apesar de não oferecer uma formação técnica, o Pela Lente tem o seu papel de despertar o interesse por cinema em novos públicos.

A Casa da Cultura foi equipamento gerido pela Fundação Monsenhor Chaves (responsável pela cultura em nível municipal) e teve suas atividades suspensas em 2021, sem reabrir desde então. Na Casa aconteciam eventos culturais e iniciativas de formação, como cursos de dança, música, desenho, teatro, palestras e cineclube, além do já mencionado curso Pela Lente.

Um caso particular é o Curso de Comunicação Social – Jornalismo, da Universidade Federal do Piauí. Devido a uma certa proximidade de temas do jornalismo com o cinema documental, aliada à possibilidade de apresentação de um trabalho prático como requisito para a conclusão do curso, alguns alunos optam por realizar documentários ou reportagens especiais sobre assuntos diversos como TCC. Por exemplo, em 2017, um grupo de estudantes de Comunicação formou o coletivo Labcine, que produziu documentários e ações de cineclubismo. Em 2021, o coletivo se formalizou na forma de uma produtora, a Labcine Filmes, que segue como um dos agentes econômicos ativos na fronteira Piauí e Maranhão.

Pelo governo federal existiram iniciativas como cursos FIC - Formação Inicial e Continuada, oferecidos pelo MEC através do PRONATEC - Programa Nacional de Acesso ao Ensino Técnico e Emprego. Programas de curta duração ocorreram em 2019 que ofertaram cursos como Produção e Áudio e Video de forma gratuita.

Outros dois projetos de formação são vinculados à Secretaria de Estado da Educação (Seduc), do Governo do Estado: o Seduc Tec e o Cinema na Escola. O Seduc Tec é uma iniciativa de cursos profissionalizantes à distância, realizados na forma de aulas gravadas e disponibilizadas on-line para os alunos matriculados em escolas selecionadas que oferecem a modalidade de Mediação Tecnológica. No ano de 2024 o Seduc Tec ofereceu aulas gravadas tanto nas áreas técnicas do audiovisual, como fotografia, som direto e edição, quanto nas conceituais, como produção executiva, direção e linguagem audiovisual.

Consideramos um ponto positivo o fato de os professores da modalidade de audiovisual do Seduc Tec serem profissionais atuantes no mercado do Piauí. No entanto, um aspecto negativo é a falta de interação presencial entre professores e alunos, além da impossibilidade de se realizar projetos de forma mais prática e personalizada.

O outro projeto realizado pela Seduc é o Cinema na Escola, sendo executado em parceria com a produtora TVM Filmes do realizador Cícero Filho. Em 2024 o projeto foi ofertado para alunos do ensino médio da rede estadual de ensino integral em Parnaíba, Teresina, Floriano, Picos e Bom Jesus. O curso conta com aulas práticas de direção, roteiro, produção, fotografia, edição, além de outras funções necessárias para a realização de um filme. A turma de alunos de cada uma das escolas assiste às aulas e desenvolve paralelamente um roteiro, que é filmado, editado e entregue, encerrando o ciclo de um projeto audiovisual. Os professores do curso também são profissionais atuantes no mercado, e o projeto Cinema na Escola cumpre com o aspecto presencial e prático da formação.

Por serem projetos que estão sendo realizados na data de escrita deste artigo, ainda não possuímos maiores estatísticas sobre eles, além de conhecimento de profissionais atuantes no mercado de trabalho que foram egressos destes cursos.

5.5 *Associações e entidades de classe*

O Piauí não possui uma entidade específica de classe ativa, como sindicato de técnicos, produtores ou atores de cinema. No entanto, podemos citar algumas associações que abarcam de forma mais generalizada os profissionais do audiovisual. Temos a Associação Arquitetos, Urbanistas e Profissionais de Engenharia e Cultura do Piauí - Associação Fogopagô, que engloba profissionais de múltiplas áreas com o interesse comum na atuação em cultura.

A Associação realiza formação em cinema, com oficinas e cursos na área, e já realizou também um documentário longa-metragem intitulado *Camadas das Águas Invisíveis* (2020, direção de Antonio Augusto), financiado pelo Conselho de Arquitetura do Piauí (CAU/PI), que questiona a história oficial do urbanismo de Teresina. O longa foi premiado no 16º Encontro Nacional de Cinema e Vídeo dos Sertões na categoria de melhor trilha musical.

Além da Fogopagô, temos a Associação de Promoção da Cidadania e Desenvolvimento Social - Acis. Esta entidade foi criada em 2018 com a finalidade de apoiar e desenvolver ações de capacitação profissionalizante em áreas como barbearia, sistemas fotovoltaicos e mídias digitais.

Além destas atividades, a Associação também realiza ações artísticas, em particular nos segmentos audiovisual, música, dança, literatura e teatro, através de atividades de cunho educativo, artístico e sociocultural. No cinema, foi realizado o Acis Lab, com oficinas de formação nas áreas de atuação, direção de arte, roteiro e outras.

O Núcleo de Cinema e Vídeo da Acis, denominado Unity Filmes, registrado na Agência Nacional do Cinema (Ancine), é responsável por desenvolver projetos do segmento audiovisual do Programa Belas Artes. Desde sua criação, já foram produzidos filmes curta-metragens, documentários e vídeos experimentais. Todo o trabalho da Unity Filmes, também foi reconhecido no 13º Encontro Nacional de Cinema e Vídeo dos Sertões, no qual foi indicado em 11 categorias e venceu em duas. Em 2019 foi patrocinada pelo Governo do Estado do Piauí, através da Coordenadoria de Comunicação Social - CCOM, para a produção da 1ª temporada da série "O Pescador – a lenda do cabeça de cuia".

O estado também teve uma seccional da Associação Brasileira de Documentaristas (ABD), fundada em 1988. Não obtivemos a data exata de seu encerramento. A ABD Piauí realizou diversas atividades durante sua existência, como cineclube, oficinas, curtas e documentários, e teve sua sede na Escola Estadual de Teatro Gomes Campos. O período de 2011 a 2013 foi ativo, com diversas formações em Som direto, Direção, Direção de Fotografia e Assistência de Câmera, realizados em parceria com outras instituições como Canne, CTAv e Fundação Joaquim Nabuco. A ABD foi responsável pela formação de uma geração de realizadores e técnicos, e não houve na cidade uma entidade ou iniciativa mais regular de formação ou de associação de classe desde então.

5.6 Preservação, Laboratórios, Mercado, Crítica e Pesquisa

A centralização desses temas em um único tópico justifica-se pela escassez ou ausência de iniciativas nessas áreas no estado do Piauí. Observa-se que não há, no momento, um acervo dedicado exclusivamente à preservação audiovisual. O Arquivo Público do Estado, por exemplo, mantém documentos, fotografias e jornais, mas não conta com um núcleo específico voltado para o audiovisual. Acredita-se que grande parte da memória visual do Piauí esteja preservada em acervos privados, com acesso restrito ao público em geral ou limitado ao círculo de convivência dos proprietários.

Além disso, não se identificam eventos ou iniciativas como laboratórios de desenvolvimento de roteiros ou rodadas de negócio voltados às produções audiovisuais.

No campo da crítica cinematográfica, destaca-se a atuação de Monteiro Júnior, crítico reconhecido por suas colunas em jornais e sites, publicadas entre 2003 e 2014. No âmbito da pesquisa acadêmica, a ausência de cursos de graduação em cinema no estado reflete-se em uma produção acadêmica esparsa sobre o tema. Por exemplo, no momento da consulta para este estudo, o repositório eletrônico da Universidade Federal do Piauí estava indisponível, enquanto no da Universidade Estadual do Piauí foram identificados apenas cinco trabalhos com a palavra-chave "cinema".

Referências

LOPES, Felipe. Uma análise integrada da distribuição no cinema brasileiro. *Revista Exibidor* (online), 20 jul 2022.

RÉGIO, Marília Schramm. Aspectos da distribuição cinematográfica no Brasil: reflexões sobre majors e independentes. *Orson* - Revista dos Cursos de Cinema do Cearte UFPEL, v. 9, p. 45-63, 2015.

PREFEITURA DE TIMON. Relatório de Leitura Técnica 2021/2022. Disponível em: <https://timon.ma.gov.br/site/wp-content/uploads/2022/11/Timon-Relatorio-Leitura-Tecnica.pdf>. Acesso em 13 mar. 2025.

Mercado audiovisual potiguar

Diana Xavier Coelho
Jefferson Cabral
Ruy Alkmim Rocha Filho[108]

1 Introdução

Nos últimos 30 anos, o audiovisual no Rio Grande do Norte passou por diversas transformações. Houve um notável aumento na qualificação profissional e um expressivo crescimento da produção. No entanto, persiste um paradoxo: a distribuição, a preservação e as políticas públicas, assim como a atuação de agentes e organizações privadas, ainda apresentam deficiências significativas e carecem de articulação. Problemas estruturais continuam a impedir a consolidação de um mercado audiovisual que seja, ao mesmo tempo, sustentável num sentido amplo, inclusivo e bem estruturado.

Para contextualizar o mercado audiovisual potiguar ao longo de uma década, abrangendo o período de janeiro de 2013 a dezembro de 2023, este artigo abordará quatro eixos principais: 1) *Empresas e agentes audiovisuais*, com um mapeamento das produtoras, distribuidoras, exibidoras e demais agentes do setor; 2) *Exibição e difusão*, um panorama das salas de cinema, mostras, festivais e cineclubes; 3) *Obras audiovisuais*, um levantamento das produções realizadas e lançadas no período; e 4) *Políticas públicas e organização do setor*, uma análise das iniciativas governamentais e o papel das associações e coletivos na estruturação do mercado.

Além de consulta à bibliografia já existente sobre o tema, foram utilizados dados disponíveis nos painéis interativos do Observatório Brasileiro do Cinema e do Audiovisual (OCA), na página de consultas do Sistema Ancine Digital (SAD) e no Catálogo Nacional de Dados da Agência Nacional do Cinema (Ancine). Os dados consultados refletem a situação do mercado audiovisual até o dia 19/01/2025.

---

108 Ruy Alkmim Rocha Filho agradece à Profa. Dra. Elen Geraldes e ao Programa de Pós-Graduação em Direitos Humanos e Cidadania (PPGDH/UnB) pelas expressivas contribuições no decorrer do estágio pós-doutoral, que reverberam no presente texto.

2 Empresas e agentes audiovisuais

Para acessar os serviços da Ancine, os agentes econômicos que atuam no mercado audiovisual brasileiro, sejam pessoas físicas ou jurídicas, devem realizar um cadastro junto ao órgão. Qualquer profissional interessado, independentemente de sua área de atuação, pode solicitar o registro[109], que deve ser renovado a cada cinco anos. As informações disponíveis são consolidadas com base nos dados fornecidos pelos próprios agentes, reforçando o caráter autodeclaratório do processo.

Contudo, a atuação de muitos profissionais no mercado de trabalho do Rio Grande do Norte frequentemente difere da ideia de um mercado audiovisual brasileiro mais amplo. Especialmente em centros onde a produção autoral – ou seja, a criação de animações, documentários e ficções que não possuem um caráter institucional ou publicitário – é mais expressiva, como no Rio de Janeiro, São Paulo, Porto Alegre e Salvador.

Isso se reflete em um número reduzido de registros, tanto de agentes quanto de obras, o que está diretamente relacionado ao conhecimento limitado ou ao desinteresse dos profissionais sobre as instruções normativas e serviços oferecidos pela Ancine, bem como à falta de iniciativas consistentes de comunicação da instituição com o setor audiovisual de forma mais ampla.

Uma ação relevante para enfrentar essas questões foi o *Arranjo Produtivo Local do Audiovisual*, um projeto elaborado em resposta a uma chamada do Ministério do Desenvolvimento, Indústria e Comércio Exterior em 2014. O projeto resultou em um plano para o desenvolvimento do setor no Rio Grande do Norte, mas não foi implementado devido à desarticulação entre os setores público e privado, embora algumas ações previstas tenham ocorrido de forma isolada[110].

2.1 Dinâmica do mercado audiovisual potiguar

Em termos gerais, a atividade econômica audiovisual no Rio Grande do Norte apresenta uma baixa complexidade de agentes econômicos cadastrados. No recorte temporal da pesquisa, entre janeiro de 2013 a dezembro de 2023, foram registradas na Ancine como *Agentes Econômicos Brasileiros* 139 pessoas jurídicas. A título de comparação, neste mesmo período foram

---

[109] Esse registro é especialmente indispensável para pessoas jurídicas que desejam utilizar recursos públicos, conforme estabelece a Instrução Normativa nº 91/2010, que define as obrigatoriedades.

[110] O link do Plano de Desenvolvimento do Arranjo Produtivo Local Audiovisual (APL) do Rio Grande do Norte pode ser consultado nas referências.

registradas 12.830 empresas no Brasil, sendo 1.890 somente no Nordeste. Proporcionalmente, o estado representa 1,08% em relação ao país e 14,73% em relação à região.

Em relação às 27 unidades da federação, o Rio Grande do Norte ocupa a 17ª posição e, entre os nove estados do Nordeste, está em 6º lugar em quantidade de empresas registradas. Quando comparado às médias nacional e regional de registros, o estado apresenta um desempenho significativamente inferior. Isso evidencia os desafios para superar sua posição atual e avançar na consolidação de um mercado que tenha participação mais ativa no setor audiovisual brasileiro.

Uma observação mais detalhada da distribuição territorial dos agentes econômicos no estado revela padrões de concentração em determinados municípios, evidenciando dinâmicas históricas e desigualdades internas que também são visíveis nos indicadores demográficos e econômicos. Apenas 16 dos 167 municípios do estado possuem empresas com registro regular na Ancine.

Tabela 1 - Municípios com agentes econômicos (2013-2023)

Natal	93	Areia Branca	1	São José de Mipibu	1
Mossoró	20	Carnaubais	1	Serra de São Bento	1
Caicó	6	Currais Novos	1	Tibau do Sul	1
Parnamirim	6	Lagoa Nova	1	Açu	1
Apodi	2	Macau	1		
Macaíba	2	Passa e Fica	1		

Fonte: OCA/Ancine. Dados em 19/01/2025.

Da totalidade de empresas, percebe-se que 66,90% estão concentradas em Natal, que é o município com a maior população e PIB *per capita* do estado. A capital é seguida por Mossoró (14,38%), Caicó (4,31%) e Parnamirim (4,31%), municípios centrais em suas mesorregiões cujas posições estão alinhadas com os indicadores gerais de população e economia do estado. As empresas remanescentes (10,07%) estão distribuídas em outros 12 municípios.

A localização dos agentes econômicos no território influencia diretamente a disponibilidade de outras atividades relacionadas ao mercado audiovisual nesses municípios. Isso inclui o número de obras não publicitárias, as salas de exibição, os cursos regulares, a existência de secretarias ou fundações de cultura, a formulação de políticas públicas e a organização dos profissionais do setor. Assim, é possível identificar uma tendência de concentração dessas atividades nos municípios com maior infraestrutura, organização social e dinamismo econômico.

2.2 *Perfil das empresas audiovisuais*

Entre 2013 a 2023, o Rio Grande do Norte apresentou apenas 7 tipos de naturezas jurídicas registradas na Ancine, enquanto no Nordeste foram identificadas 18, e no Brasil, 32, abrangendo tanto empresas quanto órgãos públicos.

Tabela 2 - Empresas registradas por natureza jurídica (2013-2023)

	2013	2014	2015	2016	2017	2018	2019	2020	2021	2022	2023
Empresa ou Empresário Individual	4	1	5	1	2	6	3	5	6	4	13
Microempreendedor Individual	-	-	-	2	-	-	4	4	6	8	23
Sociedade Empresária Limitada	1	2	-	3	3	1	3	3	6	5	10
Outras Naturezas Jurídicas	-	-	-	3	-	1	-	-	-	1	-

Fonte: OCA/Ancine. Dados em 19/01/2025.

A série histórica da natureza jurídica revela uma tendência de crescimento na criação e registro das empresas até 2022. No ano seguinte, os registros mais que dobraram, alcançando um total de 46 agentes econômicos cadastrados na Ancine. O forte crescimento em 2023 está diretamente relacionado à Lei Paulo Gustavo (Lei Complementar nº 195/2022), que estabeleceu critérios de acesso às categorias e linhas de fomento nas seleções públicas, incentivando os agentes culturais a se formalizarem e adaptarem seus projetos audiovisuais para atender algumas exigências da agência reguladora.

Diferentemente do padrão nacional, que revela um predomínio de entidades classificadas como *Sociedade Empresária Limitada* registradas na Ancine, no Nordeste as categorias *Empresa Individual de Responsabilidade Limitada* e *Empresário (Individual)* apresentam números relativamente equilibrados. No entanto, no Rio Grande do Norte, essa dinâmica se inverte, com as categorias *Empresa Individual ou Empresário Individual* (incluindo a natureza jurídica de *Microempreendedor Individual*), concentrando a maior parte das pessoas jurídicas registradas no período da pesquisa.

Assim, dos 139 agentes econômicos, 50 são classificados como *Empresa ou Empresário Individual* (35,97%), 37 como *Sociedade Empresária Limitada* (26,62%) e 5 como *Outras Naturezas Jurídicas* (3,60%). Os *Microempreendedo-*

res Individuais representam uma parcela significativa do setor, com 47 registros (33,81%). Juntas, as categorias *Empresário Individual*, *Empresa Individual* e *Microempreendedor Individual* somam 97 entidades, correspondendo a 69,86% do total. Vale destacar que as pessoas físicas não foram incluídas nesta pesquisa.

2.3 Atividades econômicas das empresas audiovisuais

Conforme a Instrução Normativa nº 119/2015, as produtoras independentes são classificadas em níveis de 1 a 5, com base na quantidade de obras produzidas[111]. Essa classificação determina o limite máximo autorizado para a captação de recursos de fomento indireto administrados pela Ancine. No Rio Grande do Norte, dos 139 agentes econômicos cadastrados na Ancine entre 2013 a 2023, 95 são classificados como *Brasileiro independente*, mas apenas 58 são *Produtoras Brasileiras Independentes*, todas de Nível 1. Esse cenário é semelhante em outros estados do Nordeste, onde a dinâmica interna de mercado influencia a capacidade das empresas de produzir conteúdo audiovisual, de acordo com os tipos e durações estabelecidos na norma citada.

Tabela 3 - Atividade econômica dos agentes registrados (2013-2023)

Atividade Econômica	Principal	Secundária
Atividades de pós-produção cinematográfica	23	65
Produção de filmes para publicidade	8	45
Atividades de produção cinematográfica	21	42
Estúdios cinematográficos	5	33
Distribuição cinematográfica	-	20
Atividades de exibição cinematográfica	1	16
Atividades de televisão aberta	1	14
Programadoras (TV fechada)	13	4

Fonte: OCA/Ancine. Dados em 19/01/2025.

Na Instrução Normativa nº 91/2010, a Ancine reconhece 24 CNAEs vinculados à atividade econômica do audiovisual, dos quais sete estão diretamente relacionados ao acesso a investimentos do Fundo Setorial do Audiovisual (FSA). No Rio Grande do Norte, a maioria das empresas do setor au-

[111] No entanto, as obras audiovisuais consideradas para pontuação e para a mudança de nível das produtoras devem atender a requisitos específicos de minutagem, comercialização e veiculação, conforme estabelecido no Art. 6º da Instrução Normativa.

diovisual possui, como atividade principal ou secundária, pelo menos um dos seguintes CNAEs: cinco relacionados a *Atividades Cinematográficas* (59.11-1/01, 59.11-1/02, 59.11-1/99, 5913-8/00 e 59.14-6/00) e dois pertencentes à subclasse *Atividades de Rádio e Televisão* (6021-7/00 e 6022-5/01).

No entanto, uma parcela expressiva apresenta como classificação principal *Atividades de Pós-produção Cinematográfica* (CNAE 5912-0/99) como atividade econômica principal. Esse grupo é composto majoritariamente por Microempreendedores Individuais (MEIs), que enfrentam restrições no acesso às linhas de fomento e crescimento no mercado brasileiro.

3 Exibição e difusão

3.1 Salas de cinema

O Rio Grande do Norte possui, no total, 167 municípios, mas apenas três contam com salas de cinema comercial em funcionamento, conforme dados do Observatório Brasileiro do Cinema e do Audiovisual (OCA). Em dezembro de 2023, estavam em atividade seis complexos comerciais de cinema, que totalizaram 35 salas de exibição, todas localizadas em shoppings centers[112].

Tabela 4 - Municípios com salas de cinema (2013-2023)

Natal	28	Mossoró	6	Caicó	1

Fonte: OCA/Ancine. Dados em 01/07/2024.

Em Natal, as salas de cinema estão distribuídas entre quatro grupos exibidores: Moviecom Praia Shopping (em funcionamento desde 2001, com 7 salas), Cinemark Natal (desde 2005, com 7 salas), Cinépolis Natal Shopping (desde 2013, com 8 salas) e Cineflix Natal[113] (desde 2022, com 6 salas). Juntos, esses grupos representam 80% do total de salas de cinema (28). No interior do estado, apenas dois municípios possuem salas comerciais: em Mossoró, o Multicine Mossoró (desde 2010) conta com seis salas; e em Caicó, o Cineland (desde 2021) possui uma sala de exibição. Esses municípios somam 20% das salas de cinema.

---

112 Em dezembro de 2024, o Governo do Estado do Rio Grande do Norte anunciou o processo de tombamento e recuperação do antigo Cine Panorama, cinema de rua localizado nas Rocas, em Natal, fechado desde 2000. A expectativa é que o prédio passe por reformas até ser reaberto novamente ao público.

113 O Cineflix Natal foi inaugurado no mesmo local onde anteriormente funcionava o Cinépolis Norte Shopping (2013-2022), situado no Partage Norte Shopping, na Zona Norte de Natal.

Majoritariamente, o acesso ao cinema comercial no estado se dá através de multiplexes, com exceção da Cineland, que dispõe de uma sala localizada no Ciola Shopping, no centro de Caicó. Dos 139 agentes econômicos do Rio Grande do Norte, apenas o Cineland tem o CNAE de *Atividades de exibição cinematográfica* como principal. Outras 16 empresas possuem esta atividade como secundária, sendo, em sua maioria, produtoras que também desempenham atividades relacionadas à exibição.

No que diz respeito ao circuito não comercial, o estado não conta com salas especiais dedicadas exclusivamente à exibição de filmes. As sessões acontecem de forma esporádica em auditórios e espaços multiuso adaptados para a exibição cinematográfica, além de equipamentos públicos e privados, como teatros e cineteatros. Geralmente, a utilização desses locais ocorre por meio de projetos pontuais, como mostras e festivais, que proporcionam o acesso a filmes que muitas vezes não chegam ao circuito comercial.

Entre todas as capitais do Nordeste, Natal é a única que não possui salas de cinema não comerciais de perfil independente, que garantam o acesso regular à produção audiovisual autoral brasileira. A falta de uma programação mais plural, incluindo a exibição de obras potiguares e de produções que escapem do domínio das grandes produtoras e distribuidoras hollywoodianas, gera um impacto cultural significativo na experiência do público e na formação de realizadores natalenses.

3.2 Mostras e festivais

De acordo com a pesquisa *Panorama dos Festivais/Mostras Audiovisuais Brasileiros*, um anuário desenvolvido pelo pesquisador Paulo Luz Corrêa que cataloga festivais e mostras brasileiras com inscrições abertas desde 2016, foram identificadas 27 mostras e festivais no Rio Grande do Norte entre 2016 e 2023. Somando esses dados aos da pesquisa de Coelho (2019)[114], chega-se a um total de 31 mostras e festivais potiguares que realizaram, ao menos, uma edição no período de 2013 a 2023, totalizando 89 edições.

Tabela 5 - Mostras e festivais audiovisuais no RN (2013-2023)

	2013	2014	2015	2016	2017	2018	2019	2020	2021	2022	2023
Mostras e Festivais	5	8	11	7	5	10	8	5	12	7	11

Fonte: Coelho (2019) e Corrêa (2024).

[114] A dissertação de mestrado tem como recorte o período de 2013 a 2018, e traz um mapeamento de mostras e festivais realizados no Rio Grande do Norte no período.

Dentre as 31 mostras e festivais catalogados, 19 realizaram apenas *1 ou 2 edições*, correspondendo a 61,3% do total. Ou seja, somente 12 projetos tiveram mais de 3 edições durante o período analisado[115], distribuídos da seguinte forma: cinco com *3 a 5 edições* (16,1%), dois com *6 a 9 edições* (6,5%) e cinco com *10 ou mais edições* (16,1%).

Entre os festivais que já realizaram mais de 10 edições, destacam-se: o Festival de Cinema de Natal (Fest Natal), organizado pelo jornalista Valério Andrade desde 1987, cuja edição mais recente (22ª) ocorreu em 2013; o Festival Internacional de Cinema de Baía Formosa (FINC), realizado desde 2010 pelo empresário e produtor polonês Greg Hajdarowicz na praia de Baía Formosa, que chegou à sua 15ª edição em 2024; e a Mostra de Cinema de Gostoso, promovida pela empresa paulista Heco Produções em parceria com o Coletivo de Direitos Humanos, Ecologia, Cultura e Cidadania (CDHEC), realizada em São Miguel do Gostoso desde 2013, alcançando sua 11ª edição em 2024.

Além deles, há o Festival Goiamum Audiovisual, idealizado pela produtora Keila Sena, que acontece em Natal desde 2008 e teve sua 10ª edição em 2021, em formato online; e a BOOM – Mostra de Audiovisual do DECOM, evento semestral voltado à exibição de obras produzidas por alunos dos cursos de Comunicação Social da UFRN, que chegou à sua 11ª edição em 2017.

Tabela 6 - Municípios com festivais de cinema (2013-2023)

Natal	20	Tibau do Sul	2	Nova Cruz	1
Mossoró	2	São Miguel do Gostoso	1	Cerro Corá	1
Baía Formosa	2	Caicó	1	Parelhas	1

Fonte: Coelho (2019) e Corrêa (2024).

Quanto à distribuição territorial, a capital potiguar, Natal, concentra a maior parte das mostras e festivais, correspondendo a 65% do total. Os demais municípios respondem pelos 35% restantes, com um total de 11 festivais.

115 Os festivais e mostras identificados foram: Festival de Cinema de Natal – FestNatal (1987); o Festival Internacional de Cinema de Baía Formosa – FINC (2010); a Mostra de Cinema de Gostoso (2013); o Festival Goiamum Audiovisual (2007); o Curta Caicó – Festival de Cinema de Caicó (2018); o Festival Urbanocine (2015); o Cine Verão – Festival de Cinema da Cidade do Sol (2018); a Mostra Trinca Audiovisual (2014); a Mostra Boom – Mostra de Audiovisual do DECOM; a Mostra Sesc de Cinema Potiguar (2015); o Cine Terreiro – Festival Cine Terreiro do Cinema Brasileiro (2021) e o Ancorá – Curta Ambiental Nordeste Cerro Corá (2013).

Os dados apresentados não refletem toda a diversidade de iniciativas existentes no estado[116], mas eles permitem identificar alguns aspectos importantes: a concentração de projetos na capital e o alto índice de descontinuidade de suas ações ao longo dos anos. Além disso, nota-se um aumento de novas iniciativas a partir de 2018, tendência que se intensificou após os recursos financeiros das leis emergenciais de fomento à cultura, como a Lei Aldir Blanc e a Lei Paulo Gustavo.

3.3 Cineclubes

Diante de um cenário em que o acesso ao cinema se dá majoritariamente através de multiplexes, os cineclubes se configuram como uma alternativa para diversificar e democratizar o acesso às obras, promovendo um momento de fruição coletiva e debate com o público. No Rio Grande do Norte, há inúmeros cineclubes em atividade e/ou que desenvolveram ações de 2013 a 2023, porém há poucos dados disponíveis para que possamos mensurar tais iniciativas.

De acordo com uma catalogação feita pelo Conselho Nacional de Cineclubes (CNC), constam apenas cinco cineclubes do RN cadastrados: Cineclube Natal (Natal), Cineclube Mulungu (Natal), Gambiarra Cineclube (Natal), Cineclube Solarium (Natal) e o Cine Clube Bom Jardim (Major Sales). Porém, a lista não corresponde às inúmeras iniciativas já realizadas, seja vinculadas em instituições de ensino (UFRN, UERN, UNP, escolas públicas e privadas, dentre outras), ou por iniciativa de coletivos, produtores e outros agentes culturais.

Dentre as iniciativas mais duradouras, destaca-se o Cineclube Natal. Inspirado no antigo Cineclube Tirol, importante iniciativa local atuante na década de 1960, o Cineclube Natal teve sua primeira exibição em 2005 e, desde então, desenvolve ações continuadas, ocupando diversos espaços da capital potiguar. Além disso, nos últimos anos, observou-se o surgimento de novos cineclubes, um movimento que se fortaleceu por meio de linhas de financiamento emergencial recentemente oferecidas por editais locais emergências, como os da Lei Aldir Blanc e da Lei Paulo Gustavo, os quais previam recursos específicos para o fomento da atividade cineclubista.

---

116 Um importante projeto é o Kurta na Kombi, que desde 2019 promove exibições itinerantes, majoritariamente com obras potiguares. Até dezembro de 2024, o projeto havia promovido 142 sessões de cinema em 5 estados brasileiros, totalizando 28 cidades.

3.4 Canais de televisão locais

No Rio Grande do Norte, a relação entre os canais de televisão e a produção independente não é muito estreita. Entre as emissoras locais, o licenciamento de obras audiovisuais não é uma prática comum, o que faz com que a exibição de conteúdos independentes de realizadores potiguares ocorra, em sua maioria, de forma gratuita. Ainda assim, algumas emissoras incorporaram programas específicos para a veiculação de produções independentes locais. Um exemplo é o Olhar Independente, exibido pela TV Universitária (TVU) desde 2008, que promove a exibição de filmes do Rio Grande do Norte e do Nordeste.

4 Obras audiovisuais

Com o objetivo de compreender melhor o contexto de produção audiovisual no Rio Grande do Norte, a quantificação das obras registradas na Ancine foi realizada com base no histórico de emissão do Certificado de Produto Brasileiro (CPB) e do Certificado de Registro de Título (CRT) entre janeiro de 2013 e dezembro de 2023. Ambos os registros podem ser solicitados por pessoas físicas ou jurídicas e têm como objetivo atender aos agentes econômicos que desejam exibir, licenciar ou explorar comercialmente as obras nos diversos segmentos do mercado audiovisual brasileiro, conforme estabelecido pela Instrução Normativa nº 104/2012.

É importante destacar que o número de emissões de CPBs não está diretamente relacionado à quantidade de obras produzidas e circuladas no Rio Grande do Norte. O número de filmes está subnotificado devido à baixa prática dos agentes econômicos locais em buscar a regularização e certificação de suas atividades audiovisuais junto à Ancine. Isso reflete uma dificuldade de formalização e reconhecimento da produção audiovisual potiguar no âmbito nacional, o que limita o acesso a incentivos destinados ao setor.

4.1 Emissão dos CPBs no Rio Grande do Norte

Tabela 7 - Obras audiovisuais com CPBs cadastrados (2013-2023)

	2013	2014	2015	2016	2017	2018	2019	2020	2021	2022	2023
Curta-metragem	3	1	8	14	13	8	4	9	11	4	10
Média-metragem	3	4	4	4	3	11	6	7	2	6	10
Longa-metragem	2	-	1	1	3	4	-	-	-	1	1
Obra seriada	-	1	1	-	6	2	1	2	7	3	3
Total	**8**	**6**	**14**	**19**	**25**	**25**	**11**	**18**	**20**	**14**	**24**

Fonte: OCA/Ancine. Dados em 19/01/2025.

Das 184 obras não publicitárias registradas na Ancine, 130 foram emitidas por pessoas jurídicas, incluindo 5 MEIs, e 54 por pessoas físicas. A significativa participação de pessoas físicas, responsáveis por quase um terço das emissões de CPBs, reforça a percepção de que, embora as pessoas jurídicas apresentem maior formalização, as pessoas físicas também desempenham um papel significativo na produção audiovisual potiguar. Por exemplo, das 58 produtoras de Nível 1 cadastradas, apenas 11 emitiram CPBs nos últimos 10 anos, evidenciando que o mercado potiguar não segue uma lógica institucional consolidada, mas sim uma dinâmica mais fragmentada e diversificada.

De acordo com a Medida Provisória nº 2.228-1/2001, que estabelece, entre outras regulamentações, as durações dos tipos de obras cinematográficas brasileiras não seriadas, verifica-se que, das 158 obras, 91,77% são curtas-metragens (85) e médias-metragens (60). Apenas 8,23%, ou seja, 13 são longas-metragens produzidos no Rio Grande do Norte. E das 23 coproduções internacionais realizadas no Nordeste entre 2013 a 2023, o curta-metragem *Sideral* (2022) (produzido pela Casa da Praia Filmes LTDA) é a única coprodução entre o Brasil e a França realizada no Rio Grande do Norte.

Tabela 8 - Municípios com CPBs cadastrados (2013-2023)

Natal	133	Caicó	4	Porto do Mangue	1
Mossoró	30	São Gonçalo do Amarante	4		
Parnamirim	10	Florânia	2		

Fonte: OCA/Ancine. Dados em 19/01/2025.

Dos 16 municípios do Rio Grande do Norte com agentes econômicos, apenas 4 emitiram CPBs junto à Ancine. E as obras cadastradas também apresentam uma forte concentração em apenas quatro municípios (Natal, Mossoró, Parnamirim e Caicó), refletindo a mesma distribuição desigual dos agentes econômicos no território potiguar. Natal lidera com 133 registros, o que representa 72,28% do total. Em seguida, estão Mossoró, com 30 obras (16,30%), e Parnamirim, com dez (5,43%). Os municípios de Caicó e São Gonçalo do Amarante possuem, cada um, quatro obras (2,17%). Florânia tem duas obras (1,09%), e Porto do Mangue, uma (0,54%).

4.2 Tipos de obras audiovisuais seriadas e não seriadas

Tabela 9 - Tipos de obras audiovisuais com CPBs (2013-2023)

Tipos	Obras não seriadas	Obras seriadas
Animação	8	-
Documentário	44	8
Ficção	67	4
Jornalística	4	4
Religiosa	-	4
Variedades	5	-
Vídeomusical	30	5
Programa de auditório	-	1

Fonte: OCA/Ancine. Dados em 19/01/2025.

As obras podem ser classificadas em dez tipos: animação, documentário, ficção, jornalística, manifestações e eventos esportivos, programa de auditório ancorado por apresentador, reality show, religiosa, variedades e vídeomusical. Dentre as produções não seriadas, há uma predominância das *ficções* (42,41%), seguido do *documentário* (27,85%) e *vídeomusical* (18,99%). Já nas obras seriadas o *documentário* desponta (30,77%) ao lado do *vídeomusical* (19,23%). Os tipos de *ficção, jornalístico* e *religioso* seguem a mesma proporção de 15,38%.

Tabela 10 - Tipos de obras audiovisuais com CPBs (2013-2023)

	2013	2014	2015	2016	2017	2018	2019	2020	2021	2022	2023
Animação	-	-	1	-	6	-	-	-	-	-	1
Documentário	1	3	5	8	2	9	5	4	3	5	7
Ficção	-	1	8	9	11	9	4	6	5	6	12
Jornalística	-	1	-	1	1	3	-	-	-	1	1
Religiosa	-	-	-	-	-	-	-	-	4	-	-
Variedades	3	-	-	-	-	2	-	-	-	-	-
Vídeomusical	4	1	-	1	5	2	2	8	7	2	3
Programa de auditório	-	-	-	-	-	-	-	-	1	-	-
Total	**8**	**6**	**14**	**19**	**25**	**25**	**11**	**18**	**20**	**14**	**24**

Fonte: OCA/Ancine. Dados em 19/01/2025.

É importante destacar que, em termos de obras seriadas, há 14 produções no município de Mossoró e 12 em Natal, o que reforça a liderança dessas cidades na produção audiovisual estadual. No entanto, Mossoró apresenta uma produção dividida em dois polos: um *religioso* e outro *jornalístico*, produzidos pela Rede Verbo TV Ltda e pela Fundação Universidade do Estado do Rio Grande do Norte. Já em Natal, há uma divisão equitativa entre produções dos gêneros *vídeomusical*, *ficção* e *documentário*, lideradas pela Associação Cultural do Sol e pela Caboré Produtores Associados Ltda – ME. Isso reflete uma forte diferença de abordagens e nos temas explorados nas duas cidades.

Dos longas-metragens[117], apenas duas obras foram lançadas comercialmente em salas de cinema[118]: *Nova Amsterdã* (2018), de Edson Soares do Nascimento ME, distribuído pela Engady Cine Vídeo em duas salas de cinema, alcançando um público de 608 pessoas e uma renda de R$ 8.698,00; *O Alecrim e o Sonho* (2022), da produtora Ponta Negra Filmes, distribuído pela Livres Filmes em uma sala de cinema, totalizando um público de 278 pessoas e uma renda de R$ 1.984,00.

Embora a produção e distribuição de longas-metragens potiguares ainda seja incipiente, na última década houve um crescimento vertiginoso na inserção de curtas e médias-metragens em festivais. Um exemplo significativo dessa evolução foi a trajetória do documentário *Sêo Inácio (ou o Cinema do Imaginário)* (2014), dirigido por Hélio Ronyvon, que se tornou o primeiro filme potiguar a ser selecionado para o Festival de Cinema de Gramado.

Mais recentemente, o curta-metragem de ficção *Sideral* (2021), produzido pela Casa da Praia Filmes e dirigido por Carlos Segundo, teve grande repercussão ao ser selecionado para importantes festivais nacionais e internacionais. O filme chegou a concorrer à Palma de Ouro de Curtas no Festival de Cannes, consolidando-se como um marco da produção audiovisual potiguar no cenário global e destacando a qualidade e a originalidade da cinematografia local.

---

117 Há ainda algumas obras em longa-metragem lançadas que não entraram em circuito comercial e tampouco tiveram CPBs emitidos. Para maior aprofundamento, confira Coelho (2019).

118 Em 2024, foi lançado o filme *De Repente, Miss*, produzido pela Pé na Estrada Filmes e financiado pelo FSA através do Edital de Fluxo Contínuo Produção para Cinema (2018) e de Comercialização (2018). Embora conste como produção do Rio Grande do Norte, o caso disparou um debate entre produtoras e realizadores potiguares sobre o uso inadequado das cotas regionais, na medida em que os sócios da produtora não são naturais e tampouco residem no estado. É ainda mais agravante ao considerarmos que o projeto pouco ou não agregou no elenco e equipe profissionais potiguares, além das gravações terem sido realizadas no Ceará, o que sugere uma distorção no uso das políticas de regionalização da Ancine.

Além de diversas outras obras que circulam em festivais nacionais e internacionais, também se observa uma maior inserção de conteúdo potiguar em plataformas de streaming e em emissoras de TV por assinatura, como Canal Brasil, Canal Curta, Cine Brasil TV, programadora Box Brasil, TV Brasil, entre outras[119].

5 Políticas públicas e Organização do setor

5.1 Fomento ao audiovisual no RN

A Secretaria do Estado da Cultura do Rio Grande do Norte (Secult) foi oficializada em 2024, após aprovação da Lei Complementar nº 765/2024 pela Assembleia Legislativa. Antes disso, a gestão cultural era responsabilidade da Fundação José Augusto (FJA), que estava vinculada à Secretaria de Estado da Educação, do Esporte e do Lazer (SEEC).

Ao contrário de outros estados do Brasil que dispõem de instrumentos que impulsionam e fomentam a cadeia produtiva do audiovisual de maneira contínua, no Rio Grande do Norte a oferta de editais se dá de modo esporádico. Na modalidade de fomento indireto, o estado dispõe do Programa Cultural Câmara Cascudo, mecanismo que prevê abatimento do ICMS devido por empresas situadas no estado que apoiarem financeiramente projetos culturais. O acesso aos recursos, todavia, é bastante limitado e fica sob responsabilidade das empresas o patrocínio de projetos que estejam mais alinhados com sua marca.

Foi apenas em 2019 que foi lançado e executado o primeiro edital que viria a fomentar a produção audiovisual pelo Governo do Estado[120]. Em outubro, a Fundação José Augusto anunciou o *Edital de Fomento à Cultura Potiguar 2019*, destinado a vários segmentos artísticos, dentre eles o audiovisual, prevendo o financiamento de oito projetos de curta-metragem, no valor de R$ 30 mil cada, totalizando R$ 240 mil para o setor.

---

119 Além de curtas e médias-metragens, é importante destacar a inserção de produções seriadas, que tiveram veiculação em canais fechados. Um exemplo disso são as séries *Encantarias* (2021) e *Onde está o cinema brasileiro?* (2022), ambas produzidas pela Prisma Filmes.

120 Antes disso, em 2009 a Fundação José Augusto lançou o Edital William Cobbett para fomentar quatro projetos de documentário no valor de R$ 20 mil cada. No entanto, os proponentes nunca chegaram a receber os recursos do edital. Em 2018, foi lançada a minuta do Prêmio Cine RN 2018, que previa R$ 1,405 milhão para o audiovisual e contava com complementação de recursos do FSA, porém o edital nunca veio a ser lançado.

Em 2020, em virtude da pandemia de Covid-19, é lançado o edital simplificado *Tô em Casa e Tô na Rede*, destinado para projetos culturais a serem desenvolvidos para redes sociais em plataformas digitais com acesso gratuito. Desse total, foram premiados 14 projetos de audiovisual, no valor de R$ 1.900 mil cada, totalizando um investimento de R$ 26.600 mil.

O primeiro edital voltado especificamente para a cadeia produtiva do audiovisual no Rio Grande do Norte foi lançado apenas em 2023. O *Edital de Fomento ao Audiovisual Potiguar* destinou um total de R$ 1 milhão, distribuído da seguinte forma: quatro projetos na categoria de desenvolvimento de roteiro, cada um recebendo R$ 70 mil. Para a produção, foram selecionados oito projetos, sendo quatro para curtas-metragens de realizadores iniciantes, com R$ 55 mil cada, e quatro para curtas de realizadores profissionais, com R$ 85 mil por projeto. Já na categoria de piloto de obra seriada, dois projetos receberam R$ 80 mil cada.

Além disso, cabe destacar o impacto da Lei Aldir Blanc (LAB) e Lei Paulo Gustavo (LPG) no estado, que tiveram como objetivo minimizar os impactos da pandemia no setor cultural. No âmbito do audiovisual estadual, a Lei Aldir Blanc, por meio do *Edital de Fomento à Cultura Potiguar 2020*, destinou um investimento de R$ 570 mil para apoiar 55 projetos. Os recursos contemplaram diversas etapas da cadeia produtiva do setor, incluindo o desenvolvimento de curtas, longas e obras seriadas, a realização de festivais, mostras e laboratórios de roteiro, além do apoio à produção, pós-produção, circulação, distribuição, comercialização e preservação de obras audiovisuais.

A Lei Paulo Gustavo no Rio Grande do Norte representou o maior investimento já realizado pelo governo federal no setor audiovisual do estado, viabilizando, pela primeira vez, o fomento à produção de longas-metragens. De forma geral, a distribuição desses recursos ocorreu por meio de quatro seleções públicas na área cultural. Especificamente para o audiovisual, foram lançados dois editais, o *Edital de Prêmio para Licenciamento de Obras Audiovisuais*, que destinava R$ 688 mil ao licenciamento de 56 obras audiovisuais, e o *Edital de Seleção de Projetos de Audiovisual*, com um total de R$ 24.622 milhões investidos em 344 projetos de diversos segmentos da cadeia produtiva[121].

[121] Contudo, ao final da chamada, foram contemplados apenas 12 projetos no *Edital de Prêmio para Licenciamento de Obras Audiovisuais*. Já o *Edital de Seleção de Projetos Audiovisuais* beneficiou 396 projetos, com um investimento total de R$ 29,447 milhões, conforme dados divulgados no Instagram da Secult (RN).

5.2 Fomento ao audiovisual na capital potiguar

Além das iniciativas lançadas pelo Governo do Estado do Rio Grande do Norte, destaca-se ainda o caso do *Edital Cine Natal*, lançado pela Prefeitura do Natal[122], primeiro edital lançado especificamente para o fomento ao audiovisual no Rio Grande do Norte, em 2013. Ao longo de dez anos, foram lançadas sete edições do edital, sendo duas delas com complementação de recursos do Fundo Setorial do Audiovisual (FSA) através da Linha de Arranjos Regionais.

Tabela 11 - Investimento total dos editais do Cine Natal (2013-2022)

	2013	2014	2016	2018	2019	2021	2022
Número de Projetos	5	8	6	9	6	14	17
Recursos da Prefeitura	R$ 245 Mil	R$ 254 Mil	R$ 104 Mil	R$ 200 Mil	R$ 29 Mil	R$ 160 Mil	R$ 1 Mi
Recursos do FSA	-	R$ 200 Mil	R$ 200 Mil	-	-	-	-
Valor Total	R$ 245 Mil	R$ 454 Mil	R$ 304 Mil	R$ 200 Mil	R$ 29 Mil	R$ 160 Mil	R$ 1 Mi

Fonte: Produzido pelos autores.

Ao longo de sete anos, entre 2013 e 2022, a Prefeitura de Natal investiu R$ 1.992 milhão em 64 projetos, por meio de 8 editais, dos quais R$ 400 mil foram provenientes dos Arranjos Financeiros Estaduais e Regionais (FSA). Esses projetos abrangeram quatro diferentes áreas da produção audiovisual: 7 de desenvolvimento, 29 de produção de curtas-metragens, 4 de pilotos de obras seriadas, 10 de difusão e exibição, e 14 de finalização e acessibilidade.

Além do *Edital Cine Natal*, é importante destacar que, no município, os agentes culturais também podem acessar os editais do *Fundo de Incentivo à Cultura* (FIC), regulamentado pelo Decreto nº 9.076/2010, que abrange diversas linguagens e segmentos artísticos. E, no âmbito do fomento indireto, o Programa Djalma Maranhão (PDM) oferece abatimento do ISS ou IPTU para pessoas físicas ou jurídicas domiciliadas em Natal que apoiem financeiramente projetos culturais.

---

[122] No que se refere à gestão cultural no município, em 2014 a Prefeitura Municipal do Natal criou a Secretaria Municipal de Cultura (Secult) por meio da Lei Complementar nº 141/2014. Até então, a Fundação Cultural Capitania das Artes (Funcarte) era a instituição responsável por implementar as políticas culturais no município. Com a mudança, a Funcarte foi vinculada à Secult e teve suas competências detalhadas na nova lei.

5.3 Formação em audiovisual no RN

A formação em cinema e audiovisual no Rio Grande do Norte enfrentou diversos obstáculos ao longo do tempo. Até os anos 2000, aqueles interessados na área buscavam cursos de jornalismo ou publicidade, ou se deslocavam para outros estados para obter uma formação específica. Embora a crítica cinematográfica e o cineclubismo tenham contribuído para expandir os estudos sobre o tema, esse processo ainda continuou restrito e limitado para muitas pessoas.

O Cadastro Nacional de Cursos e Instituições de Educação Superior (Cadastro e-MEC) aponta que atualmente o Rio Grande do Norte possui 31 Instituições de Ensino Superior (IES) ativas. A capital do estado concentra a maior parte das instituições, com 16 em Natal (51,61%), seguida por Mossoró com 8 (25,81%) e Parnamirim com 2 (6,45%). Além disso, 5 instituições (16,15%) estão distribuídas igualmente entre os municípios de Pau dos Ferros, Currais Novos, Caicó, Açu e São Miguel.

Tabela 12 - Cursos de graduação no RN

	Presencial	A Distância
Produção Audiovisual, de Mídia e Cultural	7	4
Comunicação e Reportagem	11	1
Marketing e Propaganda	6	1

Fonte: Cadastro e-MEC e Cine Brasil. Dados em 12/01/2025.

Os cursos de graduação (bacharelados e tecnólogos) que formam a maior parte dos profissionais de audiovisual no estado estão organizados em três grandes áreas, distribuídos por oito Instituições de Ensino Superior (três públicas e cinco privadas), englobando cursos *ativos*, *extintos*, *em extinção* ou *não iniciados*. Essas áreas refletem a diversidade da formação disponível, abrangendo tanto graduação quanto pós-graduação *lato sensu*, nas modalidades presencial e a distância. Vale ressaltar que não há oferta de cursos com grau de licenciatura no audiovisual.

Na área de *Produção audiovisual, mídia e cultura*, encontram-se os cursos de Cinema e Audiovisual (UNP)[123], Produção Audiovisual (UNP), Filmmaker

[123] O curso de Cinema e Audiovisual da Universidade Potiguar (UNP) foi criado em 2010 e extinto em 2019, tendo formado profissionais de destaque na cena local. Em 2022, a instituição reabriu o curso no grau de bacharelado, retomando a oferta de formação acadêmica específica na área.

(UNINASSAU), Fotografia (UNP), Design Gráfico (UNP, UNICEUNA), Produção Cultural (IFRN), Design de Games (UNP) e Design de Animação (UNP). Na área de *Comunicação e reportagem*, estão Jornalismo (UERN, UNP, UFRN, UNINASSAU), Comunicação Social (UERN, UFRN, UNICEUNA, ESTÁCIO FATERN), Radialismo (UERN, UFRN), Rádio, TV e Internet (UERN) e Audiovisual (UFRN)[124].

Já na área de *Marketing e propaganda*, incluem-se os cursos de Publicidade e Propaganda (UERN, ESTÁCIO FATERN), Comunicação Social - P&B (UFRN, UNP, UNIFACEX, UNICEUNA) e Comunicação e Marketing (UNP). Há ainda os cursos técnicos, integrados e subsequentes, do Instituto Federal do Rio Grande do Norte (IFRN) que compõem o quadro formativo dos profissionais com os cursos de Multimídia (IF Natal-Centro Histórico) e Jogos Digitais (IF Ceará-Mirim).

Neste cenário, é possível observar uma clara divisão entre as IES. Enquanto a UNP e o IFRN oferecem cursos voltados para *Produção audiovisual, mídia e cultura*, com formação no grau tecnológico, proporcionando uma abordagem mais especializada, caracterizada por eixos tecnológicos e de curta duração, a UFRN e a UERN disponibilizam cursos na área de *Comunicação e reportagem*, com grau de bacharelado. Estes últimos são caracterizados por uma formação generalista, com ênfase científica ou humanística, visando conferir competências mais amplas para o exercício profissional, acadêmico ou cultural dos discentes.

Dentro da área de *Artes e humanidades*, destacam-se diversos cursos de especialização (*lato sensu*), como Cinema (UFRN), Cinema e Produção Audiovisual (UNICORP), Comunicação Digital (UNP), Comunicação e Marketing Digital (UNP), Produção Cultural (ITAPURANGA), Produção Audiovisual Multiplataforma (UNP) e Produção de Documentários (UFRN). Na pós-graduação (*stricto sensu*), merece atenção o Programa de Pós-graduação em Estudos da Mídia (PPGEM), que oferece mestrado desde 2009 e doutorado desde 2016, com foco em comunicação midiática a partir de duas linhas de pesquisa, *Práticas Sociais* e *Produção de Sentido*, sendo o programa mais alinhado com o estudo do cinema e audiovisual.

Além dos cursos de graduação e programas de pós-graduação, há também cursos de extensão, oficinas, workshops oferecidos em eventos culturais,

---

[124] A graduação em Comunicação Social - Audiovisual da Universidade Federal do Rio Grande do Norte (UFRN) foi criada em 2017, substituindo o curso de Comunicação Social - Radialismo que existia desde 2002. Essa mudança ampliou as possibilidades de estudo na área, considerando a crescente convergência entre cinema, televisão e internet.

festivais de cinema e iniciativas livres, direcionadas aos agentes culturais do estado. Formações importantes nesse contexto foram lideradas pelo Cineclube Natal, o Centro Audiovisual Norte-Nordeste (Canne) e o Núcleo de Produção Digital (NPD Natal), que promoveram o desenvolvimento e a qualificação de profissionais da área audiovisual que hoje atuam no mercado.

5.4 Associações e entidades de classe

Filiada à Associação Brasileira de Documentaristas (ABD), em 2000 foi criada a Associação Brasileira de Documentaristas e Curta-metragistas do Rio Grande do Norte (ABDeC/RN), entidade representativa dos profissionais do audiovisual. Em 2013, diante de inúmeros entraves envolvendo a interlocução com gestores públicos locais, um grupo de profissionais se rearticula para retomada da associação, após um hiato sem atividades.

A ABDeC/RN teve um importante papel de interlocução e representação do segmento audiovisual potiguar entre o período de 2013 a 2019. Além de promover reuniões periódicas e debates acerca de políticas públicas e demais questões relevantes para o segmento, estabelecendo diálogos entre diferentes agentes, também realizou e apoiou ações de impacto no contexto local, como por exemplo o *I Fórum Audiovisual do RN*, em março de 2016, o *II Fórum e Encontro do Audiovisual Potiguar*, em agosto de 2019, além da publicação de livros[125] e outros projetos e iniciativas políticas. Todavia, em 2019, a entidade teve suas atividades descontinuadas, e a articulação do setor passou a ocorrer de forma não institucionalizada, por meio das redes sociais, WhatsApp, e-mails e outros meios de comunicação online, que facilitaram o diálogo e a troca de informações entre os profissionais da área.

Para além da ABDeC/RN, outra associação formalizada é a Associação de Críticos de Cinema do RN (ACCiRN). Em atividade desde novembro de 2017, a entidade agrega críticos atuantes no estado, e tem como finalidade divulgar e promover debates e reflexão crítica sobre filmes. A ACCiRN tem desenvolvido atualmente algumas parcerias com mostras e festivais, atuando como júri e corpo crítico.

---

[125] Dentre as publicações, destacamos o *Claquete Potiguar – Experiências Audiovisuais no Rio Grande do Norte* (2016), e o *Claquete Potiguar 2 – Histórias e Processos do Audiovisual no Rio Grande do Norte* (2020).

5.5 Preservação e Observatório

No que se refere à preservação do audiovisual potiguar, destaca-se a *Cinemateca Potiguar*, projeto de extensão do Instituto Federal do Rio Grande do Norte (IFRN), inaugurado em 2014. Seu objetivo é preservar, catalogar e difundir filmes potiguares e nacionais, dispondo de um acervo de livros e filmes e uma sala de exibição localizada no IF Natal-Centro Histórico. Desde o início, o projeto tem estabelecido parcerias com festivais e mostras no estado e promovido exibições para públicos diversos.

Uma das iniciativas da *Cinemateca Potiguar*, em parceria com o Núcleo de Produção Digital (NPD Natal) e o Observatório do Audiovisual Potiguar (OPA/UFRN), foi a criação do *Cine Poty*, uma plataforma colaborativa de streaming lançada em 2020. A plataforma disponibiliza obras audiovisuais potiguares, além de informações sobre filmes e profissionais da área, com o objetivo de promover a memória e divulgar a produção audiovisual local.

Em 2020, foi iniciado o Observatório do Audiovisual Potiguar (OPA), um projeto de extensão vinculado ao Grupo de Pesquisa em Economia Política do Audiovisual (EPA!) da UFRN. Focado na análise da cadeia produtiva e da cultura audiovisual no estado, o OPA promove a difusão de conhecimento e dados sobre a produção local, com iniciativas como o *Mapa do Mercado Audiovisual do Rio Grande do Norte* e publicações acadêmicas.

Contudo, o estado ainda carece de laboratórios ou projetos dedicados à restauração de filmes, como Super-8, 16 mm ou 35 mm, e fitas de vídeo em formatos antigos, como Ampex ou U-matic. A preservação de materiais em sistemas mais recentes, como Betacam e DV-cam, também enfrenta obstáculos, prejudicando a preservação da memória audiovisual do Rio Grande do Norte.

6 Considerações finais

O panorama do audiovisual no Rio Grande do Norte entre 2013 e 2023 revela tanto avanços quanto desafios na construção e manutenção de um mercado audiovisual. Embora haja um aumento na qualificação profissional e na produção, a baixa formalização das empresas, a falta de mecanismos de fomento contínuo e as dificuldades de circulação das obras são obstáculos persistentes. A concentração das atividades em Natal e em poucos municípios reforça desigualdades regionais e limita o crescimento do setor em todo o estado.

Tabela 13 - Relação entre o total de agentes econômicos, obras audiovisuais e festivais (2013-2023)

	2013	2014	2015	2016	2017	2018	2019	2020	2021	2022	2023
Agentes Econômicos	5	3	5	9	5	8	10	12	18	18	46
Obras Audiovisuais	8	6	14	19	25	25	11	18	20	14	24
Mostras e Festivais	5	8	11	7	5	10	8	5	12	7	11

Fonte: Produzido pelos autores.

De acordo com dados do Observatório Brasileiro do Cinema e do Audiovisual (OCA), o setor audiovisual potiguar enfrenta dificuldades na formalização de seus agentes econômicos. Entre 2013 e 2023, apenas 139 empresas se registraram na Agência Nacional do Cinema (Ancine), o que representa 1,08% do total nacional e 14,73% da região Nordeste. Nesse cenário, são poucas as produtoras independentes que possuem as condições necessárias para acessar os incentivos do Fundo Setorial do Audiovisual (FSA).

Em relação ao circuito exibidor, o acesso às salas de cinema comercial é restrito, com apenas 35 salas distribuídas entre três municípios: Natal, Mossoró e Caicó. Todas as exibições ocorrem em shopping centers, sem alternativas de salas de cinema independentes. Nesse contexto, as mostras e festivais desempenham um papel essencial na circulação das produções locais. No entanto, também enfrentam dificuldades de continuidade e uma acentuada concentração de projetos na capital potiguar.

Do ponto de vista institucional, a produção audiovisual no estado é subnotificada devido à baixa emissão de Certificados de Produto Brasileiro (CPB) junto à Ancine. Entre 2013 e 2023, apenas 184 obras foram registradas, sendo que a grande maioria são curtas e médias-metragens (91,77%). Poucos filmes conseguiram distribuição comercial, e apenas dois longas-metragens entraram em circuito comercial de cinema.

A política de fomento ao audiovisual ainda é incipiente. O primeiro edital estadual exclusivo para o setor foi lançado apenas em 2023, com R$ 1 milhão distribuídos entre diferentes categorias. A Prefeitura de Natal mantém desde 2013 o *Edital Cine Natal*, embora com falta de regularidade e variações nos valores dos aportes ao longo dos anos. Nesse contexto, a Lei Paulo Gustavo representou o maior investimento já realizado no setor audiovisual do estado, mas seu impacto a longo prazo no mercado potiguar ainda precisa ser melhor compreendido e avaliado, especialmente em termos de sua contribuição para a sustentabilidade e a expansão do setor.

Ainda assim, o cinema e a produção audiovisual do Rio Grande do Norte têm conquistado cada vez mais espaço em importantes festivais brasileiros e internacionais, inserindo-se também na programação de canais que privilegiam o conteúdo brasileiro independente. O grande desafio, no entanto, é ampliar o público, tanto no estado quanto no restante do país, ao mesmo tempo em que se criam novas oportunidades para a geração e distribuição de renda aos profissionais.

Para que a produção audiovisual continue avançando, são necessárias políticas públicas abrangentes e permanentes, que contemplem todas as etapas do processo – da produção e distribuição à preservação e memória, passando pela pesquisa, crítica, formação de público e especialização profissional. O fortalecimento do setor depende da consolidação dessas políticas públicas em colaboração com a iniciativa privada, garantindo um ambiente sustentável para o desenvolvimento do audiovisual potiguar.

Referências

BRASIL. Instituto Nacional de Estudos e Pesquisas Educacionais Anísio Teixeira (INEP). *Manual para classificação dos cursos de graduação e sequenciais:* CINE Brasil. Brasília, 2019.

BRASIL. Ministério do Desenvolvimento, Indústria e Comércio Exterior. *Plano de Desenvolvimento do Arranjo Produtivo Local Audiovisual.*

COELHO, Diana Xavier. *Cartografia do audiovisual no Rio Grande do Norte:* experiências emergentes na produção e circulação de obras audiovisuais independentes *(2010-2018).* Dissertação (Mestrado em Estudos da Mídia) – Universidade Federal do Rio Grande do Norte, Natal, 2019.

CONSELHO NACIONAL DE CINECLUBES BRASILEIROS. *Cineclubes brasileiros.* Disponível em: <https://blogs.utopia.org.br/cnc/cineclubes-brasileiros/>. Acesso em: 03 fev. 2025.

CORRÊA, Paulo Luz. *Panorama dos Festivais/Mostras Audiovisuais Brasileiros – Edição 2023.* São Paulo, 2024.

Mercado audiovisual sergipano

Luzileide Silva
Beatriz Aranzana

1 Agentes econômicos do setor audiovisual

1.1 Empresas audiovisuais

Apesar das poucas políticas públicas no estado, na última década o número de empresas e agentes do setor audiovisual tem aumentado em Sergipe. As transformações sociais que tornaram o audiovisual um setor econômico estratégico, somadas às expectativas de desenvolvimento do setor por conta da aplicação das leis emergenciais (Lei Aldir Blanc - LAB e Lei Paulo Gustavo - LPG) e da Política Nacional Aldir Blanc - PNAB, têm impulsionado o crescimento que pode ser observado pelo surgimento de diversas empresas do segmento no estado.

Sergipe sempre apresentou um número reduzido de empresas audiovisuais se comparado, por exemplo, com outros estados do Nordeste como Alagoas, Paraíba, Rio Grande do Norte e Maranhão. Um pequeno crescimento se iniciou por volta de 2014, possivelmente impulsionado pela aplicação de políticas públicas de fomento estaduais e federais. Em 2010, apenas 9 empresas audiovisuais sergipanas possuíam registros na Ancine. Após a realização dos editais de fomento executados pela Secult/SE (2011, 2012 e 2014), esse número atingiu a marca de 20 empresas em 2015, um aumento de 110%. No entanto, o crescimento do setor no estado não deve ser compreendido apenas como um entusiasmo com as políticas públicas de fomento à produção, pois, mesmo após o encerramento de diversas políticas de fomento ao setor, como a descontinuidade dos editais estaduais e o encerramento da Política de Arranjos Regionais, o número de empresas sergipanas registradas na Ancine continuou a crescer.

Em 2019, um ano após a descontinuidade da política de Arranjos Regionais coordenada pela Ancine e cinco anos sem editais estaduais, 37 empresas estavam cadastradas na Ancine. Em 2020, ainda durante a pandemia de Covid-19, o número de empresas aumentou para 44, representando um crescimento de 22,7% em um ano. Após a implementação dos editais da Lei

Aldir Blanc (LAB) e da Lei Paulo Gustavo (LPG), o número de empresas registradas na Ancine saltou de 54, em 2021, para 80, em 2023, um aumento de 48,1%. Já em 2024, mesmo com o atraso no pagamento dos editais da LPG, o número de empresas registradas na Ancine subiu para 94, das quais 56,4% eram classificadas como produtoras independentes brasileiras.

Gráfico 1: Empresas sergipanas registradas na Ancine por ano

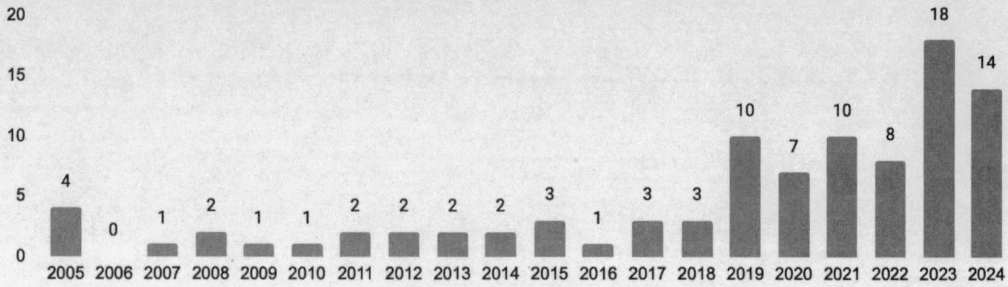

Fonte: OCA/Ancine.

No que diz respeito às classes de atividades econômicas (CNAEs), apenas 52 empresas (55,3%) apresentam o setor audiovisual como principal atividade econômica, 22 empresas (23,4%) apenas como secundária e 20 empresas (21,2%), mesmo estando registradas na Ancine, e não possuem classificação de atividade do setor audiovisual nem mesmo como atividade secundária.

Tabela 1: Empresas sergipanas por atividade CNAE

Atividades Cinematográficas	Primária	Secundária	Total
Atividades de exibição cinematográfica	5	4	9
Atividades de pós-produção cinematográfica, de vídeos e de programas de televisão	16	26	42
Atividades de produção cinematográfica, de vídeos e de programas de televisão	13	24	37
Estúdios cinematográficos	3	0	3
Produção de filmes para publicidade	15	0	15

Fonte: OCA/Ancine (2024).

Um ponto a ser observado é que 17% das empresas sergipanas do setor têm como principal classificação Atividades de Pós-produção Cinematográfica, de Vídeos e de Programas de Televisão, e 15,9% têm como principal atividade Produção de Vídeos para Publicidade. Porém, é interessante pontuar que, até 2020, as empresas com classificação de atividade primária de Produção de Vídeos para Publicidade representavam 45% do setor no estado.

É possível que essa modificação, até certo ponto, tenha ocorrido por conta da aplicação das leis emergenciais (LAB e LPG) e da expectativa de aplicação da PNAB, já que essa forma de obter fomento é simplificada e permite que novos agentes tenham maiores possibilidades de acesso aos recursos, sem que haja uma preocupação em atender parâmetros de desempenho comercial comumente utilizados para destinação das verbas de fomento no setor audiovisual, como os editais do Fundo Setorial do Audiovisual (FSA). Entretanto, é importante notar que as próprias transformações e potencialidades do mercado por si só vêm criando perspectivas de desenvolvimento e impulsionando o crescimento do setor para além das leis emergenciais.

Em relação à natureza jurídica das empresas sergipanas de audiovisual, notamos que 52,1% se enquadram como Sociedade Empresária Limitada (LTDA) e 32,9% como Empresário Individual (EI). Essa configuração acompanha o perfil nacional das empresas do setor e pode estar relacionada tanto com as facilidades das características do regime jurídico para obrigações, responsabilidades e direitos dos sócios e proprietários, como também com o impacto na gestão e tributação das empresas.

A classificação de nível das empresas produtoras audiovisuais é determinada pelo número e tipo de obras produzidas e registradas na Ancine. O nível demonstra a capacidade gerencial e é determinante para a captação de recursos, já que conta pontos em editais do Fundo Setorial do Audiovisual (FSA). Das 53 empresas produtoras classificadas com nível na Ancine, todas as empresas sergipanas são Nível 1, com exceção de uma única empresa, a W.G. Produções e Publicidade LTDA, classificada como Nível 2.

A W.G. é uma das empresas mais antigas no mercado sergipano, com 20 anos de atuação, e possui uma das maiores estruturas de produção do estado. Focada em publicidade, a empresa é responsável por boa parte das campanhas publicitárias do Governo Estadual, de várias prefeituras e por diversas campanhas eleitorais. Em 2012, a W.G. finalizou a série *Estação Periferia* em parceria com a TV Aperipê, veiculada nacionalmente na TV Brasil. Em 2014, a empresa coproduziu, juntamente com a produtora belga Tarantula e com a Fundação Aperipê, o filme *A Pelada*, dirigido pelo belga Damien Chemin. Também foi aprovada no edital de chamadas de TVs públicas do FSA/Ancine para a produção da série *De Quebrada em Quebrada*. Em 2018, a W.G. foi contemplada pelo edital de Fluxo Contínuo para Televisão (FSA/Ancine) com o projeto *Xokó, a Alma do Velho Chico*.

Quanto às empresas de locação de equipamentos, existe apenas uma única empresa registrada na Ancine, mas com foco em aluguel de equipamentos para eventos, tal como estrutura, sonorização e iluminação para palcos. No entanto, apesar de não estar registrada na Ancine, a Iglu Loc é a única empresa especializada em locação de equipamentos audiovisuais no estado. Com sede em Salvador/BA, estabeleceu uma filial em Aracaju em 2023, visando atender a um mercado em expansão, já que muitas produtoras do mercado sergipano não dispõem de equipamentos de grande porte. De forma concreta, boa parte da locação de equipamento acontece por meio de algumas produtoras que possuem estrutura básica de equipamentos e acabam por alugá-los para outras produtoras menores.

O setor audiovisual sergipano ainda não conta com empresas especializadas em distribuição. Embora 16 empresas possuam CNAEs de Distribuição cinematográfica, de vídeo e de programas de televisão em suas atividades primárias ou secundárias, efetivamente nenhuma delas desempenha a atividade de distribuição. Deste modo, o CNAE de distribuição é utilizado para que as empresas emitam Certificados de Produto Brasileiro (CPBs) de seus próprios produtos, em grande parte curtas e médias-metragens, mas não está no escopo dos negócios dessas empresas traçar planos e metas de distribuição de produtos de terceiros no mercado.

No tocante à distribuição geográfica das empresas no estado, é possível observar que elas estão presentes em 10 municípios, porém a maioria está localizada na Grande Aracaju. Isso se deve, em parte, ao maior volume de negócios estar concentrado na capital, bem como mostras, festivais e cursos de formação e capacitação. Segundo o Gráfico 2, 85,1% das empresas sergipanas registradas na Ancine estão sediadas na capital Aracaju.

1.2 Outros agentes audiovisuais

Até 2023, Sergipe não possuía nenhum tipo de mapeamento do setor audiovisual. Algumas tentativas de aquisição de dados que permitissem compreender melhor o setor foram feitas através do Fórum Audiovisual de Sergipe em 2018 e 2020, por meio do preenchimento voluntário de formulários online. Esses dados serviram para auxiliar na formulação de propostas de editais para a LAB e LPG em Sergipe. Porém, a limitação de alcance e a falta de motivação para preenchimento por parte dos agentes acabaram gerando apenas um pequeno recorte do setor, ainda muito centrado na abrangência das redes sociais do Fórum.

Com a aplicação da Lei Aldir Blanc, estabeleceu-se o uso do Mapa de Cultura como instrumento para a inscrição dos agentes culturais nos editais lançados pelo estado e municípios. A obrigatoriedade de um cadastro para participação nos editais possibilitou o recolhimento e geração de dados para uma catalogação e mapeamento inicial do setor. Com esses dados, o Observatório do Audiovisual da UFS iniciou um mapeamento dos agentes e observou os desdobramentos dos produtos gerados na LAB.

Na primeira coleta de dados do mapa, em 2021, após a execução da Lei Aldir Blanc, foram cadastrados no Mapa de Cultura 272 agentes do setor audiovisual (pessoas físicas e jurídicas), distribuídos em 29 dos 75 municípios do estado, com mais da metade dos agentes concentrados na capital Aracaju (59,9%).

Em 2023, após os editais da LPG, o número passou a ser de 879 agentes cadastrados, distribuídos em 51 municípios, representando um crescimento de 223,2% no número de agentes e de 75,9% no número de municípios com atividades e/ou presença de agentes audiovisuais.

Assim como o aumento no número de empresas cadastradas na Ancine, é possível que a aplicação da LPG e a expectativa da PNAB tenham causado uma ampliação no número de cadastros no Mapa de Cultura, refletindo a compreensão dos agentes sobre a necessidade de estarem vinculados ao Mapa para participar dos editais e, assim, ter acesso às verbas de fomento. Como os editais PNAB são simplificados e permitem a inscrição também de pessoas físicas, o Mapa de Cultura permite uma visualização mais abrangente dos agentes audiovisuais sergipanos em relação aos números apresentados pela Ancine, concentrados em pessoas jurídicas mais estruturadas ou formalizadas.

2 Exibição/Difusão

2.1 Salas comerciais de cinema

De acordo com os dados da Ancine (2024), o parque exibidor de Sergipe corresponde a 1,01% de todo o parque exibidor do país, estando à frente de estados do Nordeste que possuem tanto população quanto produção cinematográfica comercial maior, tais como o Rio Grande do Norte (0,96%) e Alagoas (0,90%).

Até o início de 2024, estavam ativas no estado 10 empresas exibidoras, totalizando 37 salas de cinema e 6.687 assentos, presentes em apenas 5 dos 75 municípios do estado: Aracaju, Nossa Senhora do Socorro, Itabaiana, Nossa Senhora da Glória e Propriá. Juntas, as cidades de Aracaju e Nossa Senhora do Socorro, que faz parte da Grande Aracaju, concentram 81,1% do parque exibidor sergipano, sendo que 60% destas salas e 93,6% dos assentos fazem parte de complexos cinematográficos estabelecidos em shoppings centers.

O maior complexo exibidor do estado é a rede internacional Cinemark, com 16 salas e 3.587 assentos, distribuídos nos dois maiores shoppings: o Shopping Riomar, com 9 salas, e o Shopping Jardins, com 7 salas. Ao todo, a rede Cinemark representa 43,2% de todo o parque exibidor do estado. O segundo maior complexo exibidor de Sergipe é a rede nacional Centerplex, com 7 salas e 1.087 assentos, localizado no Aracaju Shopping Parque, representando 18% do parque exibidor.

Atualmente, está sendo construído na capital mais um shopping center com previsão de instalação de mais 5 salas de exibição da rede nacional Cinesercla, que já possui 4 salas no Shopping Premium, em Nossa Senhora do Socorro, Grande Aracaju. Também há a previsão da instalação de mais 4 salas no CentroSul Shopping, na cidade de Lagarto. Porém, até o momento, não existe uma definição de qual será a rede exibidora.

Já o Cine Avelan, localizado em Nossa Senhora da Glória, sertão sergipano, possui 2 salas que são gerenciadas pelos proprietários do Shopping Avelan, sem vínculo com grandes redes.

O número de cinemas de rua no estado é bem reduzido. Atualmente, existem 4 exibidoras registradas na Ancine, com apenas uma sala cada. O Cine Vitória é o mais antigo, fundado em 1934, fechado na década de 1980 e reativado em 2013 pelo Coletivo Casa Curta-Se e, desde 2018, é gerido pela produtora AVBR Produções em parceria com a Fundação de Cultura e Arte Aperipê. Com 130 assentos, está localizado em um ponto turístico no centro da capital, a Rua do Turista, e tem foco em filmes brasileiros e da diversidade cinematográfica mundial.

A outra sala de rua é o Cine Alquimia, inaugurado em 2021, durante a pandemia; e, apesar de ser um cinema de rua, está localizado dentro de um complexo comercial com pequenas lojas, uma livraria e um restaurante. Sua sala possui 77 assentos, mas em 2024 iniciou um projeto de ampliação para a construção de mais uma sala com 200 lugares. Sua programação é variada entre filmes nacionais e *blockbusters* americanos, principalmente os infantis ou os concorrentes do Oscar.

Já a Sala Walmir Almeida, localizada no Centro Cultural de Aracaju, apesar de registrada na Ancine como sala de cinema, até 2024 era utilizada como sala de exibição esporádica e não possuía uma programação comercial. Entre 2017 e 2019, o NPD de Aracaju realizava periodicamente na sala Walmir Almeida exibições com o Projeto Ocupe a Praça, além da cessão do espaço para a realização de mostras e festivais, como a Egbé - Mostra de Cinema Negro e o Festival Sercine. Porém, com a LPG, o município de Aracaju lançou um edital para manutenção, reforma e ocupação da sala que, a partir de 2025, terá como administradora o Terreiro São Lázaro, Organização da Sociedade Civil (OSC) vencedora do edital de ocupação.

A única sala de rua no interior do estado fica localizada no município de Propriá, litoral norte do estado, com uma programação que inclui filmes nacionais de comédia e *blockbusters* americanos.

Tabela 2: Salas de cinema em Sergipe

Nome	Cidade	Salas	Assentos
Cinemark Riomar	Aracaju	9	2394
Cinemark Jardins	Aracaju	7	1193
Centeplex	Aracaju	7	1087
Cine Vitória	Aracaju	1	130
Walmir Almeida	Aracaju	1	83
Alquimia	Aracaju	1	77
Cine Laser	Itabaiana	4	658
Cine Avelan	Nossa Senhora da Glória	2	258
CineSercla	Nossa Senhora do Socorro	4	807
Cine Veneza	Propriá	1	150

Fonte: OCA/Ancine.

É interessante observar o crescimento do número de salas de cinema no estado de Sergipe, mesmo com uma diminuição do público. De acordo com dados da Ancine (2024), houve um crescimento de 84,2% no número de salas nos últimos 10 anos, enquanto o público diminuiu 5,8% no mesmo período.

Gráfico 2: Número de salas de cinema em Sergipe

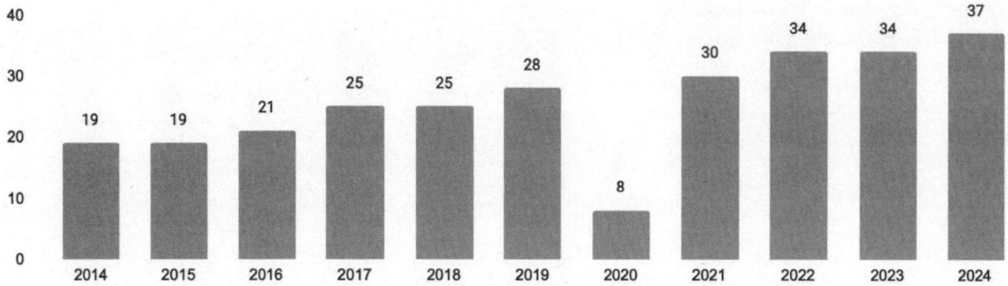

Fonte: OCA/Ancine.

A presença de mais salas de cinema reflete uma ampliação do setor, mas, por outro lado, a diminuição do público levanta algumas questões sobre os hábitos de consumo de entretenimento e o avanço das plataformas de streaming.

O avanço das plataformas de streaming e a facilidade de acesso a conteúdos audiovisuais em dispositivos pessoais podem ter influenciado essa mudança, oferecendo uma alternativa conveniente e muitas vezes mais econômica ao cinema tradicional. A pandemia de Covid-19 também desempenhou um papel significativo na mudança dos padrões de comportamento, como a conveniência de assistir a filmes e séries em casa. No entanto, apesar da diminuição do público, houve um aumento na arrecadação das salas de cinema. Esse fenômeno pode ser explicado pelas estratégias de marketing dos grandes estúdios para filmes *blockbusters* e também pela recuperação gradual da economia após a pandemia.

Gráfico 3: Público das salas de cinema em Sergipe (em milhão)

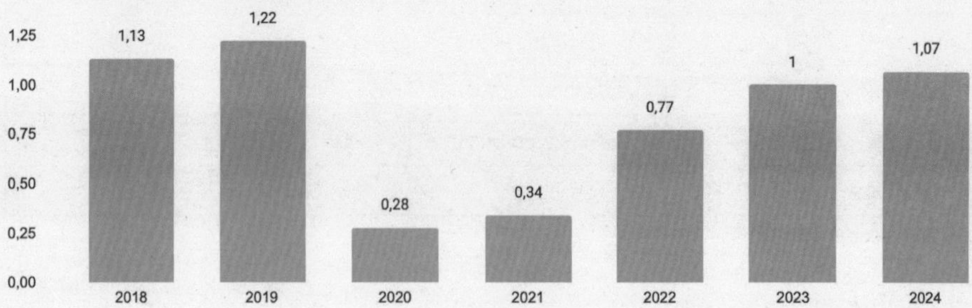

Fonte: OCA/Ancine.

Gráfico 4: Renda das salas de cinema em Sergipe (em R$ milhões)

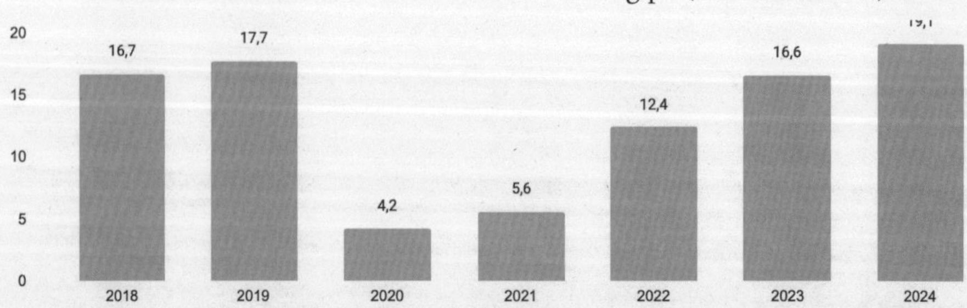

Fonte: OCA/Ancine.

2.2 Salas não comerciais

Em relação aos espaços de exibição, além de um número reduzido, há também uma grande concentração em torno da capital. Dos 15 espaços existentes, 1.570 assentos, 12 deles estão localizados na Grande Aracaju e apenas 3 em outras macrorregiões do estado – Simão Dias no centro-sul, Rosário do Catete no leste sergipano e Itabaiana no agreste central, juntas as salas do interior possuem 435 assentos. Todos os espaços de exibição realizam mostras e apresentam uma programação esporádica, com exceção da sala de projeção da Universidade Federal de Sergipe (UFS), que realiza atividades de cineclubismo regularmente, com atividades do Cineclube Cinemateca UFS.

Na cidade de São Cristóvão, além dos espaços de exibição da UFS, existe o Cine Theatro Lar Imaculada Conceição, situado no centro histórico, em um prédio centenário anexo à Escola do Lar Imaculada Conceição. Ao longo do tempo, o espaço já foi uma Santa Casa, um orfanato, um internato e, nos anos 1990, transformou-se em uma escola. Com o edital da LPG (2023), foi possível fazer adaptações para que o espaço se tornasse mais adequado para exibições fílmicas, e em 2024 passou a realizar e receber mostras de forma mais regular.

O Cine Teatro Abílio Curvelo de Mendonça, localizado em Rosário do Catete, leste sergipano, é um antigo cine teatro que está passando por uma reforma para a retomada de suas atividades. Já o Cine Theatro Ypiranga está situado no interior do Centro de Memória Digital de Simão Dias, no centro--sul sergipano, e tem desenvolvido atividades de exibição esporádicas. O Cine Teatro Juca Barreto, situado no Cultart, prédio histórico de Aracaju que faz parte da UFS, também possui projeto para instalação de equipamentos de projeção e mobiliário para o retorno de suas atividades.

É importante destacar que esses espaços, junto ao Museu da Gente Sergipana, a Biblioteca Epiphânio Dórea e o Centro de Criatividade, formam um complexo de prédios históricos, (re)estruturados para o desenvolvimento de atividades culturais. Porém, o Cine Teatro Abílio Curvelo de Mendonça e o Cine Theatro Ypiranga são extremamente estratégicos do ponto de vista de formação de público, pois são os únicos aparelhos públicos de cultura voltados para exibição fílmica de suas regiões.

Tabela 3: Espaços de exibição em Sergipe

Nome	Cidade	N. de salas	Assentos	Funcionamento
Biblioteca Epiphânio Dórea	Aracaju	1	100	Público
Centro de Criatividade	Aracaju	1	146	Público
Cine Teatro Juca Barreto – UFS	Aracaju	1	120	Público
Galeria de Arte Sesc Cícero Alves dos Santos – Véio	Aracaju	1	179	Privado
Memorial de Sergipe	Aracaju	1	80	Privado
Museu da Gente Sergipana	Aracaju	1	70	Público
Sesc Comércio	Aracaju	1	160	Privado
Sesc Itabaiana	Itabaiana	1	70	Privado
Sesc Socorro	N. S. do Socorro	1	265	Privado
Cine Teatro Abílio Curvelo de Mendonça	Rosário do Catete	1	100	Público
Sala de Projeção - UFS	São Cristóvão	1	90	Público
Cinemateca - UFS	São Cristóvão	1	80	Público
Cine Theatro Lar Imaculada Conceição	São Cristóvão	1	30	Público
Cine Theatro Ypiranga	Simão Dias	1	80	Público

Fonte: OA-UFS.

Quanto às salas de exibição privadas, em sua maioria são parte do sistema S, com exceção da Sala do Memorial de Sergipe, que pertence à Universidade Tiradentes. Das 14 salas de exibição não comerciais do estado, 05 são privadas, o que corresponde a 35,7%, com o total de 754 assentos.

2.3 Mostras e Festivais

Os festivais e mostras também estão concentrados em sua grande maioria na capital e seu entorno. O Festival Curta-Se, o mais antigo em atividade do estado, surgiu em 2001 como um pequeno festival universitário para fomentar o acesso às produções nacionais e incentivar as produções regionais. Logo em seguida, expandiu-se nas edições seguintes para incluir curtas de todo o Brasil e também da Península Ibérica, passando a se chamar Festival Ibero-Americano de Sergipe - Curta-Se. O festival contou com financiamento em boa parte de suas edições, principalmente através de editais federais como o da Petrobras e com o apoio do Banco do Estado de Sergipe (Banese), Banco do Nordeste, Prefeitura de Aracaju e Governo do Estado (Góis, 2022).

Em sua 12ª edição, o Curta-Se realizou a 1ª Rodada de Negócios de Conteúdos Audiovisuais e Multiplataformas do Nordeste. No entanto, naquele momento, ainda não havia um setor audiovisual estruturado, especialmente no estado, e o evento representou uma tentativa de amadurecimento do setor.

O segundo festival mais antigo do estado, o Festival Sercine, surgiu em 2011, dez anos depois do Curta-Se, com foco no cinema universitário e nordestino. Com o tempo, o foco do festival se ampliou e atualmente realiza quatro mostras: mostra de longas-metragens, curtas Brasil, curtas Nordeste e curtas universitários. Além disso, o festival promove o seminário Conversas com Cinema, que acontece desde a sua 5ª edição, bem como oficinas formativas. Até a sua décima edição, o Sercine teve apoio financeiro em apenas duas edições: em 2012, através da captação da Lei Rouanet com o Banco do Estado de Sergipe (Banese), e em 2019, com o edital de demandas espontâneas da Fundação de Cultura da Cidade de Aracaju (Funcaju) (Silva, 2014). As demais edições foram realizadas com pequenos apoiadores locais, como SESC, Sebrae e empreendedores da rede hoteleira e gastronômica, principalmente, através de hospedagem, transporte e alimentação da equipe e dos convidados.

A Mostra de Cinema Negro – EGBÉ surgiu em 2016 e é a primeira mostra com foco na circulação de produções do cinema negro do Nordeste. A partir de 2021, ampliou seu foco com a internacionalização das inscrições, passando a receber filmes do cinema negro de todo o mundo. Até a sua 5ª edição, a EGBÉ não recebia nenhum tipo de incentivo financeiro público e era realizada através de campanhas de financiamento coletivo e parceria com pequenos apoiadores locais. Além disso, promove oficinas formativas voltadas para o público negro e periférico, bem como ações de interiorização através de diversas atividades de cineclubismo em parceria com o Cineclube Candeeiro e outras instituições.

O Festival Internacional de Cinema de Itabaiana (FestCine) surgiu em 2018, com foco na exibição de curtas e médias-metragens locais e internacionais. É o único festival que ocorre fora da Grande Aracaju, e sua primeira edição foi realizada através do patrocínio de instituições privadas do município de Itabaiana. Já de início firmou parcerias importantes para a exibição de obras internacionais e incluiu no festival a categoria competitiva de videoclipes (Góis, 2022). O festival também possui foco na formação e realiza cursos e oficinas formativas durante o período do evento.

A Mostra Elas por Trás das Câmeras surgiu em 2018 em parceria com o Grupo de Estudos Culturais, Identidades e Relações Interétnicas (GERTs) na Semana de Antropologia da UFS, com o objetivo de viabilizar e fomentar o cinema produzido e protagonizado por mulheres. Até sua terceira edição, não contava com financiamento público.

A Mostra Trianon acontece dentro da programação do Festival de Artes de São Cristóvão (FASC), organizado pela Prefeitura de São Cristóvão, por meio da Fundação Municipal de Cultura e Turismo João Bebe-Água (Fumctur), em parceria com o Ministério da Cultura e o Governo Federal, através da Lei de Incentivo à Cultura. A mostra acontece desde 2017 com exibições de curtas infantis, produções sergipanas e nacionais, além de sessões ambientais e infantis e substitui o histórico Festival Nacional de Cinema Amador, que foi realizado dentro da programação do Fasc até a década de 80.

A Mostra Maternidade Real surgiu em 2021, durante a pandemia de Covid-19 e, apesar de também ter foco no cinema realizado por mulheres, busca principalmente promover acesso a filmes relacionados à maternidade. Teve sua primeira edição totalmente online, por conta da pandemia, e foi financiada pela lei emergencial Aldir Blanc. No entanto, mesmo sem financiamento nos anos seguintes, as organizadoras seguiram realizando o festival.

Tabela 4: Festivais e Mostras de Sergipe

Nome	Cidade	Temática	Tipo	Formato	Edições
Festival Ibero Americano de Cinema – Curta-Se	Aracaju	Geral	Longa	Presencial	22
Festival Audiovisual de Sergipe – Sercine	Aracaju	Geral	Longa	Presencial	11
Mostra de Cinema Negro de Sergipe – Egbé	Aracaju	Cinema Negro	Curta e Longa	Presencial	8
Mostra de Cinema Elas por trás das Câmeras	São Cristóvão	Cinema de Mulheres	Curta	Presencial	5
Mostra Trianon	São Cristóvão	Geral	Curtas	Presencial	4
Mostra Maternidade Real	Aracaju	Cinema de Mulheres	Curta, média e longa	Híbrido	3
Festival Internacional – Festicine Itabaiana	Itabaiana	Geral	Curta e Média	Presencial	3
Mostra Memórias Urbanas	Aracaju	Cinema Sergipano	Curtas	Presencial	1
Mostra CRIAS – Cinema de Rua Infantil	São Cristóvão	Cinema Infantil	Curtas	Presencial	1
Mostra Cinema, Democracia e Antirracismo	Aracaju	Direitos Humanos	Curtas	Presencial	1

Fonte: OA-UFS.

A aplicação das leis emergenciais, além de apoiar os festivais e mostras já existentes no estado, permitiu o surgimento de novas iniciativas, e uma pequena descentralização, embora ainda haja a permanência de uma concentração na Grande Aracaju. Das novas mostras, a mostra Memórias Urbanas realizou sua segunda edição com verbas da LPG, e a Mostra CRIAS - Cinema de Rua Infantil se prepara para mais uma edição. Um fato curioso sobre as novas mostras financiadas pelas leis emergenciais é a Mostra Cinema, Democracia e Antirracismo. As duas primeiras edições foram realizadas pela Taturana Mobilização Social, distribuidora de filmes, em parceria com a Coalizão Negra por Direitos e a APAN - Associação de Profissionais do Audiovisual Negro, sem qualquer envolvimento de entidades sergipanas em sua organização ou curadoria. Desta forma, a mostra possui apenas uma edição realizada efetivamente em Sergipe por meio do edital da LPG.

Em Sergipe, é também comum a exibição de mostras e festivais que circulam em todo o país, recebidos em parceria com instituições do estado, como, por exemplo, o Festival de Cinema Agroecológico, a Mostra de Direitos Humanos, o Festival Varilux de Cinema Francês e a Mostra Bioma: Vozes e Versões. Essas mostras são importantes por ampliar as janelas de exibição já existentes, mas não se pode compreendê-las como parte do setor de eventos do estado, pois foram idealizadas, organizadas e curadas por entidades de outros locais.

Outro ponto importante em relação aos Festivais e Mostras realizados no estado é observar quais serão mantidos, já que todos os existentes realizaram suas últimas edições com verbas das leis emergenciais (LAB e LPG). Isto é, como dar continuidade a essas ações com os escassos financiamentos públicos voltados para o setor?

2.4 Cineclubes

Os cineclubes sempre desempenharam um papel fundamental no desenvolvimento do setor audiovisual no estado. Por exemplo, das atividades do Clube de Cinema de Sergipe (CCS) surgiu o primeiro festival de cinema de Sergipe, o Festival Nacional de Cinema Amador (Fenaca). No entanto, apesar do Fenaca ser realizado dentro do Festival de Artes de São Cristóvão, as atividades de cineclubismo que culminaram com o seu surgimento sempre estiveram concentradas em Aracaju.

De acordo com o Conselho Nacional de Cineclubes (CNC), atualmente em Sergipe estão ativos 10 cineclubes. Apesar de a maioria dos cineclubes em funcionamento estarem localizados na Grande Aracaju, é possível observar que a concentração de atividades audiovisuais diminui em relação a festivais e mostras.

Os cineclubes são espaços essenciais para a formação cultural, construção de senso crítico e promoção de debates sobre obras audiovisuais. Eles oferecem uma programação regular que, muitas vezes, ocorre em lugares não convencionais, como escolas e instituições religiosas. Muitas vezes, esses cineclubes informais operam sem os recursos ou a infraestrutura necessários para realizar suas atividades, mas ainda assim contribuem de maneira importante para o cenário cultural local. Essa informalidade pode resultar em uma subnotificação dos cineclubes ativos, uma vez que nem todos são inscritos no CNC, ficando fora do mapeamento.

Tabela 5: Cineclubes

Nome	Cidade	Responsável
Casa Curta-Se	Aracaju	Rosângela Rocha
Cine Candeeiro	Aracaju	João Brazil
Cine Viajante	Aracaju	Marcos Vieira
Cineclube São Lázaro	Aracaju	Everton Santos e Rosângela Rocha
Cine Sala 7	Lagarto	Zaninho Zandroni
Cineclube Realidade	Nossa Senhora do Socorro	José de Oliveira Santos
Cineclube Siri	Nossa Senhora do Socorro	Isabela Bispo
Cineclube Fruta Gogoia	São Cristóvão	Raphaella Esteffanne Araújo
Cineclube Voyage	São Cristóvão	Julia Jaeger
Cine Tobias	Tobias Barreto	Tancredo Wanderley

Fonte: Conselho Nacional de Cineclube – CNC.

2.5 Canais de TV e Plataformas de Streaming

As emissoras de TV aberta desempenham um papel fundamental na difusão de conteúdo e são uma janela importante para as produções realizadas no estado. Atualmente, existem em Sergipe 7 canais de TV concessionados pela Agência Nacional de Telecomunicações (Anatel). De forma geral, a grade de programação local das emissoras se restringe aos telejornais locais e a programas de entrevistas, que variam entre os de estúdio e os com produções externas.

Dentre esses canais, a TV Sergipe (afiliada à Rede Globo) e a TV Atalaia (afiliada à Rede Record) são as emissoras de maior audiência no estado. No entanto, apesar de seu alcance e influência, essas emissoras possuem pouco espaço em suas grades de programação para conteúdos locais. Parte significativa dos conteúdos produzidos por essas emissoras são programas jornalísticos, de entrevistas e variedades, não havendo atualmente séries ou filmes locais em suas grades de programação. Em 2015, a TV Atalaia inovou ao incluir em sua programação a série de produção local *Grávidos*, com 20 episódios. Porém, ao final da série não houve continuidade de exibições de conteúdos semelhantes.

Já com o projeto de digitalização da TV em 2007, a emissora pública do estado, TV Aperipê, iniciou uma transformação em sua grade de programação, dando espaço para a produção de diversos conteúdos audiovisuais que vão além dos telejornais e programas de entrevistas. Durante a gestão de Indira Amaral (2007-2011), a TV Aperipê produziu mais de 150 documentários sobre personalidades e manifestações culturais sergipanas, além de interprogramas, o piloto de uma série interativa, *Lá em Casa é Assim*, e o lançamento da chamada pública para o edital de videoclipes.

A reestruturação da programação da TV Aperipê, entre 2007 e 2012, incluiu a assinatura de uma parceria com a recém-criada TV Brasil e uma significativa reformulação da grade de programação. Essa reformulação ampliou e diversificou o número de programas produzidos pela própria emissora, abrangendo tanto programas jornalísticos e esportivos quanto musicais e de entretenimento.

Entre os novos programas da grade de programação, destacam-se na programação diária o Jornal Aperipê 2ª Edição, com as principais notícias do dia e os semanais: Bola em Jogo, com análise dos acontecimentos esportivos do estado; o Forró no Asfalto, comandado pela forrozeira Clemilda, que destacava a música regional; o Expressão, apresentado pelo jornalista Pascoal Maynard, com foco na cultura e artes locais; Olha Aí, programa com foco nas realizações audiovisuais do estado apresentado pela atriz e cantora Diane Veloso; Periferia, com o rapper Hot Black, abordando temas das comunidades periféricas; e o Cena do Som, com o musicista e luthier Nino Karvan, com foco nos talentos musicais sergipanos. Além desses programas, foi criado o Núcleo de Produção Especial (NUPE), responsável pela produção dos programas e documentários semanais. Esses documentários abordam a diversidade cultural de Sergipe, promovendo e valorizando diferentes pontos da cultura local.

A transformação na programação da TV Aperipê foi crucial para valorizar a cultura local e proporcionar visibilidade às histórias e personagens do estado. Os documentários produzidos durante esse período desempenharam um papel importante na preservação e divulgação da memória cultural de Sergipe, destacando figuras históricas, tradições e eventos significativos da região.

Atualmente, apenas os programas jornalísticos e de entrevistas continuaram a ser produzidos pela emissora. Essa mudança pode ser atribuída a diversos fatores, como a redução de recursos financeiros e a priorização de conteúdos com menor custo de produção. No entanto, a emissora tem exibido conteúdos licenciados nos editais da LAB e da LPG realizados pela Fundação de Cultura e Arte Aperipê de Sergipe (Funcap).

Tabela 6: Emissoras de TV Aberta

Nome	Tipo
TV Aperipê	Educativo
TV Alese	Legislativo
TV Atalaia	Comercial
TV Canção Nova	Religiosa
TVC - Liberdade	Comercial
TV Sergipe	Comercial
TV UFS	Educativo

Fonte: Anatel.

As grades de programação local da TV Alese, da Canção Nova e da TV Liberdade também se restringem aos programas jornalísticos e de entrevistas, além das exibições das sessões parlamentares, da missa e de cultos religiosos. Já a TV UFS, apesar de possuir uma frequência, tem se limitado à transmissão online, focando principalmente em programas jornalísticos e de entrevistas, voltados para a difusão das pesquisas científicas da instituição e da cultura regional.

Atualmente, Sergipe não possui canais de TV fechados nem plataformas de streaming. Apesar disso, em 2020, a Funcaju lançou uma página para repositório dos conteúdos audiovisuais produzidos e licenciados nos editais Janela para as Artes e Lei Aldir Blanc, intitulada AjuPlay. Apesar de ser divulgada como o primeiro serviço de streaming voltado para a cultura em Sergipe, o AjuPlay na realidade é uma página com navegabilidade para seleção de conteúdos, como filmes, músicas e espetáculos, onde o espectador é direcionado para o canal da Funcaju no YouTube. Desta forma, o AjuPLay não oferece diretamente o serviço de transmissão de dados, uma vez que o repositório do conteúdo é a plataforma YouTube. Embora o layout da AjuPlay facilite a busca e o acesso aos conteúdos, a dependência do YouTube levanta uma série de questões.

Um dos principais questionamentos por parte dos realizadores é a perda da primeira janela de exibição. Quando uma obra é disponibilizada na internet, ela perde a possibilidade de participação em festivais que exigem exclusividade ou estreias. Isso pode limitar o alcance e o reconhecimento das produções locais, além de prejudicar a trajetória dos filmes em circuitos de festivais, que são importantes para a divulgação e valorização das obras audiovisuais. Outro ponto de crítica é a possibilidade de redução do potencial econômico da obra, uma vez que a disponibilização online pode limitar a circulação da obra em outros meios, como cinemas, eventos culturais ou mesmo em canais de televisão. Além disso, a contabilização e monetização das obras pela Funcaju – e não por seus produtores – gera preocupações sobre a justa remuneração dos criadores.

3 Obras audiovisuais produzidas

De acordo com os dados da OCA/Ancine (2024), entre 2007 e 2024, 90 obras sergipanas obtiveram o Certificado de Produto Brasileiro (CPB). Entre as 8 obras certificadas como longa-metragem, apenas uma – *A Pelada* (2013) – alcançou lançamento comercial em salas de cinema. Esse dado revela a falta de um mercado de distribuição mais amplo para as produções sergipanas, que muitas vezes ficam restritas a nichos específicos ou a exibições limitadas.

Os outros longas-metragens com CPBs, como *Morena dos Olhos Pretos* (2017), *Velho Chico, A Alma do Povo Xokó* (2023) e *Memórias de um Agosto Sangrento* (2024), foram destinados para plataformas de streaming e TVs Públicas, permitindo que as obras atinjam uma audiência mais ampla e diversa.

Um ponto importante sobre a produção de longas-metragens no estado é que, frequentemente, Sergipe é utilizado como locação para obras cinematográficas e a mão de obra local é envolvida nessas produções. Exemplos disso incluem os filmes: *Sargento Getúlio* (1983), *Orquestra dos Meninos (2008), O Senhor do Labirinto (2014), Aos Ventos que Virão (2014) e Abraço (2020).* No entanto, em boa parte, os longas realizados no estado são produções de produtoras de outros estados, que utilizam a mão de obra local, fazem parcerias com o Governo Estadual, Prefeituras e produtoras locais, mas não se trata efetivamente de obras desenvolvidas e gestadas por produtoras sediadas no estado.

Desta forma, se, por um lado, o envolvimento da mão de obra local demonstra o potencial do capital humano encontrado no estado, por outro lado, evidencia a necessidade de maior investimento e apoio às produtoras locais para que elas próprias desenvolvam seus projetos, capitalizando o potencial local para o próprio estado. É importante compreender que a criação de políticas públicas que incentivem a produção de longas-metragens exclusivamente sergipanos poderia não apenas fortalecer a indústria audiovisual no estado, mas também promover a identidade cultural local.

Outro ponto importante sobre a produção de longas-metragens no estado de Sergipe é que muitos deles não emitem o CPB. Exemplos disso são *Almir do Picolé - O Filme* (2019) e *Mãezinha Bebé, uma história real* (2021), ambos do diretor David Kleiton. Mesmo sem o CPB, essas obras conseguiram ter circulação através de exibições em espaços públicos, pois são filmes com temas populares e acabam provocando o engajamento comunitário por conta da valorização e identificação com as histórias e os personagens.

Entre as obras sergipanas com CPB, observamos uma predominância de curtas (40%) e médias (43,4%).

Tabela 7: tipo e formato de obra com CPB

	FORMATO					
TIPO DE OBRA	**CURTA**	**LONGA**	**SÉRIE**	**MÉDIA**	**TOTAL**	**% TIPO**
ANIMAÇÃO	7	-	-	-	7	7,78%
DOCUMENTÁRIO	14	5	3	22	44	48,88%
FICÇÃO	10	2	3	12	27	30%
JORNALÍSTICA	1	-	-	-	1	1,11%
NÃO CLASSIFICADA	-	1	-	1	2	2,22%
VÍDEO MUSICAL	3	-	-	4	7	7,78%
VARIEDADES	1	-	1	-	2	2.22%
Total	36	8	7	39	90	100%
% FORMATO	40%	8,8%	7,8%	43,4%	100,0%	

Fonte: OCA/Ancine.

É importante ressaltar que boa parte dos filmes produzidos e exibidos no país como curtas-metragens ultrapassa os 15 minutos designados pela Ancine. Este fato evidencia a flexibilidade dos critérios utilizados pelos diferentes agentes do setor audiovisual.

Ao analisar os dados, podemos compreender que Sergipe produz majoritariamente filmes documentais (48,8%), que circulam em festivais e mostras de curtas-metragens.

Entre 2020 e 2024, a emissão de CPBs apresentou um crescimento expressivo, podendo ser um reflexo dos impactos das políticas públicas emergenciais de incentivo ao setor audiovisual, como a Lei Aldir Blanc. Esse período registrou uma média de 8,2 CPBs emitidos por ano, um aumento significativo em relação à média de 3,45 CPBs por ano registrada entre 2007 e 2019.

A coluna *Ano de Produção* mostra a quantidade de obras criadas em cada ano, refletindo a atividade de produção audiovisual em diferentes períodos. Observa-se, por exemplo, que os anos com maior número de produções são 2015, 2016, 2017, 2021 e 2023, com 8 a 13 produções cada. A variação na produção pode ser atribuída a diversos fatores, incluindo a disponibilidade de recursos, políticas públicas de incentivo e o contexto econômico e social de cada período.

Já a coluna *Ano de Emissão do CPB* indica quantas obras receberam o CPB em cada ano. Notamos picos no número de emissões de CPB, especialmente em 2016, 2017, 2021, 2023 e 2024, anos em que a emissão acompanhou de perto a produção. Esse alinhamento sugere que nos últimos anos as emissões de CPBs têm acompanhado as atividades de produção, ou seja, os produtores têm buscado ativamente a certificação de suas obras, talvez em resposta a oportunidades de mercado ou exigências regulatórias.

Em particular, destaca-se o impacto da Lei Aldir Blanc e da Lei Paulo Gustavo em 2020 e 2023, que trouxeram recursos substanciais para o setor audiovisual e refletem na emissão de certificados nos anos seguintes às suas aplicações. O crescimento observado na emissão de CPBs não apenas reflete uma maior atividade de produção, mas também indica uma tendência de profissionalização e organização entre os produtores locais.

Gráfico 5: ano de produção X ano de emissão do CPB

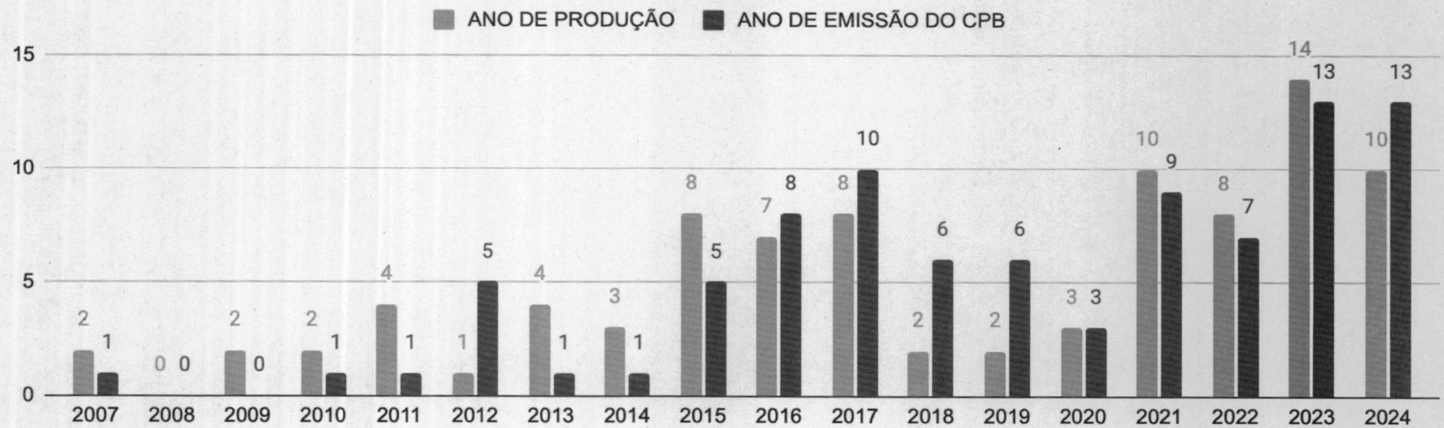

Fonte: OCA/Ancine.

A centralização das produções na capital é um aspecto marcante. Aracaju é responsável por 93% das produções certificadas, enquanto outros municípios, como Poço Verde (2,3%) e São Cristóvão (1,2%), possuem uma participação discreta. Além disso, observa-se uma presença reduzida de coproduções internacionais, que representam apenas 1,2% das obras certificadas.

4 Outros eixos

4.1 As políticas públicas em Sergipe

A história do audiovisual em Sergipe sempre foi marcada por lutas constantes para a implementação de políticas públicas e de ações de valorização e ampliação do setor, que, apesar das condições adversas, tem apresentado um contínuo crescimento. Os desafios para o desenvolvimento do setor envolvem diversas necessidades, uma delas a falta de um mapeamento mais sistematizado da cadeia produtiva do setor. A falta de indicadores dificulta a aplicação de políticas públicas e outros tipos de investimentos para sua expansão e desenvolvimento. Desta forma, este estudo busca auxiliar a percepção sobre o setor no estado, ao lançar um olhar para dados que permitam compreender as carências, limitações, anseios e potencialidades do mercado audiovisual no estado.

Desde 2012, o governo de Sergipe não possui uma Secretaria de Cultura. Nesse ano, houve uma reestruturação, resultando na criação da Secretaria de Estado da Educação e da Cultura (Seduc). Desde então, a gestão efetiva da cultura no estado passou a ser responsabilidade da Fundação de Cultura e Arte Aperipê (Funcap). A capital Aracaju também não possui uma Secretaria de Cultura e as atividades culturais são gerenciadas e desenvolvidas pela Fundação Cultural da Cidade de Aracaju (Funcaju), responsável por promover e coordenar eventos, projetos e programas culturais.

Embora escassas, Sergipe já dispôs de algumas ações voltadas para o desenvolvimento do setor audiovisual, dentre as quais podemos destacar: as atividades formativas do Núcleo de Produção Digital Orlando Vieira (NPDOV), principalmente as em parceria com o Centro Audiovisual Norte Nordeste (CANNE), entre 2010 e 2012; a realização de 3 editais de Produção de Curtas e Médias-metragens, em 2011, 2012 e 2014, sendo que apenas o último edital utilizou recursos dos Arranjos Regionais (FSA/Ancine); reestruturação da Fundação de Rádio e TV Aperipê, em 2007, através da modernização dos equipamentos e modificação na grade de programação, que passou a priorizar conteúdos de difusão e valorização da cultura local. Apesar da descontinuidade, essas ações modificaram o cenário audiovisual do estado ao incentivar uma organização mínima do setor, estimulando o surgimento de empresas e também da organização da sociedade civil através do Fórum Audiovisual de Sergipe e ainda do curso de graduação em Cinema e Audiovisual e a Pós-graduação Interdisciplinar em Cinema da Universidade Federal de Sergipe.

A falta de estrutura no estado torna-se evidente pela ausência de uma Lei Estadual e Municipal de Incentivo à Cultura, pela aprovação tardia dos Planos de Cultura e pelo não cumprimento das diretrizes do Sistema Nacional de Cultura (SNC). Essa deficiência é especialmente perceptível na constituição representativa dos Conselhos de Políticas Culturais, já que diversas linguagens artísticas e culturais não estão incluídas, comprometendo a ampla diversidade e representação. Atualmente, os membros da sociedade civil são diretamente escolhidos pelo governador e pelo prefeito, em desacordo com a Lei do Marco Regulatório nº 14.903/2024. Essa lei determina que os Conselhos de Políticas Culturais sejam constituídos com representação da sociedade civil escolhida por eleição direta e com uma proporção paritária de membros em relação aos representantes do poder público.

Em relação aos investimentos no setor audiovisual, os mais expressivos começaram a partir de 2005 com a ampliação do Programa Olhar Brasil, promovido pelo Ministério da Cultura (MinC) em colaboração com a Secretaria do Audiovisual (SAV). Um marco importante desse processo foi a participação da Prefeitura de Aracaju no edital para a instalação dos Núcleos de Produção Digital (NPDs). Os Núcleos tinham como objetivo descentralizar a produção audiovisual e democratizar o acesso necessário para a criação de conteúdos. O NPD Orlando Vieira foi instalado em Aracaju em 2007, atuando por meio de cursos de formação, empréstimo de equipamentos e exibições fílmicas, com ações que modificaram o cenário do setor audiovisual, principalmente na capital, permitindo que mais pessoas tivessem a oportunidade de se envolver na produção audiovisual, impulsionando a cena local com novos talentos e produções.

Em 2007, a Prefeitura de Aracaju, através da Funcaju, lançou o Edital nº 01/2007 para realização de 5 curtas-metragens inéditos, com um valor total de até R$ 15 mil, com o objetivo de fomentar a cadeia criativa do audiovisual na cidade, apoiando a produção e a circulação das obras na TV Aperipê e no circuito de bairros com o Projeto Arte em Toda Parte.

Apenas em 2011, a Secretaria de Estado da Cultura de Sergipe (Secult) lançou seu primeiro edital de fomento, o Edital Orlando Vieira. O edital contemplou cinco projetos de curtas-metragens digitais de até 15 minutos nas categorias ficção e documentário, oferecendo R$ 30 mil para cada projeto. Em 2013, a Secult lançou o II Edital de Apoio à Produção de Obras Audiovisuais em Curta-metragem, elaborado por meio do debate com o Fórum do Audiovisual, e também contemplou cinco curtas-metragens, cada um recebendo R$ 30 mil. No ano seguinte, em 2014, a Secult lançou o Edital de Produção de Curtas e Médias Digitais, com um aporte total de R$ 450 mil para seis projetos inéditos selecionados. Dos recursos, R$ 150 mil foram provenientes do Fundo Estadual de Desenvolvimento Cultural e Artístico (Funcart) e R$ 300 mil do Fundo Setorial do Audiovisual (FSA).

Após um período de seis anos sem nenhum tipo de subsídio e o encerramento das atividades do Núcleo de Produção Digital em 2019, a retomada do fomento cultural em Sergipe ocorreu em 2020, com a aplicação da Lei n° 14.017/2020, conhecida como Lei de Emergência Cultural Aldir Blanc. O estado de Sergipe foi contemplado com cerca de R$ 50 milhões, destinados a projetos em diversas áreas artísticas e culturais. Os editais voltados para o setor audiovisual contemplaram 97 projetos, distribuídos em 15 categorias, totalizando R$ 2,45 milhões. A capital Aracaju, através da Fundação Cultural de Aracaju (Funcaju), alocou para o setor audiovisual R$ 584 mil para selecionar 76 projetos em 13 categorias.

Nos editais da Funcaju, os maiores valores foram destinados às categorias de produção de curta-metragem, enquanto as menores quantias foram alocadas para Webnário e Pesquisa. É importante destacar a categorização e a distinção dos valores para curtas-metragens, levando em consideração o aparato tecnológico necessário. A Funcap também priorizou investimentos em categorias de produção de produtos, mas não houve recursos alocados para pesquisa.

Ao considerar os eixos de investimento, é possível observar uma imensa concentração de recursos na produção de obras, com um baixo investimento em formação, capacitação, distribuição e preservação. Essa distribuição desigual dos recursos priorizou a produção em detrimento de outras áreas também essenciais para o desenvolvimento sustentável do setor audiovisual.

No final de 2023, a Fundação de Cultura e Arte Aperipê de Sergipe (FUNCAP) e a Fundação Cultural de Aracaju (FUNCAJU) lançaram, por meio do Ministério da Cultura, os maiores editais estaduais e municipais voltados para o audiovisual na história de Sergipe. Essas iniciativas foram possíveis graças à Lei Complementar Paulo Gustavo, que segue o caráter emergencial da Lei Aldir Blanc, tendo seus recursos provenientes do Fundo Setorial do Audiovisual.

Apesar dos diversos problemas na execução dos recursos, o edital da FUNCAP investiu R$ 25.568.861,45 na seleção de 219 projetos, distribuídos em 26 categorias. Isso representa um aumento de 118 projetos, ou 121,6%, em relação ao número de projetos contemplados pela Lei Aldir Blanc. Por sua vez, o edital da Funcaju investiu R$ 3.607.400,00 e contemplou 82 projetos, em 12 categorias. Este valor representa um aumento de apenas 6 projetos, ou 7,9%, em relação ao número de projetos contemplados pela Lei Aldir Blanc. Isto evidencia uma melhoria nos valores ofertados por categoria.

Antes das leis emergenciais, o governo estadual de Sergipe e a prefeitura municipal de Aracaju, juntamente com parcerias de outros órgãos culturais, investiram um total de R$ 675 mil no mercado audiovisual ao longo das últimas décadas. No entanto, esse valor representa menos de 3% dos recursos alocados pelas leis emergenciais federais para o estado e município, que totalizaram R$ 30.091.533,93.

O setor audiovisual é um mercado que necessita de muitos recursos financeiros e profissionais qualificados. Infelizmente, o que acontece em Sergipe reflete uma realidade nacional, onde o desenvolvimento do audiovisual só é possível através da aplicação de políticas públicas de fomento.

Gráfico 6: Categorias e Valores dos editais da LAB Funcaju

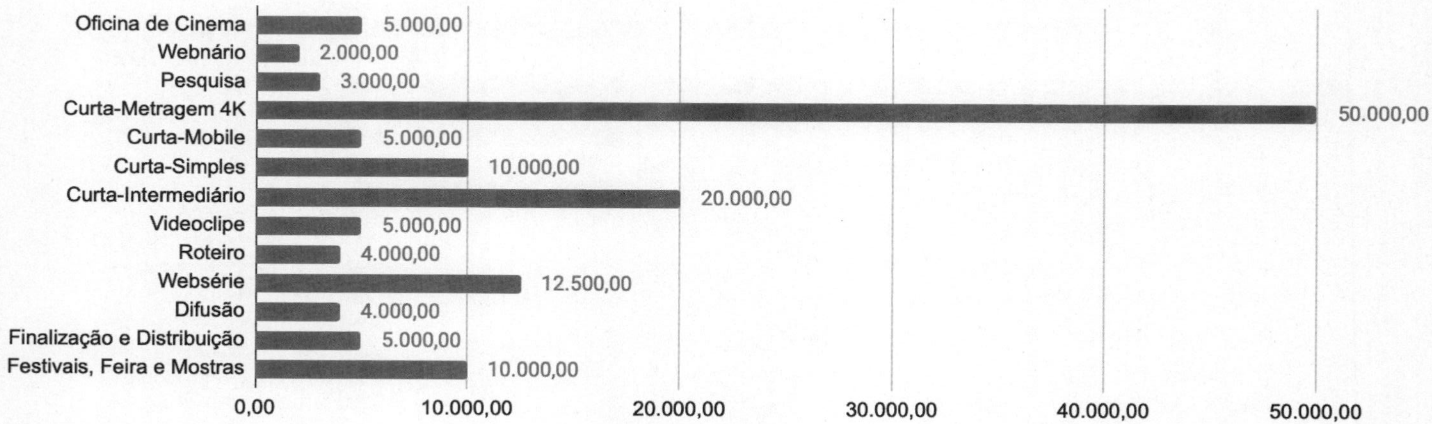

Fonte: OA-UFS.

Gráfico 7: Categorias e Valores dos editais da LAB Funcap

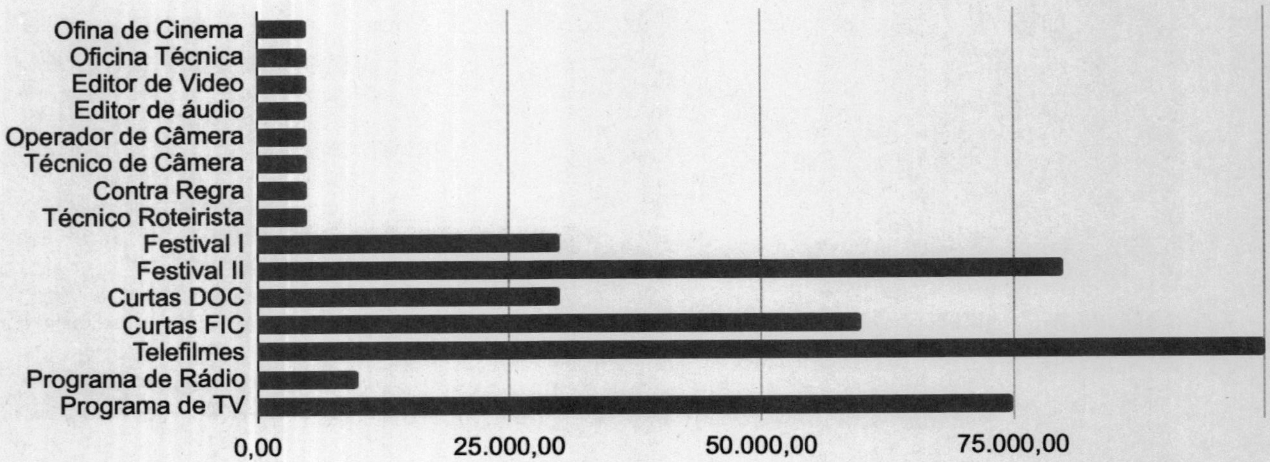

Fonte: OA-UFS.

Gráfico 8: Categorias e Valores dos editais da LPG em Funcaju

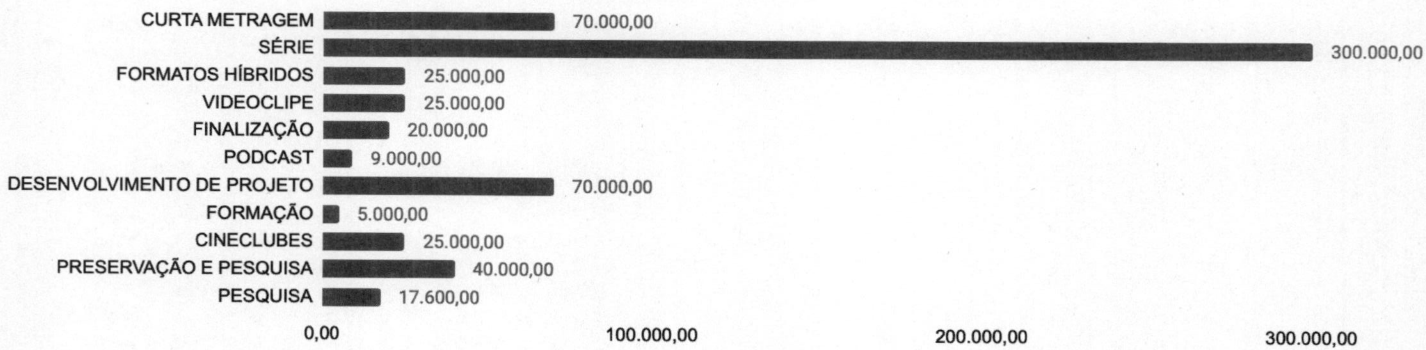

Fonte: OA-UFS.

Gráfico 9: Categorias e Valores dos editais da LPG em Funcaju

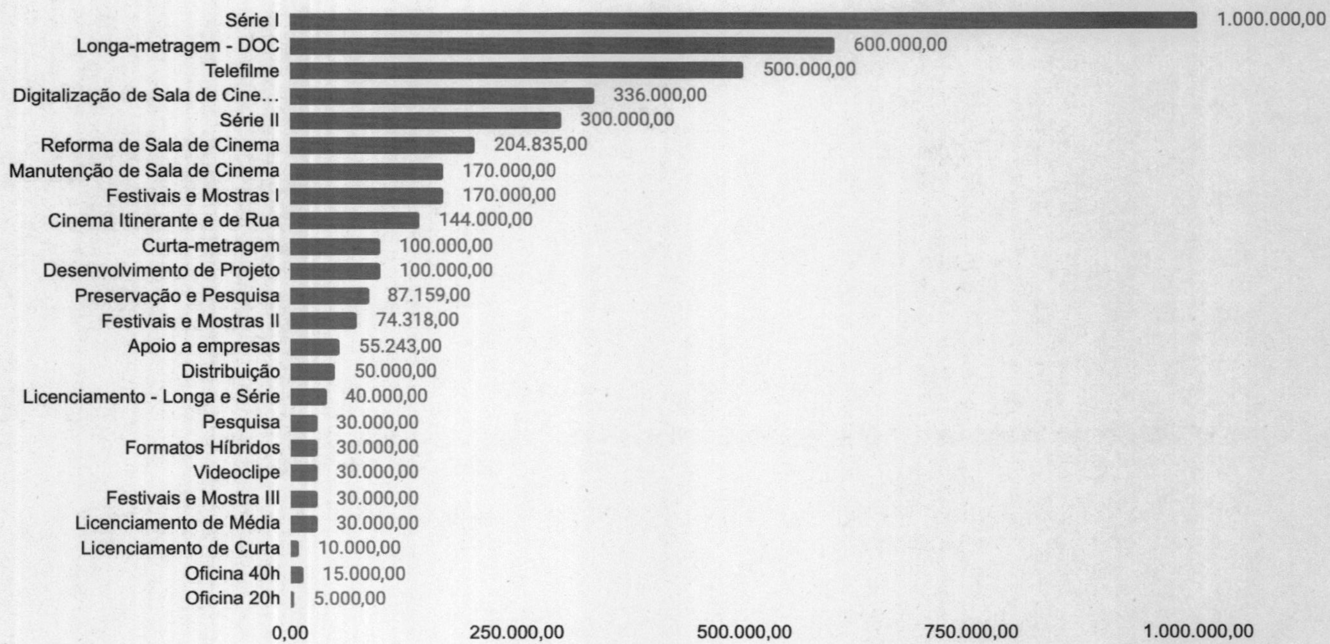

Fonte: OA-UFS.

4.2 Espaços de Formação

Como já mencionado anteriormente, um dos mais importantes espaços de formação em Sergipe foi o Núcleo de Produção Digital Orlando Vieira (NPD Orlando Vieira), criado com o objetivo de promover e fomentar o audiovisual local, oferecendo uma ampla gama de cursos, oficinas e apoio a projetos audiovisuais. Inicialmente, o NPDOV oferecia cursos em módulos, proporcionando uma formação mais completa e detalhada. No entanto, devido à falta de investimento entre 2010 e 2015, foi necessária uma reformulação, e as oficinas passaram a ser de curta duração.

Entre 2016 e 2018, houve diversas tentativas de impulsionar as atividades do NPD, incluindo o recebimento de novos equipamentos através da parceria com a Secretaria do Audiovisual (SAV) e a inauguração da sala de montagem Wilson Silva. Além disso, foram firmadas parcerias com outros órgãos municipais, como a Fundação Municipal de Formação para o Trabalho (FUNDAT). Contudo, apesar dessas tentativas, as atividades do NPD foram encerradas em 2019. Com o encerramento das atividades do NPD, as estruturas de ensino e formação no estado de Sergipe tornaram-se ainda mais escassas.

A trajetória da graduação universitária em audiovisual em Sergipe remonta a 1993, quando foi criado o bacharelado em Comunicação Social na Universidade Federal de Sergipe (UFS), que inicialmente oferecia habilitações em Jornalismo e Radialismo. Com a participação de estudantes desses cursos nas atividades do Núcleo de Produção Digital (NPD), foi possível identificar uma crescente demanda e o desejo de inclusão do curso de Audiovisual na grade de cursos da UFS. Em 2009, com o Programa de Apoio a Planos de Reestruturação e Expansão das Universidades Federais (REUNI), implementado pelo governo federal, a UFS passou a oferecer a graduação em Comunicação Social - Audiovisual, substituindo a habilitação em Rádio e TV. Por sua vez, em 2017, com a mudança da grade curricular, houve outra alteração para o curso de bacharelado em Cinema e Audiovisual (Passos, 2023).

Apesar dos avanços, o curso ainda enfrenta desafios relacionados à infraestrutura. A falta de equipamentos mais modernos e a escassez de professores efetivos dificultam a formação mais completa dos alunos. A reposição de equipamentos de fotografia, som e edição não ocorre com a frequência necessária, o que prejudica o ensino prático, essencial para o desenvolvimento de projetos cinematográficos. Além disso, a ausência de concursos públicos para professores efetivos contribui para a instabilidade do corpo docente, impedindo o desenvolvimento de projetos de longo prazo (Góis, 2022).

Apesar das limitações, o curso de Cinema e Audiovisual da UFS tem se destacado pela formação de cineastas, coletivos e pelo incentivo a produtoras independentes no estado, muitos dos quais têm ganhado visibilidade no cenário nacional. Exemplos notáveis incluem a Rolimã Filmes e a Floriô de Cinema, produtora criada por ex-alunos da UFS, com diversos curtas-metragens de grande reconhecimento, como *O Corpo é Meu* (2014), *Clandestino* (2017), *Espelho* (2021), *Abjetas 288* (2020), *Anarriê* (2023), Ímã de Geladeira (2022), entre outros. Outros exemplos são as produtoras Estação Filmes e Zenza Filmes, além de coletivos como o Mamba Criativa e Filmes de Lama.

A presença do curso em Sergipe tem atraído estudantes de outras regiões, promovendo a troca de experiências e a criação de um ambiente fértil para novas produções cinematográficas (Passos, 2023). Embora nem todas as produções sergipanas estejam diretamente ligadas ao curso, é inegável que ele desempenha um papel fundamental na formação da nova geração de cineastas e produtores audiovisuais do estado e também estimulou o surgimento do curso de Mestrado em Cinema e Audiovisual, que faz parte do Programa de Pós-Graduação Interdisciplinar em Cinema (PPGCINE). O curso oferece uma formação abrangente e interdisciplinar, com foco em duas linhas de pesquisa principais: cinema, linguagem e relações estéticas e cinema e narrativas sociais.

4.3 Preservação

Em Sergipe, não existe um espaço voltado para a preservação audiovisual. Apesar de algumas tentativas de constituição de um Museu da Imagem e do Som no estado, todas tratam-se apenas de projetos que não foram efetivados, a exemplo do MIS na Sociedade Semear ou do MIS, localizado na TV Aperipê. Entretanto, em relação à TV Aperipê existe uma sala que abriga diversos itens que foram disponibilizados para a constituição do museu. São televisores antigos, máquinas fotográficas, projetores, fitas U-matic e Beta-Cam, DVDs e documentos diversos sobre os programas de TV realizados pela Aperipê, principalmente das décadas de 1980 e 1990. No entanto, todo este acervo não foi catalogado nem está disponível para visualização.

O projeto Cinemáquina, idealizado por Moema Pascoini, é atualmente o projeto mais consistente de preservação audiovisual do estado. O projeto foi contemplado em 2019 no programa Rumos Itaú Cultural com o objetivo de criar uma máquina de telecinagem de baixo custo para digitalizar filmes em super-8, especialmente aqueles realizados entre as décadas de 1970 e 1980, período de grande atividade do movimento super-8 no país. O intuito era preservar os filmes e torná-los acessíveis ao público, e também disponibilizar os manuais de produção da máquina para possibilitar sua replicação por outras instituições, facilitando a digitalização e preservação de filmes em super-8 em diferentes locais do país. Também existe um projeto de alocar a Cinemáquina em um espaço do Museu da Gente Sergipana, em que seja possível dar continuidade à prospecção, catalogação e digitalização de novos filmes.

Os editais da Lei Aldir Blanc (LAB) não contemplaram nenhum projeto de preservação. No entanto, o Fórum Audiovisual, ao elaborar uma proposta de aplicação da verba nos editais da Lei Paulo Gustavo (LPG), pleiteou a inclusão de categorias de pesquisa, preservação e memória audiovisual. O edital da Funcaju viabilizou 2 projetos de preservação no valor de R$ 40 mil cada. A Funcap também viabilizou 2 projetos de preservação no valor de R$ 87.159,00, no entanto apenas um foi contemplado.

Referências

GÓIS, Luiz Felipe Barreto. *Políticas Audiovisuais em Sergipe em 2014-2020*: Planos e Ações. Trabalho de Conclusão de Curso (Graduação em Cinema e Audiovisual). Universidade Federal de Sergipe, São Cristóvão, 2022.

PASSOS, Manoela Veloso. *Cinema de mulheres em Sergipe*: um mapeamento de filmes e trajetórias de cineastas (1974 – 2023). Dissertação (Mestrado Interdisciplinar em Cinema e Narrativas Sociais) – Universidade Federal de Sergipe, São Cristóvão, 2023.

SILVA, Tiara Câmera da. *Uma ideia na cabeça e um edital nas mãos*: Um olhar sobre as políticas para o audiovisual em Sergipe. Trabalho de Conclusão de Curso (Especialização em Gestão Cultural, IHAC) - Universidade Federal da Bahia, Salvador, 2014.

Autores

Amanda Barros Gomes

Graduanda em Cinema e Audiovisual (UFPE), concluindo em 2025 seu TCC intitulado "Intersecções no audiovisual Pernambucano: impactos das cotas e Indutores de raça e gênero do Funcultura Audiovisual em Pernambuco". Possui estudo e prática em fotografia, pós-produção, AD, continuidade e foco em produção, incluindo participação no V MOV - Festival (2022), no premiado curta *Invasão* (2023), no longa *O Agente Secreto de KMF*, na série História de Preta de Dani Valentim e como participante de laboratórios de roteiro: MetrôLAB, Nordestlab e MOV LAB.

Andréia de Lima Silva

Doutora em Cinema e Audiovisual pela Universidade Federal Fluminense (PPGCine/UFF) com período sanduíche na University of Leeds e Universitat Pompeu Fabra. Mestre em História pela Universidade Federal do Maranhão (PPGHIS/UFMA). Especialista em Jornalismo Cultural na Contemporaneidade, também pela UFMA. Graduada em Jornalismo pela mesma instituição. Atualmente é servidora (cargo jornalista) do Instituto Federal do Maranhão (IFMA). Desenvolve pesquisa na área de cinema e audiovisual, com ênfase no estudo do mercado cinematográfico do Maranhão contemporâneo.

Antonio Augusto de Macedo

Produtor executivo e criativo da Espírito da Coisa Filmes, atua há mais de dez anos no audiovisual. Possui experiência nacional e internacional em curtas, documentários, festivais e formações. Ministrou oficinas e cursos em instituições públicas e privadas, como PRONATEC, Canal Mais Educação e nas universidades UESPI e UFPI. Em 2019, dirigiu o documentário *Camadas das Águas Invisíveis*, em parceria com o CAU-PI, sobre a mudança da capital do Piauí. O filme recebeu o Troféu Cacto de Ouro de melhor trilha no 16º Encontro Nacional de Cinema do Sertão. Desde 2020, trabalha na realização de seu primeiro longa-metragem de ficção, intitulado *Aparelhos!*.

Arthur Gadelha

Crítico de cinema, roteirista e produtor. Membro de associações críticas como Aceccine e Abraccine. Curador dos festivais Cine Ceará (CE) e Guarnicê (MA), também integrou júris de eventos como For Rainbow, Noia e Cine PE. Escreve críticas, entrevistas e artigos, fazendo coberturas de festivais como Olhar de Cinema, Tiradentes, Gramado e Cannes. Graduado em Comunicação com pesquisa sobre jornalismo, crítica e cinema brasileiro, tendo também formação em Cinema pelas escolas públicas Porto Iracema das Artes e Casa Amarela Eusélio Oliveira (UFC).

Arthur Lins

Professor de Montagem no curso de Cinema e Audiovisual da UFPB. Doutor em cinema pelo PPGCINE/UFF e Mestre em Letras pelo PPGL/UFPB. Desenvolve pesquisa voltada ao cinema brasileiro contemporâneo em seu diálogo com o gênero de ficção científica. Possui experiência no campo do audiovisual desenvolvendo atividades práticas como diretor, roteirista e montador. Entre seus filmes se destacam os longa-metragens *Desvio* (2019) e *Pele Fina* (2022).

Bernardo Lessa

Formado em Cinema e Audiovisual (UFPE), pós-graduado em Gestão de Negócios Audiovisuais (FAAP). Iniciou a carreira em 2017 na equipe de programação e curadoria do Cinema da Fundação. Entre 2019 e 2022 atuou na Vitrine Filmes como Coordenador de Negócios, participando do financiamento, vendas e lançamento de mais de 40 títulos como *Bacurau*, *O Farol* e *Alemão 2*. De 2022 a 2024, na Conspiração Filmes, foi Coordenador de Financiamento e Vendas, participando do licenciamento de filmes e séries da produtora e também da produção de mais de 30 projetos, como *O Auto da Compadecida 2* e *Tô de Graça*. Cofundador de iniciativas como @TantoCine, Vitrine Lab e dá aula de financiamento de projetos na ESPM. Hoje, é diretor executivo e sócio da TANTO e Gerente de Lançamento na Sessão Vitrine Petrobras.

Beatriz Aranzana

Produtora audiovisual, graduada em Cinema e Audiovisual pela Universidade Federal de Sergipe (UFS). Trabalha com produção desde 2017, com experiência em curtas de ficção, documentários e longas documentais. Atualmente, é mestranda no PPGCINE/UFS, com pesquisa sobre os modos de produção do cinema contemporâneo em Sergipe.

Carlos Dowling

Doutor pela Escola de Comunicação ECO/UFRJ (2018-2022). Mestre em Artes visuais pela UFPB/UFPE (2012). Possui Mestrado Profissionalizante Iberoamericano em Roteiro Cinematográfico pela Universidad Internacional Menéndez Pelayo (Espanha/2008) como bolsista do Programa IBERMEDIA e Especialização em Roteiro de Cinema e Televisão pela Escuela Superior de Artes e Espectáculos - TAI (Espanha/2003) como bolsista da CAPES/APARTES. Graduado em Comunicação Social pela Universidade Federal da Paraíba (1999). Cineasta independente e professor do curso de Cinema e Audiovisual da UFPB, atuando principalmente nos seguintes eixos temáticos: cinema em realidade virtual, cinema interativo, direção cinematográfica, direção audiovisual e roteiro audiovisual.

Diana Coelho

Produtora, realizadora e pesquisadora, atuando em projetos de produção, exibição e formação audiovisual no Rio Grande do Norte. É formada em Comunicação Social com habilitação em Jornalismo e Radialismo pela Universidade Federal do Rio Grande do Norte (UFRN), e mestrado em Estudos da Mídia (PPgEM) pela mesma instituição. Como pesquisadora, tem artigos sobre a produção audiovisual potiguar em diversas publicações, como nos livros *Claquete Potiguar* (2016; 2021). Integrou o Coletivo Caboré Audiovisual (2013 - 2019) e a gestão da Associação Brasileira de Documentaristas e Curta-Metragistas do Rio Grande do Norte – ABDeC/RN (2015 - 2017). Atualmente, é diretora artística da Macambira - Mostra de Cinema de Mulheridades e Dissidentes de Gênero.

Elder P. Maia Alves

Graduado em Ciências Sociais pela Universidade Federal da Bahia (UFBA), mestre e doutor em Sociologia pela Universidade de Brasília (UnB). Professor do Instituto de Ciências Sociais da Universidade Federal de Alagoas (ICS/UFAL) e do Programa de Pós-graduação em Sociologia (PPGS/UFAL). Coordenador do Observatório da Economia Criativa do Estado de Alagoas (IBEC/UFAL/CNPq).

Felipe Guimarães

Sócio da produtora e distribuidora La Ursa Cinematográfica e do espaço criativo Casa Mutum. Produtor de curtas e longas-metragens e cofundador do Cine Arte Pajuçara. Foi conselheiro titular do audiovisual e Presidente do CMPC/Maceió, e diretor colegiado da API. Mestre em Sociologia (UFAL), Especialista em Cinema (Belas Artes/SP), com MBA's em Marketing Estratégico (USP) e em Gestão Executiva de Projetos (FGV), bacharel em Marketing (FAL) e cursou realização de documentários na EICTV/Cuba.

Fabricio Campos

Produtor audiovisual atuante no mercado desde 2017, com experiência em projetos e áreas técnicas. Formado em Comunicação Social - Jornalismo pela Universidade Federal do Piauí, tendo participado de diversas produções documentais, ficcionais e seriadas. Possui formação em Produção Executiva pelo curso Economia e Mercado do Cinema e Audiovisual (EMCA 2023). Seus principais trabalhos produzidos são o documentário longa *Camadas das águas invisíveis* (2021) e o curta ficcional *Meu amor é uma frase de caminhão* (2023), realizados pela Espírito da Coisa Filmes em parceria com a Associação Fogopagô.

Jefferson Cabral

Pesquisador e realizador audiovisual residente em Natal (RN), atua desde 2018 em projetos que investigam as relações entre memória e cidade, com foco na utilização de imagens de arquivo como ferramenta criativa. Transita atualmente entre pesquisa acadêmica, realização e distribuição de curtas. Formado em História e Comunicação Social: Audiovisual, com especialização em Cinema e Mestrado em Estudos da Mídia (PPgEM), todos pela UFRN. Seus filmes foram premiados e exibidos em importantes festivais do país, como a Mostra de Tiradentes, Cine PE, Visões Periféricas, Curta Cinema e FAM. Com *Moventes* (2023), licenciado para exibição na plataforma Itaú Cultural Play, foi indicado ao Prêmio Grande Otelo do Cinema Brasileiro 2024.

Kátia Morais

Professora do curso de Relações Públicas da Universidade do Estado da Bahia (UNEB). Doutora em Comunicação e Cultura Contemporâneas pela Universidade Federal da Bahia (UFBA) com estágios doutorais na Universidade de Westminster (Londres, Inglaterra) e na Universidade do Texas em Austin (Austin, EUA). Pesquisadora das áreas de política audiovisual e indústrias de mídia, com ênfase na Economia Política da Comunicação e da Cultura. Nos últimos anos tem investigado as relações entre produção audiovisual independente, política de fomento, regulação e indústrias de mídia no capitalismo global.

Kenia Kalyne Gomes de Almeida

Diretora, roteirista e pesquisadora. Professora de Comunicação e de Cinema. Atualmente, leciona no curso de Audiovisual da UFRN. Dirigiu cinco curtas e um longa-metragem, *Aponta pra fé - ou todas as músicas da minha vida*. Produtora executiva na empresa Grão de Cinema. Doutoranda em Estudos da Mídia, pela UFRN (em fase de conclusão), onde dissertou sobre o conceito Cinema de lugar. Mestre em Literatura e Interculturalidade (UEPB) e Graduada em Comunicação pela UFPB. Tem suas obras voltadas para as narrativas de lugar e decoloniais, para o universo da mulher, narrativas antirracistas e latino-americanas.

Kleyton Jorge Canuto

Professor da área de Mídias Sonoras e Audiovisuais do curso de Jornalismo da UEPB. Doutor em Estudos da Mídia, pela UFRN e Mestre em Estudos da Mídia, pela UFRN, com pesquisas voltadas para o Audiovisual Paraibano e suas práticas sociais e cidadãs. Graduado em Comunicação Social pela UEPB, foi conselheiro municipal de cultura na cidade de Campina Grande (2013-2016), sendo delegado na 3ª conferência estadual de cultura (2013). Tem experiência na área de Comunicação e Audiovisual, atuando principalmente nos seguintes temas: formação em audiovisual, documentário, vídeo digital, cidadania e desenvolvimento regional. Exerce atividades de diretor, produtor e ator, tendo trabalhado em mais de 20 obras, incluindo as direções do curta *Platô!* (2012) e do longa *Tota* (em finalização).

Luzileide Silva

Montadora e curadora. Mestre em Comunicação e Sociedade (UFS), técnica em audiovisual do Instituto Federal de Sergipe. Coordenadora do seminário do Festival Sercine. Membro da Associação de Profissionais de Edição Audiovisual- edt., da Associação de Profissionais do Audiovisual Negro - APAN, da comissão de Planejamento do Fórum Permanente do Audiovisual de Sergipe - FPA|SE, pesquisadora do Observatório Audiovisual da UFS e sócia da Rolimã Filmes.

Mannuela Costa

Professora no curso de Cinema e Audiovisual (UFPE) e realizadora audiovisual, sócia da Plano 9 (PE). Graduada em Publicidade e Propaganda pela UFPE, Mestre em Comunicação pela mesma universidade, Doutora em Comunicação e Cultura pela UFRJ, com estágio doutoral na Paris 3/Sorbonne Nouvelle. Tem especialização em Gestão Cultural pelo Itaú Cultura/Universitat de Girona. Desenvolve pesquisas na área de Políticas Públicas para o Cinema e o Audiovisual, dinâmicas de mercado e economia do audiovisual. Exerce atividades de produção, produção executiva, direção e roteiro, em longas, curtas e séries para TV.

Marcelo Ikeda

Professor do Instituto de Cultura e Arte da Universidade Federal do Ceará (ICA/UFC). Doutor em Comunicação pela Universidade Federal de Pernambuco (PPGCOM/UFPE), com estágio doutoral na Universidade de Reading (Inglaterra). Autor de 13 livros sobre cinema, entre os quais estão *Cinema de garagem* (com Dellani Lima, 2011), *Cinema brasileiro a partir da retomada* (Summus, 2015), *Utopia da autossustentabilidade* (Sulina, 2021), *Revisão crítica do cinema da retomada* (Sulina, 2023) e *Das garagens para o mundo* (Sulina, 2024). Atua também como realizador, curador e crítico de cinema.

Natacha Stefanini Canesso

Doutora pelo Programa de Pós Graduação em Comunicação e Cultura Contemporâneas da Facom/UFBA. Graduada em Publicidade e Propaganda (PUC/PR). Professora de Comunicação Estratégica da Facom/UFBA. Possui experiência profissional em Gestão da Comunicação, Publicidade e Propaganda, Economia Criativa e Projetos Culturais. Integrante do Grupo de Pesquisa em Comunicação, Política e Redes Midiáticas (CP-Redes), no qual desenvolve pesquisa relacionada às políticas de fomento à produção independente brasileira, mercado de streaming e processos criativos no audiovisual e na animação. Artista experimental e uma das fundadoras da Coletiva Xiló, que promove espaços para a expressão e visibilidade de mulheres através da arte.

Ruy Alkmim Rocha Filho

Jornalista (Unp/2001), mestre (UFRN/2005) e doutor em Ciências Sociais (UFRN/2016). Realizou estágio pós-doutoral no Programa de Pós Graduação em Direitos Humanos e Cidadania da UNB (2023). Professor da Universidade Federal do Rio Grande do Norte, no Departamento de Comunicação. Coordenou a Especialização em Produção de Documentários da UFRN. Foi presidente da ABDeC/RN. Foi diretor de promoções culturais, sociais e científicas do Adurn-sindicato. Foi conselheiro da Cooperativa Cultural do Rio Grande do Norte. Tem experiência em Jornalismo e Audiovisual, trabalhando principalmente com os seguintes temas: Televisão, Documentário, Linguagem Audiovisual, Economia Criativa, Economia e Política da comunicação e da cultura, Legislação e Políticas Públicas para o cinema e audiovisual.

Sara B. Jales

Formada em Cinema e Audiovisual pela Universidade Federal do Ceará (UFC), com distinção acadêmica, Cum Laude. Técnica em Assistência de Produção Cultural pela Universidade Federal de Viçosa – UFV – CEDAF. Dedica-se principalmente às áreas de roteiro, continuidade e produção. Produziu os curtas *Sessão Especial* (2017) e *Cidade Pacata* (2019), ambos com circulação nacional em festivais presenciais e/ou online. Atualmente é membro da Associação Cearense de Críticos de Cinema (Aceccine), ocupando a posição de Primeira Secretária.

Este livro foi confeccionado especialmente para a
Editora Meridional Ltda, em Adobe Garamond Pro, 11,5/14 e
impresso na Gráfica Noschang.